FICHIER D'UTILISATION

WARUM

Nouvelle Édition

ALLEMAND

Classes de Terminale

Françoise Dablanc

Siegrun Rubenach

Katrin Pabion

HACHETTE
Éducation

Couverture : Jean-Louis Menou – men-ate / Photo : Günter Schneider
Conception graphique et réalisation : MOSAÏQUE

ISBN 201135320-3

SOMMAIRE

DOSSIER 1 Bunte Republik

DOSSIER 2 Wir Europäer

DOSSIER 3 Haben oder Sein

DOSSIER 4 Arbeitswelten

DOSSIER 5 Anders sein

DOSSIER 6 Begegnungen

S O M M A I R E

DOSSIER 7 — Erwachsen werden

DOSSIER 8 — In der Fremde

DOSSIER 9 — Zwischen zwei Welten

DOSSIER 10 Mensch bleiben ...

INTRODUCTION

LES DIFFÉRENTS ÉLÉMENTS

■ Le manuel (208 pages)

• 10 dossiers thématiques

1. Bunte Republik
2. Wir Europäer
3. Haben oder Sein
4. Arbeitswelten
5. Anders sein
6. Begegnungen
7. Erwachsen werden
8. In der Fremde
9. Zwischen zwei Welten
10. Mensch bleiben

• Un mémento grammatical de 25 pages

• Trois cartes : l'Allemagne, la Suisse, l'Autriche

■ Les cassettes

Elles sont au nombre de trois et comprennent :

– la lecture de tous les textes du manuel

– les enregistrements pour l'entraînement à la compréhension de l'oral (ZUR DEBATTE)

– un enregistrement musical : *Augen in der Großstadt* (Tucholsky / Fischer, chanté par Gisela May)

Ces différents enregistrements s'enchaînent dans un ordre qui suit exactement celui du manuel.

■ Le fichier du professeur

Nous vous proposons dans le fichier le corrigé de la totalité des exercices du manuel. En outre, vous y trouverez des suggestions d'ordre didactique, des commentaires sur les textes et documents du manuel, des prolongements divers, et bien entendu le script complet des documents qui servent de support à la compréhension de l'oral.
Le fichier suit exactement l'ordre des pages du manuel.

■ Les transparents

18 transparents avec leurs fiches pédagogiques vous permettent d'enrichir votre cours avec des supports différents.

Sehen und Sprechen

1. Ordnung
2. Im Restaurant
3. Am Flughafen
4. Werbung
5. Sport
6. Familie
7. Gesellschaft
8. Sprache

Landeskunde
9. Deutschland und Frankreich
10. Deutschland 1871, 1919, 1949
11. Die Bundesrepublik Deutschland
12. Die Europäische Union
13. Aus der deutschen Geschichte

Kunst
14. Albrecht Dürer, *Selbstbildnis im Pelzrock*, 1500
15. Matthias Grünewald, *Auferstehung Christi*, 1516
16. Caspar David Friedrich, *Kreidefelsen auf Rügen*, 1818
17. Carl Spitzweg, *Der arme Poet*, 1839
18. Franz Marc, *Die gelbe Kuh*, 1911

LA COMPOSITION DES DOSSIERS

Chaque dossier est composé de 16 pages réparties de la manière suivante :

Textes	Text 1	4 pages
	Text 2	3 pages
	Text 3	1 page
Sprache	Réflexion sur la langue 1	1 page
	Réflexion sur la langue 2	1 page
	Connaître les mots	1 page
	Apprendre à traduire	1 page
Oral	ZUR DEBATTE	2 pages
Civilisation	LANDESKUNDE / KULTUR	2 pages
Méthodologie		2 pages

TRAVAILLER AVEC *WARUM* TERMINALE

Le manuel de Terminale a été conçu selon les mêmes idées directrices que les manuels de Seconde et de Première. Mais il tient évidemment compte de la spécificité de la classe de Terminale :

– Le bac étant la préoccupation la plus immédiate des élèves, nous avons voulu leur donner les moyens de s'y préparer le plus efficacement possible. La méthodologie occupe donc une place particulièrement importante dans le manuel et vous y trouverez des entraînements systématiques à la fois aux épreuves écrites et aux épreuves orales du bac.

– Les élèves sont plus mûrs, plus autonomes dans leur travail. Nous proposons donc de nombreuses pistes d'analyse et de recherche qui leur permettent, en mettant en application les savoir-faire qu'ils ont acquis les années précédentes, de parvenir à un niveau de réflexion qui corresponde à leur maturité.

– Les orientations des uns et des autres se dessinent plus nettement. Nous avons donc cherché à diversifier les thèmes et les textes pour vous permettre de mieux choisir en fonction des goûts de vos élèves. Vous trouverez ainsi à la fois des textes littéraires et d'autres plus axés sur les problèmes du monde contemporain.

Le manuel se présente sous une forme très structurée, avec de multiples renvois et rappels. Cette structure ne doit en aucun cas être considérée comme contraignante. Elle est pensée au contraire pour que vous puissiez vous y promener librement et choisir, dans la multiplicité des pistes possibles, celle qui vous convient le mieux pour travailler avec vos élèves.

■ Le travail sur les textes

Rappelons tout d'abord que si tous les textes sont enregistrés, cet enregistrement n'est, pas plus que les années précédentes, prévu pour servir de support à une compréhension auditive, mais pour soutenir et enrichir la lecture.

Les trois textes présentés dans chaque dossier font l'objet d'un traitement différent.

– Le **texte 1** est présenté de la même manière et selon

la même démarche de lecture et d'analyse que les années précédentes.

La *compréhension* est une démarche en trois étapes :

Repérer : répondre aux questions de base *(Wer? Was? Wo? Wann?)* pour cadrer le texte et en dégager le thème.

Préciser : aller progressivement vers une compréhension plus détaillée *(Wie? Warum?)*

Aller plus loin : dégager et formuler l'implicite à l'aide des outils proposés *(Pour vous aider).*

La rubrique *expression* propose à partir du texte une série d'exercices tant écrits qu'oraux qui obligent l'élève à réutiliser les moyens d'expression qu'il a rencontrés dans le texte et le mènent vers une expression plus libre. Sur le plan du contenu, leur progression va toujours dans le sens d'un élargissement par rapport au texte et d'une implication plus personnelle de l'élève.

Tout ce travail sur le texte débouche sur une fiche *Entraînement à l'oral du bac* qui aide l'élève à ordonner les différents éléments relevés pour les présenter de façon cohérente à l'oral.

– Le **texte 2** est prévu pour permettre un entraînement à l'écrit du bac. Il est donc accompagné d'une épreuve type bac en deux parties *(Compréhension – Expression)* qui reprend les différents types d'exercices que les élèves peuvent avoir à affronter le jour de l'examen. Les consignes sont en allemand, comme c'est le cas pour le bac, et c'est volontairement que nous avons varié les formulations dans les consignes, pour que les élèves s'entraînent à les comprendre et ne se laissent pas dérouter par une tournure à laquelle ils ne seraient pas habitués. Ils trouveront par ailleurs la liste des mots et expressions utilisés dans la fiche **Méthodologie** « Savoir comprendre les consignes » (p. 150) à laquelle il est bon de les renvoyer le plus souvent possible.

– Le **texte 3**, beaucoup plus court, est accompagné seulement de quelques questions destinées à guider et orienter la lecture. Il est prévu pour une compréhension plus rapide et pour une lecture plus autonome.

■ Le travail de l'oral

La double page ZUR DEBATTE présente deux types de supports différents pour le travail de l'oral.

– Deux **enregistrements** destinés à travailler la compréhension auditive et à servir de supports à l'expression orale.

– Des **documents divers** (image ou texte) permettant de faire naître en classe un débat d'idées et des échanges entre les élèves.

Les enregistrements, variés dans leur longueur et leur degré de difficulté, sont suffisamment nombreux pour que vous puissiez choisir dans chaque dossier celui qui conviendra le mieux à votre classe. Ils ont en commun de reproduire des situations authentiques de communication orale et sont toujours en liaison étroite avec le sujet du dossier. Ils peuvent d'ailleurs souvent servir soit d'introduction, soit de prolongement à l'un des textes proposés.

Chacun est présenté dans le manuel avec une courte exploitation. Vous trouverez dans ce fichier des suggestions pour enrichir cette exploitation. La démarche à suivre se décompose en trois phases :

Préparation de l'écoute

Il s'agit de sensibiliser les élèves au sujet et de les placer dans une attitude active pour l'écoute. Cette phase vous permet aussi d'introduire le vocabulaire indispensable à la compréhension de l'enregistrement.

Compréhension

La démarche est la même que pour la compréhension de l'écrit : on part de la compréhension globale pour aller vers une compréhension détaillée et arriver à dégager l'implicite.

Les exercices proposés peuvent prendre des formes diverses : grille d'écoute, schéma, QCM, phrases à reconstituer, texte à trous, etc.

Sauf indication contraire, les élèves doivent lire les consignes, puis effectuer le travail demandé après l'écoute. Certains exercices nécessitent une nouvelle écoute. Ceci est alors indiqué dans le fichier.

Expression

Les pistes proposées sont multiples. On peut commencer par des activités de pure imitation, en invitant les élèves à se replacer dans la situation de l'enregistrement qu'ils viennent d'entendre, et passer par des exercices de transfert plus ou moins guidés, pour aboutir à une expression tout à fait personnelle.

Le plus souvent, en Terminale, on propose aux élèves des pistes de réflexion et de discussion qui, après une phase d'échanges à l'oral, peuvent mener à un exercice d'expression personnelle dans la perspective du baccalauréat.

■ Le travail sur la langue

La grammaire

La présence, dans chaque dossier, d'une double page qui traite deux points de grammaire, portant sur deux textes différents du dossier, permet une révision systématique de l'ensemble des questions de base déjà étudiées les années précédentes, ainsi que l'approfondissement de questions plus difficiles.

La démarche proposée est la même qu'en Seconde et Première :

Repérer

Relever dans le texte les occurrences d'un fait de langue donné, pour habituer les élèves à une lecture grammaticale consciente.

Observer

Observer et analyser les structures relevées pour pouvoir en déduire les règles et en comprendre le fonctionnement.

Appliquer

Appliquer les règles dans des exercices (lacunaires ou transformationnels), qui sont tous contextualisés pour ne pas perdre de vue le sens, et qui sont en liaison avec le thème du dossier pour ne pas compliquer le travail de l'élève par des problèmes de vocabulaire nouveau.

Soulignons toutefois que si la réflexion repose comme toujours sur le repérage et l'analyse des faits de langue, la démarche suivie est plus synthétique que les années précédentes, dans la mesure où l'élève est désormais capable d'un travail plus autonome, dans l'utilisation du mémento par exemple. Sur chaque page figure en haut à droite l'indication de la page du mémento à laquelle il est invité à se reporter.

Connaître les mots

Tout comme la grammaire, le vocabulaire doit faire l'objet d'un travail spécifique et structuré. Les pages WORTSCHATZ approfondissent le travail entrepris les années précédentes, et donnent à l'élève des points de repère précis qui lui permettent de comprendre le fonctionnement de la langue et donc de mieux apprendre.

Apprendre à traduire

Nous poursuivons cette année le travail sur la traduction mis en route depuis la Seconde. Après avoir amené l'élève, les années précédentes, à prendre conscience que chaque langue dispose de moyens qui lui sont propres pour dire des choses différentes en lui proposant un travail ciblé et systématique sur des mots et des problèmes précis, nous avons voulu lui apprendre, en Terminale, à traduire des textes dans leur continuité. À cet effet, nous avons choisi 10 textes courts et qui ont fait leurs preuves en tant que textes de version. Chaque texte est suivi d'un certain nombre de remarques qui guident l'élève dans son travail d'analyse du texte allemand et d'élaboration de sa traduction.

■ L'entraînement méthodologique

Les fiches méthodologiques

Ces fiches, au nombre de neuf, font le point sur les différents savoir-faire auxquels peuvent faire appel les épreuves du baccalauréat :

- Savoir commenter un tableau
- Savoir argumenter
- Savoir commenter un poème
- Savoir rédiger un CV et une lettre de motivation
- Savoir présenter un texte à l'oral
- Savoir commenter une caricature
- Stratégies de lecture
- Savoir comprendre les consignes
- Savoir utiliser un dictionnaire

Ces fiches sont de deux types. Certaines présentent un exemple sur la page de gauche et détaillent sur la page de droite les différentes étapes de la démarche à suivre en donnant dans un encadré *Pour vous aider* le vocabulaire nécessaire pour chacune de ces étapes. D'autres se présentent comme des fiches de vocabulaire.

Les fiches « Entraînement à l'oral du bac »

Dans chaque dossier, l'un des textes fait l'objet d'une fiche pour l'oral qui représente un aboutissement de tout le travail préalablement fait en classe sur ce texte. Ainsi, vous pouvez, sur un même texte, préparer les élèves à la fois à l'épreuve écrite et à l'épreuve orale du baccalauréat. Ces fiches sont conçues de telle façon qu'elles ne peuvent être apprises par cœur par les élèves, mais qu'elles leur demandent au contraire un travail personnel de synthèse et de formulation. En leur apprenant à ordonner leurs idées et à les présenter de façon cohérente, elles peuvent en outre leur servir de modèle pour préparer des fiches sur d'autres textes.

■ Le travail sur la civilisation

Landeskunde

Ces pages sont conçues pour donner aux élèves le minimum d'informations et d'outils linguistiques qui leur permettront d'aborder des textes de presse sur les sujets suivants :

- *Der Euro: ein entscheidender Schritt auf dem Weg zur europäischen Einheit*
- *Eine Antwort auf die Arbeitslosigkeit: das Modell VW*
- *Der Reichstag in Berlin*
- *Fremde Heimat Deutschland*

Elles comprennent une brève chronologie, un court texte informatif et deux ou trois documents iconographiques (essentiellement photos et graphiques). Les questions posées sous le titre AKTIVITÄTEN permettent une exploitation ciblée de l'ensemble et invitent les élèves à prolonger ce travail par des recherches personnelles, le plus souvent sur internet.

Kultur

Comme les années précédentes, l'art et la littérature sont partout présents dans *Warum* et représentent une part essentielle de notre démarche. Nous avons apporté le plus grand soin au choix de l'iconographie, pour qu'elle permette non seulement de faire découvrir aux élèves de belles œuvres, mais aussi pour qu'elle éclaire et complète les textes. Elle n'est donc pas faite seulement pour séduire, mais elle doit être intégrée au travail parce qu'elle est toujours porteuse de sens.

Dans l'idéal, ce travail devrait déboucher sur des recherches personnelles, des exposés, des lectures, et contribuer ainsi à faire découvrir aux élèves ce qui reste un atout incomparable pour la langue allemande si menacée aujourd'hui dans nos lycées : la richesse de la culture à laquelle elle ouvre l'accès.

Vous trouverez 5 pages KULTUR :

- August Macke
- Kurt Schwitters
- Die Künstlerkolonie Worpswede
- Franz Kafka
- Sigmund Freud

COMMENT TRAVAILLER AVEC LES TRANSPARENTS

Dossier 1	transparents 8, 14, 15, 16, 17, 18
Dossier 2	transparents 9, 12
Dossier 3	transparent 4
Dossier 4	transparent 17
Dossier 5	transparent 7
Dossier 6	transparent 2
Dossier 7	transparents 6, 7
Dossier 8	transparents 3, 10
Dossier 9	transparents 15, 16, 17, 18
Dossier 10	transparents 10, 13

BUNTE REPUBLIK

On compte aujourd'hui en Allemagne 7,3 millions d'étrangers, soit 8,9% de la population totale (82 millions). Il suffit d'ouvrir au hasard n'importe quel journal allemand pour trouver au moins un article – et généralement plusieurs – qui traite de la manière dont ces étrangers vivent en Allemagne. C'est un thème qui a donc toute sa place dans un manuel d'allemand. Mais nous nous sommes efforcées de l'aborder dans une perspective un peu différente de celle adoptée généralement, et de faire surtout apparaître les aspects positifs et enrichissants pour tous de la rencontre des cultures.

- Le TEXTE 1, *Der Dönerkebab als Integrationsfaktor*, montre de façon très concrète comment certains Turcs ont réussi à s'intégrer dans la société allemande non en renonçant à leur propre culture, mais au contraire en important leur culture dans cette société.
- Le TEXTE 2, *Heimat*, est le témoignage d'une jeune femme turque parfaitement intégrée dans la société allemande où elle est arrivée à l'âge de 8 ans. Elle nous donne un exemple d'intégration voulue – et réussie – par l'assimilation d'une langue et d'une culture. Elle exprime en même temps un certain désarroi. Que représente finalement pour elle aujourd'hui son pays natal ?
- Le TEXTE 3, *Multikulti*, au titre volontairement anachronique, est un extrait de l'autobiographie de Canetti *Die gerettete Zunge*. Il nous permet d'entrevoir l'extraordinaire variété des langues et des cultures qui semblent avoir pu cohabiter sur les rives du Danube, à l'époque où il y vivait enfant.
- La page ZUR DEBATTE présente trois dialogues qui montrent des aspects concrets du quotidien des étrangers en Allemagne. Ils amènent à réfléchir sur le refus de la différence et le rejet de l'étranger qui apparaissent dans ce pays comme ailleurs. Cette réflexion se poursuit à partir d'une affiche réalisée pour lutter contre le racisme.
- La page KULTUR, consacrée à *August Macke*, nous présente l'exemple d'un artiste pour qui la découverte d'un pays étranger a été une véritable révélation et nous montre comment cette découverte a influencé son œuvre.

TEXT 1
MANUEL 8-11

Der Dönerkebab als Integrationsfaktor

Type de texte : *texte radiophonique*
Thème : *le succès du* Dönerkebab *en Allemagne*
Objectif linguistique : *le passif (manuel p. 16)*

Ce texte, diffusé par la *Deutsche Welle* à l'occasion du trentième anniversaire du Dönerkebab qui est apparu pour la première fois sous sa forme actuelle à Berlin en 1971, n'est pas difficile. Il est plein de détails concrets qu'il est important de faire repérer par les élèves avant de passer à une réflexion plus approfondie sur les conditions d'intégration des Turcs en Allemagne et, au-delà, de manière plus générale, sur la rencontre et l'interpénétration des cultures. Il pourra être intéressant de se reporter à la double page LANDESKUNDE *Fremde Heimat Deutschland* (p. 148-149).

1 Was nennt man heute in Deutschland „Dönerkebab"?
Der Dönerkebab ist ein türkischer Schnellimbiss, der heute der beliebteste Schnellimbiss der Deutschen ist.

2 Warum berichtet die Deutsche Welle 2001 über den Dönerkebab?
Anlass zu diesem Bericht war der 30. Geburtstag des Dönerkebabs.

3 Wo und wann wurde der Dönerkebab erfunden?
Der Dönerkebab wurde 1971 in Berlin erfunden.

4 Was bedeutet der Ausdruck „Dönerkebab" ursprünglich?

Z. 19 *„Dönerkebab" heißt „drehender Braten".*

5 Was erfahren wir über Mehmet Haigün?

– seine Erfindung

Z. 22 *Aber das Tellergericht ist von Mehmet Haigün in Berlin-Kreuzberg zu einem Schnellimbiss modernisiert worden.*

Z. 25 *Für zwei Mark fing er an, den Gastarbeitern der siebziger Jahre das in Brot eingepackte Fleisch in die Hand zu drücken.*

– **sein Konzept**

Z. 30 *„Schnell und billig" war das Konzept.*

– **seine heutige Situation**

Z. 28 *Mehmet Haigün hatte Erfolg: Er und seine Familie haben mittlerweile drei Imbisse und zwei Restaurants.*

6 Was erfahren wir über die Kunden des Dönerkebabs?

– **vor dreißig Jahren**

Damals waren die Kunden Gastarbeiter.

Z. 26 *So konnten sie während der kurzen Mittagspause ein Stück vom Heimatland zum Essen mitnehmen.*

– **heute**

Heute findet man unter den Kunden nicht nur Türken, sondern auch Deutsche.

Z. 1 *Welcher Imbiss, glauben Sie, ist der beliebteste in Deutschland? [...] Es ist der Dönerkebab.*

Z. 15 *Hier wird mal auf Türkisch, mal auf Deutsch bestellt.*

Z. 35 *Und die Deutschen fanden den Weg dahin.*

7 Was erklärt die schnelle Entwicklung des Dönerkebabs in Deutschland?

Das Konzept war gut, und als Anfang der siebziger Jahre zahlreiche Gastarbeiter arbeitslos wurden, machten sich viele von ihnen selbständig und eröffneten weitere Imbissstuben.

Z. 31 *Viele von den Gastarbeitern, die während der sechziger Jahre nach Deutschland geströmt waren, wurden Anfang der siebziger Jahre entlassen. Was tun? Sich selbständig machen? So wuchsen türkische Imbissbuden wie Pilze an den Straßen.*

8 „Der Dönerkebab als Integrationsfaktor": Kommentieren Sie den Titel des Textes.

Der Dönerkebab erlaubte vielen Türken, in der deutschen Gesellschaft Fuß zu fassen, wie das Beispiel von Mehmet Haigün zeigt, der heute drei Imbisse und zwei Restaurants besitzt. Interessant dabei ist, dass diese Türken sich nicht deshalb in Deutschland gut integriert haben, weil sie ihre eigene Kultur aufgegeben haben, sondern gerade deshalb, weil sie einen Teil ihrer türkischen Kultur nach Deutschland gebracht haben. In den türkischen Imbissbuden treffen sich heute Deutsche und Türken, was zur Verständigung zwischen den beiden Kulturen beiträgt.

Entraînement à l'oral du bac

Résumer

Dieser Bericht wurde von der Deutschen Welle 2001 zum dreißigsten ***Geburtstag*** des ***Dönerkebabs*** gesendet. Heutzutage ist der Döner Kebab, der ***von*** Mehmet Haigün in ***Berlin*** erfunden wurde, der ***beliebteste*** Schnellimbiss in Deutschland und die meisten Besucher von Döner-Imbissständen sind ***Deutsche***.

So hat der Döner Kebab, der in den siebziger ***Jahren*** fast nur von türkischen ***Gastarbeitern*** gekauft wurde, einen entscheidenden Beitrag zur ***Integration*** türkischer Mitbürger in ***Deutschland*** und zu einer besseren Verständigung zwischen ***Deutschen*** und ***Türken*** geleistet.

TEXT 2
MANUEL 12-14

Heimat

ENTRAÎNEMENT À L'ÉCRIT DU BAC

Type de texte : *récit autobiographique*

Thème : *Une jeune Turque de la deuxième génération se demande quel est aujourd'hui son pays.*

Objectif linguistique : *l'expression du lieu (manuel p. 17)*

Ce texte évoque les problèmes d'identité que peuvent connaître les immigrés turcs aujourd'hui en Allemagne, mais sous un angle plus positif que les textes qu'on lit habituellement sur ce sujet. Il nous montre en effet un exemple d'intégration réussie. L'auteur, Canan Topçu, a toujours souhaité s'intégrer en Allemagne et a tout fait pour assimiler la langue et la culture allemandes. Elle est aujourd'hui journaliste et écrit en allemand.

1 Fassen Sie die verschiedenen Etappen in Canans Leben zusammen.

Canan Topçu schrieb diesen Bericht im Januar 1999. Sie erzählt, dass sie die Türkei vor 26 Jahren verlassen hat. Damals, als sie nach Deutschland kam, war sie acht Jahre alt. Seitdem lebt sie in Deutschland und verbringt ihren Urlaub in der Türkei, die sie bis jetzt immer als ihre Heimat empfunden hat. Aber irgendwann hat sich für sie etwas verändert. Sie begann, sich die Frage zu stellen, wo sie eigentlich hingehöre. Sie erzählte einem türkischen Freund von ihren Gefühlen. Dieser Freund empfahl ihr, eine Weile in der Türkei zu leben. Sie hat also einen Monat in Istanbul gelebt und gearbeitet, was für sie ein entscheidendes Erlebnis gewesen ist. Ihr „Abschied von Istanbul" liegt nun mehr als ein Jahr zurück.

2 Was trifft auf Deutschland, was auf die Türkei zu?

DIE AUTORIN	DEUTSCHLAND	TÜRKEI
• ist dort geboren.		✔
• lebt heute immer noch dort.	✔	
• hat dort die ersten Jahre ihres Lebens verbracht.		✔
• hat dort 26 Jahre gelebt.	✔	
• hat dort studiert.	✔	
• hat dort die Urlaubswochen verbracht.		✔
• empfand die Mentalität der Menschen dort als vertraut.		✔
• findet, dass sich dort heute alles verändert hat.		✔
• fühlt sich dort heute fremd.		✔
• fühlt sich dort heute zu Hause.	✔	

3 Richtig oder falsch? Begründen Sie Ihre Antwort mit einem Zitat aus dem Text.

	R	F
1. Die Autorin kam als achtzehnjähriges Mädchen nach Deutschland.		✔
2. Schon als Kind wollte sie immer anders sein als die anderen.		✔
3. Sie sehnte sich immer danach, in die Heimat zurückzukehren.		✔
4. Ihr ganzes Bestreben war immer, sich in Deutschland zu integrieren.	✔	
5. Wenn sie in der Türkei auf Urlaub war, spürte sie schon immer eine große Distanz zu den Menschen dort.	✔	
6. Lange Zeit empfand sie die Türkei immer noch als ihre Heimat.		✔
7. Seit einiger Zeit hat sich etwas in ihren Gefühlen der Türkei gegenüber geändert.	✔	
8. Der Freund, dem sie davon erzählte, verstand überhaupt nicht, was sie empfand.		✔
9. Er versicherte ihr, alle Kinder von Gastarbeitern, die in Deutschland leben, würden dasselbe wie sie empfinden.	✔	
10. Er empfahl ihr, eine Zeitlang in der Türkei zu leben und zu arbeiten.	✔	
11. Als sie in Instanbul arbeitete, fühlte sie sich sofort wieder zu Hause.		✔
12. Ihr letzter Aufenthalt in der Türkei war ein entscheidendes Erlebnis für sie.	✔	
13. In der Heimat ist alles geblieben, wie es vor 26 Jahren war.		✔
14. Sie fühlt sich heute wohler in Deutschland als in der Türkei.	✔	
15. Sie weiß jetzt, dass die Heimat das Land ist, wo man geboren ist.		✔

4 Setzen Sie folgenden Text in die indirekte Rede.

Frau Meyer erzählt, sie kenne Canan seit 26 Jahren. Als sie in ihre Klasse gekommen sei, habe sie kein einziges Wort Deutsch gesprochen. Am Anfang sei es wirklich nicht einfach für sie gewesen, aber sie habe sich nie entmutigen lassen. Sie sei ein so aufgeschlossenes, so energievolles Mädchen gewesen, dass sie unglaublich schnell Deutsch gelernt habe, was den Kontakt zu den anderen Kindern erleichtert habe. Jetzt sei sie Journalistin, und sie freue sich immer, wenn sie einen Artikel ihrer ehemaligen Schülerin lesen könne. Der letzte, den sie in der *Zeit* gelesen habe, habe ihr wieder so gut gefallen. Sie werde ihr schreiben, dass sie heute noch oft an das kleine Mädchen von damals zurückdenke.

5 Ergänzen Sie folgende Auszüge aus dem Bericht von Canan Topçu.

– Zu ihrem Studium:

Ich entschied**∅** mi***ch***, ohne lange da***rüber*** nachzudenken, Germanistik, Literaturwissenschaft und Geschichte ***zu*** studieren. Die Wahl war**∅** unbewusst**∅**, brachte aber, wie ***ich*** während meines Studiums d***er*** Geschichte der Juden in der Habsburger Monarchie feststellte, einen wesentlich***en*** Aspekt zum Ausdruck: meinen Wunsch ***nach*** Assimilation.

– Zu der Frage der Staatsangehörigkeit:

Vielleicht ***werde*** ich irgendwann einen Schritt weitergehen und ***die*** deutsche Staatsangehörigkeit beantrag***en***. Aber sicher nicht, solange ich dafür meinen türkischen Pass abgeben muss**∅**. Auch wenn mein***e*** deutsch***en*** Freund***e*** es nicht verstehen: Ich fühle m***ich*** verbunden mit ***dem*** dunkelblau***en*** Dokument, das mich als türkische Staatsbürger***in*** ausweist. So geht es auch mei***nen*** Eltern: Es ist völlig ***un***denkbar für ***sie***, ihr***e*** Heimat ***zu*** verleugnen und für ein***en*** deutsch***en*** Pass ***die*** türkisch***e*** Staatsangehörigkeit auf***zu***geben.

6 Übersetzen Sie folgende Textstelle ins Französische: Zeile 30 *(Ich bin dem Rat gefolgt ...)* bis Zeile 43 *(... wie es war).*

J'ai suivi son conseil. J'ai vécu et travaillé un mois à Istanboul. Mais au bout de quelques jours, j'ai commencé à me demander: « Mais qu'est-ce que je fais ici ? » La Turquie que j'ai quittée autrefois n'existe plus. Ce ne sont pas seulement les gens qui y vivent qui ont changé, par suite des transformations politiques et économiques qu'a connues le pays, moi aussi, j'ai changé.

Quand je réfléchis à ce qu'est « mon pays », je prends conscience que quelque chose s'est transformé. J'entends une voix intérieure me dire: mon pays, ce n'est pas le lieu où je suis née, mais celui où je me sens bien ...

À Hanovre où j'ai passé 26 ans de ma vie, j'ai ma famille, mes amis, mon bonheur. Mon histoire personnelle est étroitement liée à cette ville. Quand je retrouve l'endroit où j'ai passé les premières années de ma vie, je ne reconnais plus rien. Je ne reconnais pas les maisons, je ne reconnais pas les rues. Même la mer n'est plus ce qu'elle était.

TEXT 3
MANUEL 15

Multikulti

Type de texte : *récit autobiographique*

Thème : *la diversité linguistique et culturelle en Europe centrale avant 1914*

L'auteur : *En 1981, lorsque le Prix Nobel fut attribué à Elias Canetti, on put s'interroger sur la nationalité de cet écrivain. Né en 1905 en Bulgarie de parents juifs d'origine espagnole, ayant ensuite vécu selon les périodes de sa vie en Angleterre, en Suisse, en Autriche, en France et en Allemagne, il a eu deux passeports, un turc et un britannique, deux langues maternelles, le ladino – qu'il parla les premières années de sa vie – et l'allemand – que lui inculqua sa mère à l'âge de huit ans et qu'il s'incorpora au point d'écrire dans cette langue – et une patrie spirituelle, Vienne. Considéré comme un écrivain autrichien, Canetti incarne donc mieux que quiconque la diversité des langues et des cultures qui peuvent coexister chez un individu. La lecture de la première partie de son autobiographie (*Histoire d'une jeunesse, La Langue sauvée, *Le livre de poche, biblio 3044) passionnera les élèves.*

1 Wo liegt Rustschuk?

Rustschuk liegt an der unteren Donau in Bulgarien, am rechten Ufer. Auf der anderen Seite der Donau liegt Rumänien.

2 Nennen Sie die verschiedenen Nationalitäten, die dort anzutreffen waren.

Außer den Bulgaren gab es Türken, Spaniolen (spanische Juden), Griechen, Albanesen (heute: Albaner), Armenier, Zigeuner, Rumänen und Russen. Canetti kann sich auch daran erinnern, dass es bei ihm zu Hause einmal einen Tscherkessen als Diener gab.

3 Wie viele Sprachen wurden dort gesprochen?

Z. 6 *...an einem Tag konnte man sieben oder acht Sprachen hören.*

4 Was erzählt Canetti über die Donau?

Wie jeder große Fluss übt die Donau eine große Faszination auf die Menschen aus :

Z. 40 *...von der Donau war immerwährend die Rede.*

Es werden allerlei Märchen über den Fluss erzählt, der die Macht der Natur verkörpert:

Z. 41 *Es gab Geschichten über die besonderen Jahre, in denen die Donau zufror; von Schlittenfahrten über das Eis nach Rumänien hinüber; von hungrigen Wölfen, die hinter den Pferden der Schlitten her waren.*

Die Anziehungskraft der Donau ist auch damit verbunden, dass sie in die weite Welt führt, und insbesondere nach Wien, der Stadt, von der Canettis Eltern immer sprechen und träumen:

Z. 63 *...wenn jemand die Donau hinauf nach Wien fuhr...*

5 Was war damals Europa für die Menschen, die in Rustschuk lebten?

Die Stadt Wien repräsentierte für sie das Tor zu Europa.

Z. 65 *Europa begann dort, wo das türkische Reich einmal geendet hatte.*

6 Wie empfand das Kind diese Vielfalt, in der es lebte?

Canetti beschreibt diese Vielfalt als eine schöne Erinnerung:

Z. 1 *Rustschuk ... war eine wunderbare Stadt für ein Kind.*

Diese bunte Welt bot alles, was die Fantasie eines Kindes braucht, sogar die Schrecken, die immer mit dem Unbekannten verbunden sind:

Z. 56 *Es wird mir schwerlich gelingen, von der Farbigkeit dieser frühen Jahre in Rustschuk, von seinen Passionen und Schrecken eine Vorstellung zu geben.*

7 Welchen Einfluss mag ein solches Erlebnis auf die spätere Entwicklung eines Menschen haben?

Erst wenn fremde Sprachen uns vertraut werden, lernen wir mit Formen und Formeln umzugehen, für die es offenkundig in unserer Muttersprache keine genauen Entsprechungen gibt. Erst diese Erfahrung befreit uns von unserem Glauben, dass die Welt um uns und in uns so ist und so sein muss, wie sie in unserer Muttersprache heißt (Mario Wandruszka). Wer schon als Kind von so vielen verschiedenen Sprachen umgeben gewesen ist, wird wohl nie in dem Glauben gefangen sein, *dass die Welt so, und nur so, wirklich ist, wie sie in unserer Muttersprache heißt* (siehe Apprendre à traduire, manuel p. 145).

Für ihn gilt, was Joseph Roth über den Grafen Morstin in dem Roman *Die Büste des Kaisers* schreibt: *Hätte man ihn zum Beipiel gefragt – aber wem wäre eine so sinnlose Frage eingefallen? – welcher „Nation" oder welchem Volke er sich zugehörig fühle: der Graf wäre ziemlich verständnislos, sogar verblüfft vor dem Frager geblieben und wahrscheinlich auch gelangweilt und etwas indigniert. Nach welchen Anzeichen auch hätte er seine Zugehörigkeit zu dieser oder jener Nation bestimmen sollen? – Er sprach fast alle europäischen Sprachen gleich gut, er war fast in allen europäischen Ländern heimisch, seine Freunde und Verwandten lebten verstreut in der weiten und bunten Welt. Ein kleineres Abbild der bunten Welt war eben die kaiser- und königliche Monarchie, und deshalb war sie die einzige Heimat des Grafen.*

Ein kleineres Abbild der bunten Welt war auch die Stadt, in der Canetti geboren wurde. *Alles, was ich später erlebt habe, war in Rustschuk schon einmal geschehen.* Ein solcher Reichtum an Eindrücken prägt einen Menschen fürs Leben und macht ihn offen für die Vielfalt der Menschen, der Sprachen und der Kulturen, wie Canettis spätere Entwicklung beispielhaft zeigt.

SPRACHE

MANUEL 16 • MEMENTO 193-194

Le passif (TEXT 1)

À la voix passive, l'action est présentée dans la perspective inverse à celle de la voix active. Le sujet du verbe au passif n'est pas le sujet de l'action, celui qui fait l'action, mais son objet, celui sur qui s'exerce cette action. Dans ce texte, on trouve un nombre assez important d'énoncés au passif qui décrivent comment le Dönerkebab a été inventé et développé.

1 Dans le texte page 8, relevez les énoncés au passif et indiquez leur temps.

l. 5	*Dieses türkische Gericht **wurde** aber ... nicht in der Türkei **erfunden**.*	prétérit
l. 15	*Hier **wird** mal auf Türkisch, mal auf Deutsch **bestellt**.*	présent
l. 19	*Dieses türkische Gericht aber **wurde** in Berlin **erfunden**.*	prétérit
l. 22	*Aber das Tellergericht **ist** von Mehmet Haigün ... **modernisiert worden**.*	parfait
l. 31	*Viele von den Gastarbeitern ... **wurden entlassen**.*	prétérit
l. 36	*Der BicMac, die Bockwurst und ... **sind** umsatzmäßig **überholt worden**.*	parfait

2 La morphologie

a. Le passif se forme avec l'auxiliaire ***werden* + *participe II***.

b. C'est ***l'auxiliaire*** seul qui change en fonction du temps et du mode.

3 La syntaxe

a. Si, à la voix active, le verbe a un objet à l'accusatif, cet objet devient, à la voix passive, le ***sujet***.

b. Si, à la voix active, le verbe a un objet au datif ou un objet prépositionnel, cet objet est, à la voix passive, repris tel quel. L'énoncé au passif n'a donc pas de ***sujet*** grammatical.

c. Le sujet de l'énoncé à la voix active devient, à la voix passive, le ***complément d'agent***.

– Il est introduit par les prépositions ***von*** ou ***durch***.

– Si le sujet de l'énoncé à l'actif est ***man***, l'énoncé au passif n'a pas de ***complément d'agent***.

d. Les verbes de modalité ne se mettent jamais au passif, c'est l'***infinitif complément*** qui peut être au passif.

4 Mettez les énoncés au passif en respectant les temps.

Eine Erfolgsgeschichte

1. Ein türkischer Koch erfand im 19. Jahrhundert den Dönerkebab.
   Der Dönerkebab wurde im 19. Jahrhundert von einem türkischen Koch erfunden.
2. Mehmet Haigün hat das Gericht 1971 in Berlin eingeführt.
   Das Gericht ist 1971 von Mehmet Haigün in Berlin eingeführt worden.
3. Er hat es aber modernisiert.
   Es ist aber von ihm modernisiert worden.
4. Er hat aus dem Tellergericht eine Art Sandwich entwickelt.
   Aus dem Tellergericht ist von ihm eine Art Sandwich entwickelt worden.
5. So konnten die Gastarbeiter den Dönerkebab in die Fabrik mitnehmen.
   So konnte der Dönerkebab von den Gastarbeitern in die Fabrik mitgenommen werden.
6. Mehmets Schnellimbiss zog auch die Deutschen an.
   Auch die Deutschen wurden von Mehmets Schnellimbiss angezogen.
7. Mehmet Haigün hat mittlerweile sogar zwei Restaurants eröffnet.
   Mittlerweile sind von Mehmet Haigün sogar zwei Restaurants eröffnet worden.
8. Heute essen die Deutschen mit Begeisterung Dönerkebab.
   Heute wird von den Deutschen mit Begeisterung Dönerkebab gegessen.

5 Mettez les énoncés à l'actif en respectant les temps.

Entwicklungen

1. Früher ist von den Deutschen nur deutsche Küche gegessen worden.
   Früher haben die Deutschen nur deutsche Küche gegessen.
2. In den sechziger Jahren sind in Deutschland von Ausländern zahlreiche Restaurants eröffnet worden.
   In den sechziger Jahren haben in Deutschland Ausländer zahlreiche Restaurants eröffnet.
3. Viele ausländische Produkte wurden importiert.
   Man importierte viele ausländische Produkte.
4. Die ausländische Küche wurde von den Deutschen entdeckt.
   Die Deutschen entdeckten die ausländische Küche.
5. Diese Küche wurde von ihnen immer mehr geschätzt.
   Sie schätzten diese Küche immer mehr.
6. So ist die deutsche Küche von der ausländischen Küche bereichert worden.
   So hat die ausländische Küche die deutsche Küche bereichert.

6 Mettez les verbes en gras au passif en respectant les temps.

Studium im Ausland

Liebe Eltern!

1. Ich hätte nie geglaubt, dass so viele Sachen ***erledigt werden*** müssen! Zuerst muss ein Zimmer ***gefunden werden***, was für Ausländer nicht leicht ist. Dazu kommt, dass von den Deutschen Zimmer ***vermietet werden***, die in ihrer eigenen Wohnung liegen. Die Küche und das Bad müssen also mit ihnen gemeinsam ***benutzt werden***.
2. Von einem deutschen Studenten ***ist*** mir ***vorgeschlagen worden***, mit ihm in eine Wohngemeinschaft zu ziehen. Ich war sehr froh, dass mir von ihm so ein tolles Angebot ***gemacht wurde***.
3. Die Einschreibung an der Uni war nicht leicht: Berge von Formularen müssen ***ausgefüllt werden***. Dabei ***ist*** mir von einer Deutschen Hilfe ***angeboten worden***. Ich werde sie morgen wieder sehen ...

Nun viele Grüße und bis bald
euer Stephan

SPRACHE
MANUEL 17 • MEMENTO 202-203

L'expression du lieu (TEXT 2)

Le texte *Heimat* nous raconte les allées et venues d'une femme turque entre son pays d'origine et l'Allemagne et la difficulté qu'elle a pu avoir à trouver sa place entre ces deux pays. Les indications de lieu y sont donc fréquentes.

1 Relevez les indications de lieu dans le texte page 12 et trouvez l'interrogatif correspondant.

On distingue trois types d'indication de lieu :

- L'indication de lieu est complément du verbe. La relation syntaxique (locative, directive etc.) s'établit alors entre le groupe syntaxique, indicateur du lieu, et le verbe *(**in Istanbul** landen)*.
- L'indication du lieu est membre d'un groupe nominal. La relation syntaxique s'établit alors entre le groupe syntaxique qui indique le lieu, et le nom,

base du groupe nominal *(mein Abschied **von Istanbul**)*.

- L'indication de lieu est un circonstant libre qui inscrit l'ensemble de l'énoncé dans un cadre spatial. *(Schon **auf dem Flughafen** dachte ich, dass dieses Land unmöglich meine Heimat sein kann.)*

	Indication de lieu	Interrogatif
l. 1	***in*** *Istanbul*	***wo?***
l. 5	***auf*** *dem Flughafen*	***wo?***
l. 8	***nach*** *Deutschland*	***wohin?***
l. 16	***in*** *meinem Geburtsland*	***wo?***
l. 22	***in*** *der Türkei*	***wo?***
l. 23	*dort*	***wo?***
l. 28	*dort*	***wo?***
l. 30	***in*** *Istanbul*	***wo?***
l. 32	*hier*	***wo?***
l. 33	*dort*	***wo?***
l. 38	*dort*	***wo?***
l. 39	***in*** *Hannover*	***wo?***
l. 41	***an*** *den Ort*	***wohin?***
l. 44	***von*** *Istanbul*	***woher?***
l. 45	***am*** *Bosporus*	***wo?***
l. 47	*dort*	***wo?***

2 Les différentes relations

a. Complétez en vous aidant du texte et du mémento.

Wo?	*Wohin?*	*Woher?*
in Istanbul	nach Istanbul	***aus*** Istanbul
auf ***dem*** Flughafen	auf ***den*** Flughafen	vom Flughafen
in Deutschland	***nach*** Deutschland	***aus*** Deutschland
in ***der*** Türkei	in die Türkei	***aus*** der Türkei
dort	dorthin	von dort
beim Arzt	***zum*** Arzt	***vom*** Arzt
zu Hause	***nach*** Hause	von zu Hause

b. Complétez.

- ***Wo*** interroge sur le lieu où l'on ***est***. Il s'agit d'une relation ***locative***.
- ***Wohin*** interroge sur le lieu où l'on ***va***. Il s'agit d'une relation ***directive***.
- ***Woher*** interroge sur le lieu d'où l'on ***vient***. Il s'agit d'une relation ***de provenance***.

3 Complétez par la préposition qui convient.

Heimat

1. Canan Topçu ist 1966 ***in*** Istanbul geboren worden und mit acht Jahren ***aus*** der Türkei ***nach*** Deutschland gekommen, da ihr Vater ***in*** Deutschland einen Job als Gastarbeiter gefunden hatte.
2. Sie ist also ***in*** Deutschland zur Schule gegangen und hat sich problemlos ***in*** Deutschland integrieren können. Der Beweis ist, dass sie sogar an ***der*** Universität studiert hat.
3. Sie ist aber auch mit den Eltern regelmäßig ***nach*** Istanbul in Urlaub gefahren und so ist ihr die Mentalität der Leute ***in*** Istanbul vertraut.
4. Mit der Zeit hat sie sich die Frage gestellt, wo eigentlich ihre Heimat ist: ***In*** Hannover, wo sie 26 Jahre gelebt hat, oder ***in*** Istanbul? Auf den Rat eines Freundes hin ist sie ***nach*** Istanbul gefahren und hat einen Monat ***in*** Istanbul gelebt und gearbeitet.

5 Die Antwort auf ihre Frage ist heute ganz klar: „Ich möchte ***in*** Hannover bleiben, weil ich dort meine Familie und Freunde habe."

4 Complétez par les marques qui conviennent.

Aktionen gegen Rassismus

1. In unser***er*** Schule wurden Aktionstage gegen Fremdenfeindlichkeit organisiert. Wir haben uns zuerst alle auf d***em*** Schulhof getroffen und verschiedene Gruppen gebildet. Dann ist jede Gruppe in ein***Ø*** Klassenzimmer gegangen.
2. Ich hatte mir die Gruppe 7 „Aktionen in d***er*** Stadt" ausgesucht. Wir hatten die Absicht, vor d***en*** Kaufhäusern in d***er*** Innenstadt, auf d***em*** Bahnhof und in d***er*** U-Bahn Flugblätter zu verteilen, die in d***er*** Gruppe 1 ausgearbeitet werden sollten.
3. Wir wollten sehr früh am Morgen in d***ie*** Stadt fahren, um mit den Leuten, die in d***ie*** Betriebe und d***ie*** Fabriken gingen, über das Thema Intoleranz zu diskutieren.

SPRACHE
MANUEL 18

Connaître les mots

1 À l'aide du schéma ci-dessous, formez le plus de mots composés possible et donnez leur équivalent français.

weltfremd	détaché du monde, irréaliste	der Fremde, ein Fremder	l'étranger, un étranger
die Entfremdung	l'éloignement, l'aliénation	die Fremde	l'étranger (lieu)
entfremden	éloigner, aliéner	der Verfremdungseffekt	l'effet de distanciation

die Fremdenfeindlichkeit	la xénophobie
der Fremdenführer	le guide touristique
der Fremdenverkehrsverein	l'office du tourisme
das Fremdenzimmer	la chambre chez l'habitant
der Fremdkörper	le corps étranger
die Fremdsprache	la langue étrangère
das Fremdwort	le mot étranger

2 Connaissez-vous bien les genres ? Chassez l'intrus.

1. Bild – Gemälde – Plakat – ***Zeichnung***
2. ***Collage*** – Porträt – Selbstbildnis – Stillleben
3. Farbe – Form – Komposition – ***Licht***
4. ***Kontrast*** – Perspektive – Stimmung – Wirkung
5. Motiv – ***Sinn*** – Symbol – Thema

3 Connaissez-vous bien les pluriels ? Chassez l'intrus.

1. ***Hintergrund*** – Mittelpunkt – Sinn – Umriss
2. Künstler – Maler – Schatten – ***Strich***
3. Motiv – Plakat – ***Porträt*** – Symbol
4. Bild – ***Gemälde*** – Kind – Licht
5. Figur – Zeichnung – Person – ***Wand***

4 Associez à chaque nom de la colonne de gauche un verbe de la colonne de droite, et traduisez les expressions ainsi obtenues.

a.	einen Mord begehen	commettre un meurtre
	ein Risiko eingehen	courir un risque
	ein Urteil fällen	rendre un jugement, juger
	Gefahr laufen	encourir un danger
	eine Frage stellen	poser une question
b.	in Panik geraten	être pris de panique
	auf den Gedanken kommen	avoir l'idée
	in Ruhe lassen	laisser en paix
	in Frage stellen	mettre en question
	in Kraft treten	entrer en vigueur

5 Tous les mots suivants sont dérivés de *verstehen*. Complétez.

verstehen	comprendre
der Verstand	l'intelligence
verständlich	compréhensible
(sich) verständigen	se faire comprendre
einverstanden	d'accord
das Einverständnis	l'accord
das Verständnis	la compréhension
verständnisvoll	compréhensif
verständnislos	incompréhensif
die Verständnislosigkeit	l'incompréhension
missverstanden	incompris, compris de travers
das Missverständnis	le malentendu

6 Cherchez l'équivalent français de *stehen* dans chacune des phrases suivantes.

1. Die Wohnung neben uns steht seit vier Monaten leer.
   L'appartement à côté de nous est vide depuis quatre mois.
2. Dieser blaue Pullover steht dir besonders gut.
   Ce pullover bleu te va particulièrement bien.
3. In der Zeitung steht, dass die Jugendkriminalität dieses Jahr noch gestiegen ist.
   On dit dans le journal que la criminalité chez les jeunes a encore augmenté cette année.
4. Auf falsches Parken in der Stadtmitte stehen immer höhere Geldstrafen.
   Les amendes pour stationnement en zone interdite dans le centre ville sont de plus en plus élevées.
5. Wie steht es mit deiner Arbeit?
   Où en est ton travail ?
6. Ich weiß nicht, wo mir der Kopf steht.
   Je ne sais pas où donner de la tête.
7. August Macke porträtierte alle Menschen, die ihm Modell stehen wollten.
   August Macke faisait le portrait de tous ceux qui voulaient poser pour lui.
8. Hast du gesehen, ob mein Name auch auf der Liste steht?
   As-tu vu si mon nom était aussi sur la liste ?
9. Gestern stand das Barometer auf Regen.
   Hier le baromètre était à la pluie.
10. Tränen standen ihr in den Augen.
    Elle avait les larmes aux yeux.
11. Wie stehst du zu diesem Problem?
    Quelle est ta position par rapport à ce problème ?
12. Warum muss er mir immer im Wege stehen?
    Pourquoi faut-il que je le trouve toujours sur mon chemin ?

SPRACHE
MANUEL 19

Apprendre à traduire

Mystérieuse transposition

Parmi les contes que j'ai entendus, je ne me souviens que de ceux où il était question de loups-garous et de vampires. Mais peut-être n'en racontait-on pas d'autres. Il m'est impossible de prendre un livre avec des contes des Balkans sans en reconnaître immédiatement certains. Ils sont présents en moi dans leurs moindres détails, mais pas dans la langue dans laquelle je les ai entendus. Je les ai entendus en bulgare, mais c'est en allemand que je les connais. Cette transposition mystérieuse est peut-être le fait le plus singulier que j'ai à rapporter de ma jeunesse. Et comme le destin linguistique de la plupart des enfants a un cours différent, il serait peut-être bien que j'en parle un peu.

Entre eux, mes parents parlaient allemand, et ils ne voulaient pas que je comprenne. Avec nous, les enfants, et avec toute la famille, ils parlaient espagnol. C'était la langue usuelle à proprement parler, en fait un espagnol archaïque que plus tard aussi j'ai souvent entendu et que je n'ai jamais oublié. Les paysannes qui venaient chez nous ne parlaient que bulgare et c'est sans doute principalement avec elles que je l'ai appris. Mais comme je n'ai jamais fréquenté une école bulgare et que j'ai quitté Roustschouk à six ans, je l'ai très vite complètement oublié. Tous les événements de ces premières années se sont déroulés en espagnol ou en bulgare. C'est en moi que la plupart d'entre eux se sont traduits plus tard en allemand.

Elias CANETTI, *La Langue sauvée*, 1977

ZUR DEBATTE
MANUEL 20-21

1 Die Mieterin

***Type de document :** dialogue*

***Thème :** Un grand-père discute avec sa petite-fille à propos de la location d'un appartement. Il a refusé de le louer à une jeune femme asiatique.*

Transcription
Durée : 3'31"

OPA Leonie! Es freut mich, dich endlich mal wieder zu sehen!

ENKELIN Hallo Opi! Ja, endlich habe ich mal etwas Zeit und kann dich besuchen. Wie geht's denn?

OPA Gut! Obwohl ich mich seit ein paar Tagen viel zu viel aufgeregt habe.

ENKELIN Wieso denn das?

OPA Wegen der Dachwohnung. Du weißt doch, dass Frau Herze geheiratet hat und vorige Woche hier ausgezogen ist. Jetzt muss ich einen neuen Mieter suchen.

ENKELIN Aber das müsste doch recht einfach sein, bei dem Zimmermangel!

OPA Ja, Interessenten sind ja auch genug gekommen, seit ich die Anzeige aufgegeben habe. Aber was für Leute! Vorgestern kam eine Frau mit einem Kleinkind. Stell dir mal vor, ich hätte ständig Geplärre im Haus.

ENKELIN So ein Baby kann doch auch ganz nett sein.

OPA Nein, nein, kommt nicht in Frage! Dann wäre es mit meiner Ruhe hier vorbei.

ENKELIN Opi! Du beklagst dich doch immer, dass hier kein Leben mehr ist, seit Omi nicht mehr lebt!

OPA Nein, nein. Kein Lärm hier. Da kam auch ein Musiker, stell dir das mal vor. Der spielt in einer Band – und noch dazu Schlagzeug! Er wollte doch tatsächlich oben in der Wohnung mit seiner Band üben.

ENKELIN Na ja, das kann ich verstehen, Schlagzeug ist wirklich laut. Und sonst hat sich niemand gemeldet?

OPA Doch, diese Asiatin, die da eben die Wohnung besichtigt hat.

ENKELIN Ach, die junge Frau, der ich gerade begegnet bin, wollte deine Dachwohnung mieten? Die sah doch nett aus.

OPA Aber sie ist doch Ausländerin, eine Fremde! Auch wenn man es ihr am Telefon gar nicht angehört hat, weil sie gut Deutsch spricht.

ENKELIN Woher kommt sie denn?

OPA Sie scheint schon seit Jahren hier in Düsseldorf zu leben. Ist aber Phillipinin.

ENKELIN Und warum willst du ihr die Wohnung nicht vermieten?

OPA Na hör mal, eine Asiatin, wenn sie wenigstens Europäerin wäre, aber so! Die haben doch ganz andere Lebensweisen. Vermutlich riecht es dann immer nach ihrem komischen Essen und sie hört Musik, die einem auf die Nerven geht und ...

ENKELIN Also Opa, jetzt mach mal einen Punkt! Diese junge Dame sah wirklich nett aus. Und wenn sie schon seit Jahren in Deutschland lebt, hat sie sich bestimmt auch den deutschen Lebensgewohnheiten angepasst.

OPA Da will ich kein Risiko eingehen. Ich weiß doch gar nicht, wie diese Leute leben!

ENKELIN Das hättest du dabei doch kennen lernen können! Vielleicht hätte sie dich mal zum Essen eingeladen.

OPA Damit ich Katzenfutter zu essen kriege!

ENKELIN Mensch, hast du Vorurteile! Die asiatische Küche ist eine der besten der Welt.

OPA Das mag ja sein. Aber ich bin zu alt für exotische Experimente. Ich will hier zu Hause meine Ruhe haben und als Deutscher unter Deutschen leben.

Das habe ich der jungen Dame auch gesagt.

ENKELIN Ach, deshalb hat sie so traurig und bedrückt ausgesehen.

OPA Ist das wahr? Also, das habe ich nun wieder nicht gewollt.

ENKELIN Hast du ihre Adresse?

OPA Ihre Telefonnummer.

ENKELIN Du musst dich bei ihr entschuldigen. Komm, wir rufen sie mal an. Sollen wir sie nicht zum Tee einladen? Wenn du sie etwas näher kennen gelernt hast, wirst du deine Meinung ja vielleicht ändern. Ich jedenfalls finde, dass sie ausgesprochen nett aussah.

Compréhension globale

1 Wer hat sich für die Wohnung interessiert?

1. eine Frau mit einem Kleinkind
4. ein Musiker, der Schlagzeug spielt
5. eine junge Asiatin, die gut Deutsch spricht

Compréhension détaillée

2 Der Großvater und die Enkelin sprechen von der letzten Bewerberin. Hören Sie sich die Argumente des Großvaters an und ergänzen Sie.

„Aber sie ist doch ***Ausländerin***, eine Fremde!"

„Eine ***Asiatin***, wenn sie wenigstens Europäerin wäre!"

„Die haben doch ganz andere ***Lebens***weisen."

„Vermutlich riecht es dann immer nach ihrem komischen ***Essen*** und sie hört Musik, die einem auf die ***Nerven*** geht."

„Da will ich kein ***Risiko*** eingehen. Ich weiß doch gar nicht, wie diese Leute leben!"

„Aber ich bin zu alt für ***exotische*** Experimente. Ich will hier zu Hause meine ***Ruhe*** haben und als Deutscher unter ***Deutschen*** leben."

3 Mit welchen Argumenten versucht die Enkelin, den Großvater davon zu überzeugen, dieser jungen Dame die Wohnung doch zu vermieten?

- Die junge Dame sah wirklich nett aus.
- Wenn sie schon seit Jahren in Deutschland lebt, hat sie sich bestimmt auch den deutschen Lebensgewohnheiten angepasst.
- Er hätte dabei kennen lernen können, wie Asiaten leben.
- Er hätte die asiatische Küche kennen lernen können, die eine der besten der Welt ist.
- Er wird seine Meinung vielleicht ändern, wenn er sie etwas näher kennen gelernt hat.

4 Der Großvater ruft die junge Dame schließlich an. Improvisieren Sie zu zweit dieses Telefongespräch.

Les élèves pourront passer par les étapes suivantes :

- **Le grand-père s'excuse auprès de la jeune femme.**
  Ich bitte Sie um Entschuldigung! / Verzeihen Sie mir bitte, dass ich vorhin so abweisend war. / Es tut mir wirklich Leid, dass ich Sie abgewiesen habe.
- **Il exprime le souhait de mieux la connaître.**
  Es würde meine Enkelin und mich außerordentlich freuen, Sie näher kennen zu lernen. / Hoffentlich können wir Sie etwas näher kennen lernen. / Wir würden Sie gerne näher kennen lernen.
- **Il l'invite.**
  Ich würde Sie gerne zu einer Tasse Tee einladen. / Wie wäre es, wenn Sie meine Enkelin und mich besuchen kämen. Wir warten auf Sie …
- **La jeune femme accepte son invitation.**
  Vielen Dank. Es ist wirklich nett von Ihnen. Also gut, ich komme gerne noch einmal zu Ihnen. Ich nehme Ihre Einladung gerne an.
- **La jeune femme refuse son invitation.**
  Es tut mir Leid, aber ich habe keine Zeit dazu. Ich muss Ihre Einladung leider ablehnen, denn … / Ich kann nicht zu Ihnen kommen.

2 In Deutschland leben

Type de document : *dialogue*
Thème : *interview d'un jeune Polonais sur sa vie en Allemagne*

Transcription

Durée : 3'53"

STUDENTIN Marek, wann bist du nach Deutschland gekommen?

MAREK Vor sechs Jahren.

STUDENTIN Und warum?

MAREK Ich habe Agrarwissenschaft studiert und habe ein Praktikum von zwölf Wochen in Deutschland gemacht. Das war so interessant, dass ich mich danach für einen Studienplatz hier in Deutschland beworben habe.

STUDENTIN Und du bist jetzt bei einer deutsch-polnischen Firma angestellt?

MAREK Genau. Seit drei Jahren arbeite ich hier in Köln, muss aber auch regelmäßig in meine Heimat reisen.

STUDENTIN Heimat, sagst du. Was bedeutet Heimat für dich?

MAREK Heimat sind für mich Dinge, wie die Wohnung, in der ich aufgewachsen bin, der Kirschbaum im Garten meiner Eltern oder so. Und auch Menschen, und zwar die Menschen, die ich gerne habe und die mich gerne haben.

STUDENTIN Also deine Familie?

MAREK Genau, aber auch Freunde, enge Freunde, die ich schon ganz lange kenne.

STUDENTIN Hast du manchmal Heimweh?

MAREK Ja doch. Noch sehr viel.

STUDENTIN Und was machst du dagegen?

MAREK Ich chatte viel mit Freunden, die in meiner Heimatstadt leben. Sobald ich kann, besuche ich meine Familie zu Hause. Und natürlich meine Freundin, die dort lebt.

STUDENTIN Fühlst du dich wohl hier in Deutschland?

MAREK Ja, mittlerweile schon. Ich habe sehr sympatische Leute kennen gelernt und schon ein paar Freunde hier. Aber das hat recht lange gedauert.

STUDENTIN Wieso?

MAREK Die Deutschen sind, mhm, sagen wir mal, recht zurückhaltend. Wir in Polen handeln spontaner. Wenn uns jemand gefällt, laden wir ihn sofort ein und feiern zusammen. Hier ist es mir am Anfang passiert, dass mir eigentlich nette Leute sagten: „Wenn du Zeit hast, komm doch mal vorbei!“ Und wenn ich dann bei ihnen an der Haustür klingelte, waren sie ganz erstaunt, ja fast betreten, mich zu sehen.

STUDENTIN Du gehst also nicht mehr zu deutschen Bekannten?

MAREK Doch, doch. Inzwischen habe ich gelernt, zu Leuten zu gehen, wenn sie mir genau sagen, um wie viel Uhr ich kommen soll. Die Deutschen sind sogar sehr gastfreundlich!

STUDENTIN Stört dich etwas an den Deutschen?

MAREK Ich habe bisher wirklich alles in allem sehr gute Erfahrungen mit ihnen gemacht. Aber in der Tat gibt es etwas, was ich nicht ausstehen kann. Bestimmte Deutsche fühlen sich Ausländern gegenüber irgendwie … wie soll ich sagen, irgendwie überlegen. Sie zeigen einem oft, wie man etwas besser machen könnte. Oder sie geben mit ihrem Reichtum an.

STUDENTIN Gibt es deiner Meinung nach noch andere Unterschiede zwischen Deutschen und Polen?

MAREK Die Deutschen sind immer sehr akkurat und pünktlich und auch sehr rücksichtsvoll. Aber eben nicht so locker und spontan wie wir in Polen, nicht so offen. Außer, wenn sie Feste feiern, dann können sie wirklich ausgelassen sein und mit jedem reden und lachen und witzig sein.

STUDENTIN Und kannst du dir vorstellen, für immer in Deutschland zu leben?

MAREK Ich persönlich ja. Ich habe hier gute Arbeitsbedingungen, seit kurzem eine schöne kleine Wohnung und ein korrektes Einkommen. Aber ich muss meine Freundin davon überzeugen, hier zu mir nach Deutschland zu kommen.

STUDENTIN Will sie das nicht?

MAREK Sie hat ihr Studium noch nicht abgeschlossen. Außerdem würde sie sowieso lieber in Polen bleiben. Sie hängt sehr an ihrem Land und möchte ihre Heimat nicht verlassen.

Préparation de l'écoute

Les élèves commenceront par chercher les clichés habituels sur les Allemands. Vous dresserez une liste au tableau que vous pouvez amorcer ainsi :

positiv	negativ
feiern gern	sprechen zu viel von Geld
sind pünktlich	...

Cette liste peut s'accompagner d'une liste de clichés sur les Polonais ou bien sur ceux qu'ont probablement les Allemands des Français. Un premier débat sur la véracité de ce genre de clichés pourra ainsi s'enclencher.

Compréhension globale

Faites écouter seulement le tout début de l'interview (jusqu'à : *... in meine Heimat reisen*), pour que les élèves fassent connaissance avec Marek.

1 Was erfahren wir über Marek?

Er ist vor ***sechs*** Jahren nach Deutschland gekommen. Er hat in Polen Agrarwissenschaft studiert und in Deutschland ein ***Praktikum*** gemacht. Danach hat er in Deutschland weiterstudiert. Er ist seit ***drei*** Jahren bei einer deutsch-***polnischen*** Firma angestellt.

Compréhension détaillée

Les élèves prennent connaissance des exercices 2, 3 et 4. Ils peuvent au préalable chercher à deviner les mots qui manquent à l'exercice 3.

2 Welche Adjektive benutzt er, um die Deutschen zu charakterisieren?

Vous pouvez demander aux élèves de traduire les adjectifs.

Le seul adjectif que Marek n'utilise pas pour caractériser les Allemands est : ***spontan***.

3 Was stört ihn an manchen Deutschen? Ergänzen Sie.

Sie fühlen sich Ausländern gegenüber irgendwie ***überlegen***.

Sie zeigen einem oft, wie man etwas ***besser*** machen könnte.

Sie geben mit ihrem ***Reichtum*** an.

4 Warum kann er sich vorstellen, in Deutschland zu bleiben? Was stimmt nicht?

4. Seine Freundin will nach Deutschland kommen.

5 Hören Sie sich das Interview ein zweites Mal an und

sagen Sie, was für Marek das Wort „Heimat" bedeutet.

MAREK Heimat sind für mich Dinge, wie die Wohnung, in der ich aufgewachsen bin, der Kirschbaum im Garten meiner Eltern oder so. Und auch Menschen, und zwar die Menschen, die ich gerne habe und die mich gerne haben.

STUDENTIN Also deine Familie?

MAREK Genau, aber auch Freunde, enge Freunde, die ich schon ganz lange kenne.

6 **Was bedeutet „Heimat" für Sie?**

Vous pouvez dresser une liste des différentes réponses au tableau. Vous pouvez élargir le débat en essayant de faire sentir aux élèves la différence entre ***Heimat*** et ***Vaterland***.

7 **Könnten Sie sich vorstellen, in einem fremden Land zu leben?**

Vous pouvez inciter les élèves à se reporter à la page 42 du manuel : **Donner son avis.**

3 Aktionen gegen Rassismus

1 **In Deutschland werden von den Medien, von staatlichen Organisationen, Kirchen, Gewerkschaften und auf Privatinitiativen hin Aktionen gegen Rassismus durchgeführt. Dabei spielen Slogans eine wichtige Rolle. Versuchen Sie, einige der dabei erfundenen Slogans wieder zusammenzustellen.**

Gewalt? Halt!
Fairständnis!
Mehr Mut wäre gut!
Vorurteile machen blind!
Gesicht zeigen gegen Rassismus!
Rassismus zu wählen, heißt, andere zu quälen.

2 **Sehen Sie sich das Plakat an.**

a. Beschreiben Sie es.

LEXIQUE

– der Würfel,-:
Würfel spielen, würfeln, die Würfel sind gefallen, der Würfel zeigt ...
– die Geburt, en:
geboren werden, zur Welt kommen
– die Hautfarbe, n
– die Nationalität, en
– die Religion, en

b. Was steht wohl auf den anderen Seiten der Würfel?

– *gelb, rot, schwarz, weiß / der Mischling*
– À partir des propositions des élèves vous pouvez réviser avec eux les noms des pays et de leurs habitants. Vous leur rappelerez qu'il existe trois catégories :
• les noms en ***-er*** : *der Engländer,-*
• les masculins faibles : *der Franzose, n, n*
• un adjectif substantivé : *der Deutsche, n; ein Deutscher*
– *der Atheist, en, en; der Buddhist, en, en; der Christ, en, en; der Hindu, -, s; der Jude, n, n; der Moslem, s*

c. Was will Vanessa Betz wohl mit diesem Plakat sagen?

Après avoir rassemblé les différentes interprétations des élèves, vous pouvez leur demander de trouver une suite à la phrase *Zur-Welt-Kommen ist Zufall* en l'amorçant avec ***aber***.

Propositions

Zur-Welt-Kommen ist Zufall, aber...

... wie man auf der Welt lebt... ... wie man zu anderen ist... ... wer man wird...	... hängt von einem selber ab. ... ist Aufgabe des Einzelnen. ... ist nicht mehr Zufall, sondern liegt in der Verantwortung des Einzelnen. ...
... was man aus seinem Leben macht...	
... wie man sich entwickelt...	
... welche Rolle man in der Welt spielt...	
...	

3 **Erfinden Sie in Gruppenarbeit weitere Slogans gegen Intoleranz.**

Il est difficile de formuler des slogans dans une langue étrangère, mais l'imagination des élèves peut compenser cette difficulté.

4 **Entwerfen Sie ein Plakat gegen Diskriminierung.**

Les affiches peuvent être réalisées dans le cadre d'une journée portes ouvertes du lycée ou d'une association de lutte contre l'intolérance.

Projektarbeit

In einigen deutschen Schulen werden Aktionstage gegen Fremdenfeindlichkeit organisiert.
Wählen Sie aus folgender Liste eine Veranstaltung aus, an der Sie gerne teilnehmen würden. Machen Sie Vorschläge, wie die von Ihnen gewählte Aktion konkret realisiert werden könnte.

Nous avons essayé de montrer la multitude de possibilités qui existent pour ce genre de journée d'action. Par les différents moteurs de recherche allemands, les élèves peuvent trouver d'autres informations concernant ce type d'actions à partir de mots clés tel que : *Schule ohne Rassismus, Aktionen gegen Rassismus, Aktionstage gegen Intoleranz.*

KULTUR
MANUEL 22-23

August Macke

Pour compléter l'évocation de August Macke, nous vous proposons ci-dessous un plus long extrait du beau texte écrit par Franz Marc après la mort de son ami.

Vous pouvez le lire avec les élèves, et éventuellement prolonger le travail sur cette double page par des recherches sur Franz Marc et sur Der blaue Reiter. *Vous pouvez utiliser à cette occasion le transparent 18 de la série des transparents* Warum, *consacré au tableau* Die gelbe Kuh *de Franz Marc et inviter les élèves à se reporter à la double page Méthodologie : Savoir commenter un tableau (p. 24-25).*

Im Kriege sind wir alle gleich. Aber unter tausend Braven trifft eine Kugel einen Unersetzlichen. Mit seinem Tode wird der Kultur eines Volkes eine Hand abgeschlagen, ein Auge blind gemacht. Wie viele und schreckliche Verstümmelungen mag dieser grausame Krieg unserer zukünftigen Kultur gebracht haben? Wie mancher junge Geist mag gemordet sein, den wir nicht kannten und der unsere Zukunft in sich trug.

Und manchen kannten wir gut, ach nur zu gut! August Macke, der „junge Macke" ist tot.

Wer sich in diesen letzten, ereignisvollen Jahren um die neue deutsche Kunst gesorgt hat, wer etwas von unserer künstlerischen Zukunft ahnte, der kannte Macke. Und die mit ihm arbeiteten, wir, seine Freunde, wir wussten, welche heimliche Zukunft dieser geniale Mensch in sich trug. Mit seinem Tode knickt eine der schönsten und kühnsten Kurven unserer deutschen künstlerischen Entwicklung jäh ab; keiner von uns ist imstande, sie fortzuführen. Jeder zieht seine eigene Bahn; und wo wir uns begegnen werden, wird er immer fehlen.

Wir Maler wissen gut, dass mit dem Ausscheiden seiner Harmonien die Farbe in der deutschen Kunst um mehrere Tonfolgen verblassen muss und einen stumpferen, trockneren Klang bekommen wird. Er hat von uns allen der Farbe den hellsten und reinsten Klang gegeben, so klar und hell wie sein ganzes Wesen war.

Franz MARC, 1914

DOSSIER 2

WIR EUROPÄER

Consacrer un dossier à l'Europe dans le cadre d'un manuel d'allemand est une entreprise ambitieuse. Il ne s'agit nullement d'un panorama des questions européennes, mais seulement de modestes coups de projecteur sur tel ou tel aspect de l'Europe. Si les textes 1 et 2 se placent plutôt sur le plan des idées, le reste du dossier se veut résolument concret, afin que les élèves puissent sentir quelle incidence ces idées peuvent avoir dans leur quotidien.

- Le TEXTE 1, *Brüderlichkeit*, extrait de l'autobiographie de Canetti, *Die gerettete Zunge*, évoque une scène qui se situe à la fin de la Première Guerre mondiale. Se trouvant à Zürich, le narrateur voit soudain arriver un groupe d'officiers français, des blessés graves, qui se trouvent en convalescence en Suisse. Au même moment arrive de l'autre côté un groupe d'officiers allemands dans la même situation. Le narrateur, pétrifié, redoute un mouvement de colère ou de haine. Mais il les voit se croiser tranquillement. Un soldat français brandit alors sa béquille et crie « Salut ». Un soldat allemand lui répond de la même manière. Ainsi, ils se saluent avec ce qui leur est désormais commun : des béquilles. Comment mieux évoquer les premiers pas de la réconciliation franco-allemande, noyau de l'Europe unie ?
- Le TEXTE 2, *Schluss mit dem Gejammer, Europa ist wunderbar,* est un vibrant plaidoyer de Daniel Cohn-Bendit, député européen, en faveur d'une véritable union politique européenne. Il permet d'évoquer avec les élèves quelques aspect essentiels de la construction européenne et de les familiariser avec un certain type de vocabulaire qui leur sera utile pour lire des extraits de la presse allemande.
- Le TEXTE 3, *Europa-Kolleg Brügge*, évoque une institution créée dans les tout débuts de la construction européenne et qui a pour objet d'offrir une formation universitaire dispensée dans un esprit réellement européen. Les étudiants qui peuvent en bénéficier restent trop peu nombreux, mais c'est l'occasion d'évoquer les possibilités que pourront avoir nos élèves d'effectuer une partie de leur études à l'étranger (grâce aux programmes *Erasmus* ou *Leonardo da Vinci* par exemple).

- La double page ZUR DEBATTE présente deux dialogues qui prolongent le texte 3, puisqu'ils mettent en scène des jeunes Européens. *Was ist Europa?* nous fait entendre la voix de quatre jeunes qui expriment chacun une vision différente de l'Europe, tandis que le deuxième, *Europäische Begegnungen*, met en scène plusieurs jeunes de nationalités différentes façon « Auberge espagnole ». Le document *Festung Europa* apporte quant à lui une note plus polémique dans ce dossier sur l'Europe.

- Enfin, la double page LANDESKUNDE présente la monnaie européenne. Les différentes pièces présentées font apparaître comment chaque pays, à travers les motifs qu'il a choisis pour les pièces de monnaie, revendique sa spécificité culturelle tout en affirmant son adhésion à l'unité européenne.

TEXT 1
MANUEL 26-29

Brüderlichkeit

Type de texte : *récit autobiographique*

Thème : *La scène se passe à la fin de la Première Guerre mondiale. Le narrateur voit avec terreur des officiers allemands et des officiers français s'avancer les uns vers les autres. Que va-t-il se passer ?*

Objectif linguistique : *le pronom personnel (manuel p. 34)*

L'auteur : *Voir manuel p. 29*

Vous pouvez partir de l'observation du tableau de Magritte et du message d'espoir que symbolise cette colombe qui s'envole pour rappeler aux élèves que c'est bien sur les ruines d'une Europe dévastée par deux guerres qu'a commencé la construction de l'Union européenne. L'image de ces soldats blessés qui se saluent en brandissant leurs béquilles est une mise en scène assez saisissante de la fraternité qui rapproche les hommes par-delà la guerre qui les a opposés et détruits.

1 Wo und wann spielt die Szene?
Die Szene spielt in der Schweiz, in Zürich, am Ende des Ersten Weltkriegs.

2 Wer sind die Personen?
Der Autor, seine Mutter, deutsche und französische Offiziere.

3 Wer erzählt die Szene?
Sie wird von dem Autor erzählt, der diese Szene als kleiner Junge erlebt hat.

4 Auf wen beziehen sich die fett gedruckten Wörter?

Z. 1 *da kam **uns** eine Gruppe französischer Offiziere entgegen*
→ der Erzähler und seine Mutter

Z. 2 *in **ihren** auffälligen Uniformen*
→ die französischen Offiziere

Z. 2 *manche von **ihnen***
→ die französischen Offiziere

Z. 3 *die anderen passten sich **ihrer** Gangart an*
→ diejenigen, die Mühe hatten, zu gehen

Z. 9 *unter **ihnen***
→ die Deutschen

Z. 11 *werden **sie** aufeinander losgehen*
→ die Franzosen und die Deutschen

Z. 14 *in **ihrer** Mitte*
→ die beiden Gruppen

Z. 22 ***seine** Krücke*
→ einer der Franzosen

5 Die Soldaten

a. Warum sind sie in der Schweiz?
Z. 5 *„Das sind Schwerverletzte", sagte die Mutter, „sie sind zur Erholung in der Schweiz."*

b. Warum müssen sie aneinander vorbeigehen?
Z. 6 *„Sie werden ausgetauscht gegen Deutsche."*

c. Wie sehen sie sich an?
Z. 18 *Sie sahen einander ruhig und freundlich an, als wäre es nichts, einige salutierten.*

d. Was macht der französische Soldat mit seiner Krücke?
Z. 22 *Einer der Franzosen drehte sich noch zurück, hob seine Krücke in die Luft, fuchtelte ein wenig mit ihr und rief den Deutschen, die nun schon vorüber waren, zu: „Salut!"*

e. Welches ist die Antwort darauf?
Z. 24 *Ein Deutscher, der es gehört hatte, tat es ihm nach, auch er hatte eine Krücke, mit der er fuchtelte, und gab den Gruß auf Französisch zurück: „Salut!"*

6 Der Erzähler

a. Was hatte er erwartet?
Z. 17 *Keines (der Gesichter) war vor Hass oder Wut verzerrt, wie ich erwartet hatte.*

b. Was sagt er über seine Gefühle?
Z. 10 *Ich weiß noch, wie der Schrecken mir in die Glieder fuhr. Was wird jetzt geschehen, werden sie aufeinander losgehen?*

Z. 13 *In dieser Betroffenheit wichen wir nicht rechtzeitig aus …*

c. Warum kommt es ihm wie eine Ewigkeit vor, bis die Soldaten aneinander vorüber sind?
Weil die Soldaten nur sehr langsam gehen können und vor allem, weil er so große Angst hat.

7 Was symbolisieren die Krücken?
Sie symbolisieren den Krieg und vor allem die Verletzungen, die die Soldaten, sowohl die Deutschen als auch die Franzosen, davongetragen haben. Die Schrecken des Krieges, die sie erlebt haben, verbinden die Soldaten über ihre unterschiedliche Nationalität hinaus.

Z. 28 *… man zeigte einander zum Abschied noch, was einem gemeinsam geblieben war: Krücken.*

8 Erklären Sie den Ausdruck *als wäre es nichts* (Zeile 19). Was meint der Autor damit?
Sie sehen sich *ruhig und freundlich* an, als wären sie keine Feinde gewesen, als hätten sie nicht vier Jahre lang gegeneinander gekämpft.

9 Glauben Sie, dass alle französischen und deutschen Soldaten so reagiert hätten?
Auch wenn die Müdigkeit und der Überdruss am Ende des Krieges wohl bei allen Soldaten sehr stark waren, ist es nicht sicher, dass alle so reagiert hätten. Es handelt sich hier um Offiziere, also um Männer, die wahrscheinlich studiert haben und daher vielleicht leichter Abstand zum Geschehen nehmen können.

10 Was sagt der Text über den Krieg und seine Auswirkungen auf das Schicksal des Einzelnen aus?
Er zeigt, wie zerstörerisch der Krieg sein kann. Der Einzelne ist den Ereignissen ausgeliefert. Aus Menschen macht der Krieg Soldaten, die den Feind bekämpfen müssen. Erst das Ende des Krieges macht aus den Feinden wieder Menschen, die miteinander brüderlich umgehen können.

11 Wie reagieren Sie persönlich auf diesen Text? Welche Gefühle weckt er bei Ihnen?
Vous pouvez noter au tableau les différents mots qui viennent à l'esprit des élèves, puis les classer avec eux pour voir se dégager peut-être différentes lectures possibles.

Entraînement À l'oral du bac

Résumer

Die Szene spielt am Ende des ***Ersten Weltkriegs*** in der Schweiz. Der Erzähler geht mit seiner ***Mutter*** spazieren. Plötzlich sehen sie französische ***Offiziere*** auf sich zukommen. Von der anderen Seite kommen ihnen ***deutsche Offiziere*** entgegen. Sie sollen gegen die französischen ***ausgetauscht*** werden. Der Junge hat ***Angst***. Er fürchtet, dass die beiden ***Gruppen*** aufeinander losgehen. Aber die ***Soldaten*** sehen sich ganz ruhig an. Schließlich hebt einer der ***französischen*** Soldaten seine ***Krücke*** in die Luft und ruft den ***deutschen Soldaten*** „Salut!" zu. Ein ***Deutscher*** gibt den ***Gruß*** auf dieselbe Weise zurück.

TEXT 2
MANUEL 30-32

Schluss mit dem Gejammer, Europa ist wunderbar

ENTRAÎNEMENT À L'ÉCRIT DU BAC

Type de texte : *article de presse*
Thème : *plaidoyer pour l'Europe*
Objectif linguistique : *les verbes de modalité (manuel p. 35)*
L'auteur : *Daniel Cohn-Bendit, bien connu pour le rôle qu'il a joué dans les mouvements étudiants de mai 68, est aujourd'hui député européen des Verts. Il est d'autant plus attaché à l'idée d'Europe qu'il appartient autant à la culture française qu'à la culture allemande.*

Ce texte n'est pas d'un abord aisé. Il est donc à réserver à des élèves de première langue. Vous pouvez éventuellement le préparer en classe par des exercices de repérage de vocabulaire, beaucoup de termes étant faciles à trouver dans leur contexte à partir de leur équivalent français.

1 Richtig oder falsch? Was entspricht der Meinung des Verfassers? Begründen Sie Ihre Antwort mit einem Zitat aus dem Text.

	R	F
1. Dieser Text ist ein Plädoyer für Europa.	✔	
2. Der Verfasser hat viel Verständnis für die Euroskeptiker.		✔
3. Für ihn besteht die Hauptschwierigkeit darin, dass es keine europäische Sprache gibt.		✔
4. Alle Europäer sollten sich für Europa begeistern.	✔	
5. Cohn-Bendit setzt sich für ein föderalistisches Europa ein.		✔
6. Oft stehen nationale Interessen wichtigen europäischen Entscheidungen im Wege.	✔	
7. Europa braucht eine europäische Regierung.	✔	
8. Eine europäische Regierung hat die europäischen Interessen zu vertreten.	✔	
9. Eine europäische Regierung soll die nationalen Interessen der einzelnen Staaten vertreten.		✔
10. Die Globalisierung macht es unmöglich für Europa, auf Augenhöhe mit den USA zu sprechen.		✔
11. Nur wenige Länder in Europa können auf Augenhöhe mit den USA sprechen.		✔
12. Eine europäische Regierung könnte auf Augenhöhe mit den USA sprechen.	✔	
13. Eine europäische Wahl wäre ein gutes Mittel, die Europäer für Europa zu begeistern.	✔	
14. Am Ende des Textes zählt der Verfasser die vielen Schwierigkeiten auf, die ein vereintes Europa mit sich bringen würde.		✔
15. Ein vereintes Europa hat eine wichtige Rolle in der Welt zu spielen.	✔	

2 Was bedeuten die fett gedruckten Wörter oder Ausdrücke? Wählen Sie die richtige Übersetzung.

Z. 9 *Dazu muss es* ***in der Lage sein****, die Europäer zu begeistern.*
b. être en mesure de

Z. 22 *… da sie allein den europäischen Interessen* ***verpflichtet*** *wäre …*
a. être voué à

Z. 25 *Jedes Land für sich allein genommen ist nicht in der Lage, hier seinen oder europäischen Positionen international* ***Gehör*** *zu* ***verschaffen****.*
a. arriver à faire entendre

Z. 27 *Anders könnte eine Institution auftreten, die das vereinte Europa politisch **vertritt**.*

b. représenter

Z. 28 *Sie wäre in der Lage, **auf Augenhöhe mit** den USA zu **sprechen**.*

a. parler d'égal à égal avec

3 Der Verfasser nennt drei Hauptgründe für die Notwendigkeit einer europäischen Regierung. Welche?

Z. 20 *Eine europäische Regierung ist ein wichtiges Instrument, um Europa zu verbessern. Zunächst ganz einfach, indem sie Europa und seinen Bürgern dient, da sie allein den europäischen Interessen verpflichtet wäre, auch und gerade da, wo diese den nationalstaatlichen zuwiderlaufen.*

Z. 24 *Ein weiterer Grund für die europäische Regierung ist die Globalisierung. [...] Anders könnte eine Institution auftreten, die das vereinte Europa politisch vertritt: Sie wäre in der Lage, auf Augenhöhe mit den USA zu sprechen.*

Z. 29 *Und außerdem brauchen wir eine europäische Regierung, weil eine gesamteuropäische Wahl ein ganz außerordentlich wichtiger Schritt ist, um die Menschen für Europa zu begeistern.*

4 Übersetzen Sie folgende Textstelle: *Europa ist an einem Wendepunkt angekommen* (Zeile 13) bis ... *bis hin zu einer echten europäischen Regierung* (Zeile 19).

L'Europe est arrivée à un tournant. Elle doit décider si elle veut demeurer simplement une union gouvernementale d'états nationaux, avec la conséquence que ceux-ci, cramponnés à leurs intérêts nationaux, bloquent des décisions européennes importantes – ou si elle est prête à l'intégration institutionnelle. Plus précisément : les Européens que nous sommes sont-ils prêts à aller plus loin et à créer des institutions communes, depuis la Cour Européenne de justice, en passant par le parlement, et en allant jusqu'à un véritable gouvernement européen ?

5 *Wenn* oder *ob*? Ergänzen Sie.

1. Man kann sich fragen, ***ob*** die Europäer heute bereit sind, eine echte europäische Regierung zu akzeptieren.
2. ***Wenn*** alle Europäer sich für Europa begeistern würden, könnte Europa viel besser funktionieren.
3. ***Wenn*** wir in der Lage sein wollen, auf Augenhöhe mit den USA zu sprechen, müssen wir eine europäische Regierung haben.
4. Wir müssen entscheiden, ***ob*** wir noch eine politische Rolle in der Welt spielen wollen oder nicht.
5. ***Wenn*** die europäischen Länder es schaffen, wirklich vereint zu handeln, können sie in der ganzen Welt eine positive Rolle spielen.

6 Setzen Sie die richtigen Präpositionen ein.

1. Daniel Cohn-Bendit gehört ***zu*** den Politikern, die sich am meisten für Europa einsetzen.
2. Er ärgert sich ***über*** die Menschen, die behaupten, Europa könne einfach nicht funktionieren.
3. Er hält ihre Argumente ***für*** falsch.
4. Im Gegensatz zu den vielen Euroskeptikern glaubt er ***an*** die Zukunft Europas.
5. Er ist da***von*** überzeugt, dass wir unbedingt eine echte europäische Regierung brauchen.
6. Er bedauert, dass so viele Europäer sich gar nicht ***für*** die Probleme Europas interessieren.
7. Es müsste eine breite Verfassungsdebatte geben, ***an*** der alle teilnehmen könnten.
8. Für ihn ist eine gesamteuropäische Wahl ein Mittel, die Europäer ***für*** Europa zu begeistern.
9. Wir müssen uns dar***an*** gewöhnen, die europäischen Interessen vor die nationalstaatlichen Interessen zu stellen.
10. Wir müssen ***um*** Demokratie und Freiheit in der Welt kämpfen.

TEXT 3
MANUEL 33

Europa-Kolleg Brügge

Type de texte : *article de presse*
Thème : *présentation du Collège d'Europe à Bruges*

Ce texte tiré de la *Süddeutsche Zeitung* est purement informatif. Pas d'implicite donc, mais un certain nombre d'informations précises à repérer. Il pourra être prolongé par des recherches sur les différentes possibilités offertes aux jeunes d'effectuer une partie de leurs études ou de leur formation à l'étranger. Vous pouvez alors demander aux élèves d'élaborer par écrit un projet personnel.

1 Wann wurde das Europa-Kolleg in Brügge gegründet?

Es wurde 1948 in Den Haag gegründet.

2 Was erfahren wir über die Studenten, die dort studieren?

– ihre Zahl

270 Studenten studieren heute in Brügge.

– ihre Herkunft

Sie kommen aus 35 Ländern Europas.

– die Voraussetzungen, die sie erfüllen müssen

Z. 45 *Voraussetzung ist ein abgeschlossenes Studium, außerdem müssen sie Englisch und Französisch beherrschen – beides sind Unterrichtssprachen.*

3 Wie ist das Studium organisiert?

– die Dauer

Z. 44 *Die Studenten kommen für neun Monate.*

– der Lehrplan

Z. 19 *Dabei können die jungen Frauen und Männer zwischen drei Studiengängen wählen: Jura, Wirtschaft und politische Wissenschaften.*

Z. 48 *Das Wissen über Europa soll möglichst auf breiter Basis vermittelt werden.*

Z. 51 *Ein Viertel des Lehrplans nehmen daher interdisziplinäre Studien ein – „Der Islam in Europa", „Die Informationsgesellschaft", oder „Die historischen Grundlagen der europäischen Gemeinschaft."*

– der Abschluss

Z. 17 *Sie [...] verlassen das belgische Städtchen mit einem „Master of European Studies".*

4 Wie leben die Studenten im Europa-Kolleg?

Z. 24 *Die Studenten sollen miteinander lernen und miteinander leben. Gemeinsam wohnen sie in Studentenheimen, gemeinsam essen sie in der Mensa, gemeinsam feiern sie auf dem Campus. „Man kann sich nicht aus dem Weg gehen", sagt Akkermans.*

5 Welches ist das Hauptziel des Europa-Kollegs?

Z. 57 *Europa verändert sich ständig. Vor allem darauf sollen die Studenten vorbereitet werden. Sie sollen zur Offenheit erzogen werden – zur Offenheit neuen Situationen gegenüber. Ziel sei es, sagt Rektor Akkermans, die Studenten auf eine Gesellschaft vorzubereiten, „die es heute noch nicht gibt".*

6 Glauben Sie, dass dieses Ziel erreicht wird?

Man kann sich wohl vorstellen, dass dieses Ziel für die betroffenen Studenten tatsächlich erreicht wird. Sie bleiben aber leider Ausnahmen und es müssen den Jugendlichen viele andere Möglichkeiten angeboten werden, eine wirklich europäische Ausbildung zu bekommen.

SPRACHE
MANUEL 34 • MEMENTO 201

Le pronom personnel (TEXT 1)

Les pronoms personnels relèvent de deux catégories différentes :
- ceux de la première et de la deuxième personne du singulier et du pluriel, ainsi que de la forme de politesse, ne se substituent à rien, mais désignent le locuteur et l'interlocuteur,
- ceux de la troisième personne du singulier et du pluriel sont des substituts de groupes nominaux, donc des anaphoriques.

1 Dans le texte page 26, relevez les pronoms à la 1re et à la 2e personne du singulier et du pluriel, et indiquez pour chacun à quel cas il est.

l. 1	*Da kam **uns** eine Gruppe französischer Soldaten entgegen.*	→	datif
l. 4	***Wir** blieben stehen.*	→	nominatif
l. 10	***Ich** weiß noch,* *wie der Schrecken **mir** in die Glieder fuhr.*	→ →	nominatif datif
l. 12	*In dieser Betroffenheit wichen **wir** nicht rechtzeitig aus* *und fanden **uns** plötzlich zwischen den beiden Gruppen ... eingeschlossen.*	→ →	nominatif accusatif
l. 16	*... aber **wir** sahen nun ganz nah ihre Gesichter, wie ...*	→	nominatif
l. 18	*..., wie **ich** erwartet hatte ...*	→	nominatif
l. 20	*..., so kam es **mir** vor, ...*	→	datif

2 Relevez les pronoms à la 3e personne du singulier et du pluriel et complétez le tableau.

		CAS		CE QUI EST REPRIS
l. 2	*Manche von **ihnen** hatten Mühe zu gehen.*	datif	→	*die französischen Offiziere*
l. 4	*..., um **sie** langsam passieren zu lassen.*	accusatif	→	*die französischen Offiziere*
l. 5	*..., **sie** sind zur Erholung in der Schweiz.*	nominatif	→	*die Schwerverletzten*
l. 6	***Sie** werden ausgetauscht gegen Deutsche.*	nominatif	→	*die Schwerverletzten*
l. 9	*..., auch unter **ihnen** welche mit Krücken, ...*	datif	→	*die Deutschen*
l. 11	*..., werden **sie** aufeinander losgehen?*	nominatif	→	*die Deutschen und die Franzosen*
l. 16	*..., wie **sie** sich aneinander vorbeischoben.*	nominatif	→	*die Deutschen und die Franzosen*
l. 18	***Sie** sahen einander ... an, ...*	nominatif	→	*die Deutschen und die Franzosen*
l. 19	***Sie** gingen viel langsamer als ...*	nominatif	→	*die Deutschen und die Franzosen*
l. 21	*..., bis **sie** aneinander vorüber waren.*	nominatif	→	*die Deutschen und die Franzosen*
l. 23	*..., fuchtelte ein wenig mit **ihr** und ...*	datif	→	*seine Krücke*
l. 24	*Ein Deutscher, der **es** gehört hatte, ...*	accusatif	→	*„Salut!“*
l. 25	*..., auch **er** hatte eine Krücke,* *mit der **er** fuchtelte, und ...*	nominatif nominatif	→ →	*der Deutsche* *der Deutsche*

3 Les formes du pronom personnel

Donnez les formes à l'accusatif et au datif.

NOM	ACC	DAT
ich	mich	mir
du	dich	dir
er	ihn	ihm
es	es	ihm
sie	sie	ihr
wir	uns	uns
ihr	euch	euch
sie	sie	ihnen
Sie	Sie	Ihnen

4 Le pronom réfléchi

a. Comparez :

(1) *Il ne pense qu'à elle.* = *Er denkt nur an sie.*

(2) *Elle ne pense qu'à elle.* = *Sie denkt nur an sich.*

– **Dans quel exemple le pronom complément désigne-t-il la même personne que le pronom sujet ?**

Dans l'exemple (2).

– **Quelle différence constatez-vous entre le français et l'allemand ?**

En français, le pronom personnel et le pronom réfléchi ont la même forme. En allemand, ils ont deux formes distinctes.

b. Observez :

Ich wasche mich. Du wäschst dich. Er/sie wäscht sich. Wir waschen uns. Ihr wascht euch. Sie waschen sich. / Waschen Sie sich!

– **À quelles personnes le pronom réfléchi se distingue-t-il du pronom personnel ?**

Aux troisièmes personnes du singulier et du pluriel, ainsi qu'à la forme de politesse.

c. Comparez :

(1) *Ich wasche mich. Er wäscht sich.*

(2) *Ich wasche mir die Hände. Er wäscht sich die Hände.*

– **À quel cas est le pronom réfléchi en (1) ? Et en (2) ?**

En (1), il est à l'accusatif, en (2) au datif.

– **Que constatez-vous donc ?**

À la troisième personne du singulier et du pluriel, ainsi qu'à la forme de politesse, l'accusatif et le datif du pronom réfléchi ont la même forme : ***sich***.

– **Quelle est la place du pronom réfléchi ?**

Dans l'énoncé déclaratif, le pronom réfléchi suit immédiatement le verbe conjugué qui occupe la deuxième place. Seul le verbe se déplace :

*Er **wäscht sich** jeden Tag mehrere Male die Hände.*

Dans un groupe verbal dépendant où le verbe conjugué occupe la place finale, il garde cette position :

*(weil) er **sich** jeden Tag mehrere Male die Hände **wäscht**.*

Il en va de même pour l'interrogative globale directe où le verbe conjugué occupe la première place. Seul le verbe se déplace :

***Wäscht** er **sich** jeden Tag mehrere Male die Hände?*

5 Traduisez.

1. Ils ne pensent qu'à eux.
   Sie denken nur an sich.
2. Elle n'a pas d'argent sur elle.
   Sie hat kein Geld bei sich.
3. Il n'est jamais content de lui.
   Er ist nie mit sich zufrieden.
4. Je suis très content de lui.
   Ich bin sehr mit ihm zufrieden.
5. Je ne doute pas d'elle.
   Ich zweifle nicht an ihr.
6. Elle doute trop souvent d'elle.
   Sie zweifelt zu oft an sich.
7. Vous pouvez vous asseoir (FORME DE POL.).
   Sie können sich setzen.
8. Je vous appellerai ce soir. (FORME DE POL.).
   Ich rufe Sie heute Abend an.

6 Complétez par le pronom qui convient.

Ein Brief von der Front nach Hause

1. Liebe Mutter, heute ist Weihnachten und ich schreibe ***dir***, um ***dir*** zu sagen, dass es ***mir*** gut geht. Ich danke ***dir*** auch herzlich für das Paket, das du ***mir*** geschickt hast. Sicher denkst ***du*** so oft an ***mich***, wie ***ich*** an ***dich*** denke.
2. Die Franzosen scheinen auch Weihnachten zu feiern. Sie haben ***uns*** seit drei Tagen in Ruhe gelassen. ***Sie*** haben nicht auf ***uns*** geschossen, als ***ich*** mit meinem Kameraden Franz (***du*** kennst ***ihn*** ja aus meinen Briefen) einen Tannenbaum holen gegangen bin.
3. ***Ich*** muss ***dir*** noch schnell etwas Außergewöhnliches erzählen. Eben ist Franz zurückgekommen. ***Er*** hatte Wache und ***er*** hat uns erzählt, dass die Franzosen ***ihm*** aus dem Schützengraben « Joyeux Noël » zugerufen haben. ***Er*** sagt, dass das „Fröhliche Weihnachten" bedeutet.
4. Was hältst ***du*** davon? ***Ich*** glaube, dass die Franzosen dasselbe denken wie ***wir***. Der Krieg hat zu lange gedauert, ***er*** muss endlich zu Ende gehen. Hoffen ***wir*** es!
5. Ich sende ***dir*** und allen Freunden und Bekannten liebe Grüße. ***Wir*** sehen ***uns*** bald wieder, da bin ***ich*** sicher.

In Liebe
dein Sohn Hermann

SPRACHE
MANUEL 35 • MEMENTO 194-196

Les verbes de modalité (TEXT 2)

Ce texte *Schluss mit dem Gejammer, Europa ist wunderbar* est un vibrant plaidoyer en faveur d'une véritable union européenne. L'auteur explique pourquoi cette union est une nécessité, en quoi elle est possible et en quoi sa réalisation dépend de la volonté de chacun.

Le texte est donc tout entier sous le signe des « modalités » de la construction européenne et de ce fait, les verbes de modalité y abondent.

1 Dans le texte page 30, relevez les énoncés qui comportent un verbe de modalité. Indiquez à quelle personne, à quel temps et à quel mode est le verbe.

l. 3	*Europa … könne aber nicht funktionieren.*	3e pers. du sing. du présent du subj. I
l. 6	*Europa müsse schon allein deshalb scheitern, …*	3e pers. du sing. du présent du subj. I
l. 9	*Europa muss die Sache aller Europäer sein.*	3e pers. du sing. du présent de l'indicatif
l. 9	*Dazu muss es in der Lage sein, …*	3e pers. du sing. du présent de l'indicatif
l. 13	*Es muss sich entscheiden, …*	3e pers. du sing. du présent de l'indicatif
l. 14	*ob es nur eine Vereinigung von … bleiben will*	3e pers. du sing. du présent de l'indicatif
l. 27	*Anders könnte eine Institution auftreten, die …*	3e pers. du sing. du présent du subj. II
l. 34	*… oder … in ihrer … Welt bleiben möchte.*	3e pers. du sing. du présent du subj. II
l. 37	*… möchte ich es kurz zusammenfassen.*	1re pers. du sing. du présent du subj. II

2 La conjugaison des verbes de modalité

a. Quelles sont les particularités du présent de l'indicatif des verbes de modalité ?

– La voyelle du radical des trois personnes du singulier est différente de celle de l'infinitif, sauf pour ***sollen***.

- Les marques de personne sont celles du type B : *-Ø*, *-st*, *-Ø*.

b. Comment forme-t-on le prétérit des verbes de modalité ?

- Le prétérit est formé sur le radical de l'infinitif sans *Umlaut*.
- La marque du prétérit est *-te*, comme pour les verbes faibles.

c. Citez les verbes de modalité qui ne prennent pas d'*Umlaut* au présent du subjonctif II.

Les verbes ***sollen*** et ***wollen***, c'est-à-dire les verbes de modalité qui n'ont pas d'*Umlaut* à l'infinitif.

3 Le « double infinitif »

(1) *Die Pazifisten **wollten** immer Kriege verhindern, aber sie **haben** es nicht **gekonnt**.*

(2) *Die Pazifisten **wollten** immer Kriege verhindern, aber sie **haben** sie nicht **verhindern können**.*

Le parfait et le plus-que-parfait des verbes de modalité se forment avec l'auxiliaire ***haben***.
Lorsque le verbe de modalité n'a pas d'infinitif complément (1), il prend la forme du ***participe II***.
Avec un infinitif complément (2), il prend la forme de l'infinitif.

4 Formez des énoncés avec les éléments donnés.

Europa / nicht / funktionieren können
→ *Europa kann nicht funktionieren.*

Europaskepsis

1. Die Europäer / weiter / ihre Landessprachen sprechen wollen
Die Europäer wollen weiter ihre Landessprachen sprechen.
2. Die Nationalstaaten / bestehen bleiben müssen
Die Nationalstaaten müssen bestehen bleiben.
3. Eine institutionelle Integration / nicht / stattfinden dürfen
Eine institutionelle Integration darf nicht stattfinden.
4. Nationales Recht / über Europarecht / gehen müssen
Nationales Recht muss über Europarecht gehen.
5. Europa / sowieso nie / auf Augenhöhe / mit den USA / sprechen können
Europa kann sowieso nie auf Augenhöhe mit den USA sprechen.
6. Jeder Staat / um seine eigenen Angelegenheiten / sich kümmern sollen
Jeder Staat soll sich um seine eigenen Angelegenheiten kümmern.

5 Mettez les énoncés au parfait.

Europäische Integration

1. Nach dem Zweiten Weltkrieg wollten Idealisten Europa verändern.
Nach dem Zweiten Weltkrieg haben Idealisten Europa verändern wollen.
2. Sie wollten ein vereintes Europa.
Sie haben ein vereintes Europa gewollt.
3. Nationalstaatliche Interessen mussten in den Hintergrund treten.
Nationalstaatliche Interessen haben in den Hintergrund treten müssen.
4. Großbritannien konnte sich erst spät zu Europa entschließen.
Großbritannien hat sich erst spät zu Europa entschließen können.
5. Im Jahre 1991 konnte man in Maastricht die Währungsunion beschließen.
Im Jahre 1991 hat man in Maastricht die Währungsunion beschließen können.
6. Das gemeinsame Geld wollte man zuerst Ecu nennen.
Das gemeinsame Geld hat man zuerst Ecu nennen wollen.

6 Complétez par le verbe de modalité qui convient dans le contexte.

Europa ist notwendig

1. Am 22. Januar 2003 haben wir den 40. Jahrestag des deutsch-französischen Freundschaftsvertrages gefeiert und Deutsche wie Franzosen haben versichert, dass Europa jetzt endlich eine gemeinsame Verfassung bekommen ***soll***. Europa ***muss*** die Sache aller Europäer sein, sonst ***kann*** es nie ein vereintes Europa geben.
2. Aber Frankreich und Deutschland ***sollen*** dabei auch eine entscheidende Rolle spielen. Die beiden Länder ***wollen*** es auch. Aber sie ***müssen*** mit der Angst vor Veränderungen in der Bevölkerung rechnen. Und die Frage ist: ***Darf*** ein Staat gegen den Willen der Bevölkerung handeln?

SPRACHE
MANUEL 36

Connaître les mots

1 À l'aide du schéma ci-dessous, formez le plus de mots possible et donnez leur équivalent français.

abraten	déconseiller
beraten, der Berater, die Beraterin, die Beratung	conseiller, le conseiller, la conseillère, la consultation / la délibération

erraten	deviner
geraten	tomber/se trouver pris
missraten	échouer
verraten, der Verräter, die Verräterin, verräterisch	trahir, le traître, la traîtresse, traître(usement)
der Bundesrat, die Bundesratssitzung	le Bundesrat, la séance du Bundesrat
der Europarat	le Conseil européen
der Gemeinderat	le conseil municipal
der Stadtrat	le conseil municipal
der Ratgeber	le conseiller, le guide pratique
das Rathaus	la mairie
ratlos, die Ratlosigkeit	désemparé, le désarroi
ratsam	conseillé
der Ratschlag	le conseil
das Rätsel, rätselhaft	l'énigme, énigmatique

2 Trouvez le sens des mots suivants en identifiant les deux éléments qui les composent.

	PREMIER TERME	DEUXIÈME TERME	TRADUCTION
die Außenpolitik	außen	Politik	la politique extérieure
der Außenhandel	außen	Handel	le commerce extérieur
die Innenpolitik	innen	Politik	la politique intérieure
der Innenraum	innen	Raum	l'intérieur
die Rückmeldung	(zu)rück	Meldung	la réponse, la réaction
der Rückspiegel	(zu)rück	Spiegel	le rétroviseur
der Wiederaufbau	wieder	Aufbau	la reconstruction
die Wiedervereinigung	wieder	Vereinigung	la réunification
der Zusammenbruch	zusammen	Bruch	l'effondrement
der Zusammenhang	zusammen	Hang	le contexte, la corrélation

3 Trouvez le sens des mots suivants en identifiant les deux éléments qui les composent.

	PREMIER TERME	DEUXIÈME TERME	TRADUCTION
der Durchbruch	durch	Bruch	la percée
die Fürsorge	für	Sorge	le soin, l'assistance
der Hintergedanke	hinter	Gedanke	l'arrière-pensée
der Nachfolger	nach	folgen	le successeur
der Nachwuchs	nach	Wuchs	la descendance
die Nebenwirkung	neben	Wirkung	l'effet secondaire
die Überbevölkerung	über	Bevölkerung	la surpopulation
die Unterdrückung	unter	drücken	l'oppression
die Vorfahrt	vor	Fahrt	la priorité
der Zwischenfall	zwischen	Fall	l'incident

4 Identifiez bien le sens de *etwas* dans les phrases suivantes et traduisez.

1. Hat er etwas gesagt?
   A-t-il dit quelque chose ?
2. Er ging, ohne etwas zu sagen.
   Il partit sans rien dire.
3. Möchten Sie noch etwas Tee?
   Désirez-vous encore un peu de thé ?
4. So etwas habe ich noch nie gehört.
   Je n'ai encore jamais entendu une chose pareille.
5. Das ist doch wenigstens etwas.
   C'est toujours ça.
6. Das ist mir etwas zu viel.
   C'est un peu trop pour moi.
7. Warum sagst du nie etwas?
   Pourquoi ne dis-tu jamais rien ?
8. Aus ihm wird einmal etwas.
   On fera quelque chose de lui.
9. Er hat kaum etwas gesagt.
   Il n'a quasiment rien dit.
10. Nirgendwo war etwas Schönes zu sehen.
    Il n'y avait rien de beau à voir nulle part.

SPRACHE
MANUEL 37

Apprendre à traduire

Parlez européen !

Existe-t-il donc quelque chose qui ressemble à une langue européenne ? Faudrait-il s'efforcer de créer une langue européenne, d'une certaine façon une langue artificielle (comme l'espéranto), composée d'éléments appartenant aux langues européennes, mais que personne n'apprend et ne parle en tant que langue maternelle ou langue première ?
« Parler européen » signifie bien plus conserver la diversité des langues qui coexistent en Europe. Chacune de ces langues est un morceau de l'identité européenne, qu'il s'agisse d'une « petite » ou d'une « grande » langue, qu'elle soit utilisée par peu ou par beaucoup de locuteurs, qu'il s'agisse de langues parlées par la majorité des gens dans un pays, ou de langues des minorités.
« Parlez-vous européen ? », est une question que l'on pourrait expliciter de la manière suivante : « Parlez-vous de manière à exprimer l'identité de l'Europe qui est sa diversité ? » C'est une question à poser au plus grand nombre possible de citoyennes et de citoyens. Ils s'apercevront que les langues ressemblent à l'Euro : les pièces et les billets présentent des symboles très différents des cultures européennes, et la cohésion de ces différences est en même temps assurée par des symboles d'identité : la monnaie « Euro » est la garantie de l'unité.
Cette question invite à la réflexion et elle fait prendre conscience de ce qu'est l'Europe et surtout de ce que chaque individu a à voir avec l'Europe. Elle montre la responsabilité que porte chacun dans l'organisation de l'Europe.
La préservation de la diversité des langues est la caractéristique de l'Europe, la diversité est ce qui fait la communauté européenne.

Albert RAASCH, 2001

ZUR DEBATTE
MANUEL 38-39

1 Was ist Europa?

Type de document : *prises de position*

Thème : *Quatre jeunes Allemands expriment leur vision de l'Europe.*

Transcription

Durée : 4'12"

NIKO Europa bedeutet für mich eine große Chance. Wirtschaftlich sind wir schon recht eng miteinander verbunden, haben die gleiche Währung und einen intensiven Handelsaustausch. Auch auf sozialem Gebiet gleichen sich die Gesetze und Erwartungen immer mehr an und politisch wachsen wir auch immer mehr zusammen. Aber was uns noch fehlt, ist eine gemeinsame europäische Identität. Wir kennen einander nicht genug! Ich habe zum Beispiel erst mit siebzehn entdeckt, was es heißt, Europäer zu sein. Das war in Portugal, bei einem Sprachkurs. Wir waren Jugendliche aus der ganzen Welt, aus den USA, Asien, Afrika und Europa. Wir Europäer haben da gemerkt, wie viel wir gemeinsam haben, wie nah wir uns im Vergleich zu den anderen eigentlich sind. Seitdem habe ich vor, nach dem Abitur ein ganzes Jahr in einem anderen europäischen Land zu verbringen, vielleicht diesmal in Osteuropa, das ich noch gar nicht kenne. Ich bin der Meinung, dass jeder Jugendliche ein soziales Jahr in einem anderen europäischen Staat absolvieren sollte, in Kindergärten, Krankenhäusern, Altersheimen oder so. Dadurch würde Europa eine viel zentralere Rolle im Leben der Jugendlichen spielen.

ANTJE Ich bin sehr europakritisch. Aber bitte, verstehen Sie das nicht falsch. Ich bin nicht etwa aus nationalistischen Gründen gegen Europa. Ganz im Gegenteil. Nationale Identitäten bedeuten für mich einfach nichts. Ich fühle mich weder als Deutsche noch als Europäerin. Für mich sind alle Menschen gleich. Ich bin Weltbürgerin. Aus diesem Grund bin ich gegen das, was man die „Festung Europa" nennt. Das Europa von heute lehne ich ab. Es verstärkt nämlich die Ungerechtigkeiten in der Welt. Politisch, wirtschaftlich und vor allem sozial grenzt es sich von den Entwicklungsländern ab. Die Einwohner innerhalb der „Festung Europa" leben in einem gewissen Wohlstand, in einer relativ großen sozialen Sicherheit. Aber das wollen sie für sich behalten, bloß nicht teilen. Deshalb sollen die Grenzen um Europa herum immer mehr geschlossen werden. Ein Stacheldraht um Europa ... Das kann ich nicht akzeptieren.

PETER Europa? Das sagt mir wenig, da bin ich sehr skeptisch. Das kostet doch nur viel Geld und bringt jede Menge Probleme mit sich. Wo man auch hinhört, beklagen sich die Leute über Europa. Korruptionsskandale in Brüssel, wenig Transparenz der Institutionen, komplizierte Regelungen, Konkurrenz auf dem Arbeitsmarkt, ... nein, die Europäische Union gefällt mir nicht. Denn wir Deutschen sollen dabei doch nur eins: bezahlen! Das meiste Geld wird von den Eurokraten doch nur so vergeudet! Wenn dieses Geld in Deutschland bliebe, ginge es unserem Land bestimmt besser! Dann könnte man die Probleme in Ostdeutschland sicher schneller lösen! Bevor wir ein vereintes Europa aufbauen, sollten wir erst mal Deutschland wirklich vereinigen! Ich fühle mich in erster Linie als Deutscher! Erst wenn es meinem Vaterland entschieden besser geht, werde ich mich für Europa interessieren können!

IRMA Ich bin begeisterte Europäerin. Besonders uns Jugendlichen eröffnet Europa interessante Perspektiven. Europa bietet uns eine bunte Vielfalt an Sprachen und Kulturen! Immer mehr Jugendliche gehen ins Ausland, um dort zu lernen, zu studieren, zu arbeiten, zu leben. Und sie nutzen das vereinte Europa, in dem die Grenzen keine Rolle mehr spielen. Ich bin auch überzeugte Europäerin, weil Europa für mich auch Verteidigung der Menschenrechte bedeutet. Deshalb müssen wir es schaffen, dass Europa immer näher zusammenwächst! Je stärker es ist, desto besser wird es seine Ideale verteidigen können! Europa als eine Weltmacht der Demokratie und Toleranz.

Préparation de l'écoute

1 Was bedeutet Europa für Sie? Beantworten Sie diese Frage und vergleichen Sie Ihre Antworten mit denen Ihrer Mitschüler.

Travaillez livres fermés. Pour répondre à cette question, les élèves prennent quelques notes, les échangent avec leurs camarades sous forme de « brain-storming » et pourront comparer avec les opinions exprimées par les quatre jeunes Allemands de l'enregistrement. Permettez-leur de noter aussi des mots en français, que vous leur donnerez par la suite en allemand. Cela enrichira le débat.

Compréhension

2 Hören Sie sich an, was vier junge Deutsche darauf antworten.

Les élèves travaillent sans le livre. Après l'écoute de chaque témoignage vous arrêterez la bande pour permettre aux élèves de dire ce qu'ils ont globalement compris.

Avant d'écouter chaque témoignage, les élèves sont invités à chercher les mots qui pourraient convenir. Après l'écoute de l'enregistrement correspondant et la correction de l'exercice, ils pourront réagir à l'opinion exprimée.

NIKO

a. Ergänzen Sie.

Europa bedeutet für mich eine große ***Chance***. Wirtschaftlich sind wir schon recht eng miteinander verbunden, haben die gleiche ***Währung*** und einen intensiven Handelsaustausch. Auch auf ***sozialem*** Gebiet gleichen sich die Gesetze und Erwartungen immer mehr an und ***politisch*** wachsen wir auch immer mehr zusammen. Aber was uns noch fehlt, ist eine gemeinsame europäische ***Identität***. Wir kennen einander nicht genug!

b. Was müsste seiner Meinung nach passieren, damit Europa eine zentrale Rolle im Leben der jungen Europäer spielt?

Ich bin der Meinung, dass jeder Jugendliche ein soziales Jahr in einem anderen europäischen Staat absolvieren sollte, in Kindergärten, Krankenhäusern, Altersheimen oder so. Dadurch würde Europa eine viel zentralere Rolle im Leben der Jugendlichen spielen.

ANTJE

a. Ergänzen Sie.

Ich bin sehr ***europakritisch***. Aber bitte, verstehen Sie das nicht falsch. Ich bin nicht etwa aus ***nationalistischen*** Gründen gegen Europa. Ganz im Gegenteil. Nationale Identitäten bedeuten für mich einfach nichts. Ich fühle mich weder als ***Deutsche*** noch als Europäerin. Für mich sind alle Menschen gleich. Ich bin ***Weltbürgerin***.

b. Was meint Antje mit dem Begriff *Festung Europa* und was kritisiert sie daran?

Das Europa von heute lehne ich ab. Es verstärkt nämlich die Ungerechtigkeiten in der Welt. Politisch, wirtschaftlich und vor allem sozial grenzt es sich von den Entwicklungsländern ab. Die Einwohner innerhalb der „Festung Europa" leben in einem gewissen Wohlstand, in einer relativ großen sozialen Sicherheit. Aber das wollen sie für sich behalten, bloß nicht teilen. Deshalb sollen die Grenzen um Europa herum immer mehr geschlossen werden. Ein Stacheldraht um Europa ... Das kann ich nicht akzeptieren.

PETER

Ergänzen Sie.

Das meiste Geld wird von den ***Eurokraten*** doch nur so vergeudet! Wenn dieses Geld in Deutschland bliebe, ginge es unserem Land bestimmt ***besser***! Dann könnte man die Probleme in ***Ost***deutschland sicher schneller lösen! Bevor wir ein vereintes Europa aufbauen, sollten wir erst mal Deutschland wirklich ***vereinigen***! Ich fühle mich in erster Linie als ***Deutscher***! Erst wenn es meinem Vaterland entschieden besser geht, werde ich mich für Europa ***interessieren*** können!

IRMA

Ergänzen Sie.

Ich bin begeisterte Europäerin. Besonders uns Jugendlichen eröffnet Europa interessante

Perspektiven. Ich bin auch ***überzeugte*** Europäerin, weil Europa für mich auch Verteidigung der ***Menschenrechte*** bedeutet. Deshalb müssen wir es schaffen, dass Europa immer näher zusammenwächst! Je stärker es ist, desto besser wird es seine Ideale verteidigen können! Europa als eine ***Weltmacht*** der Demokratie und Toleranz.

Expression

3 Welche der vier Auffassungen von Europa entspricht Ihrer eigenen ganz oder teilweise?

Après un débat en classe, demandez aux élèves de répondre à la question de l'exercice 1 par écrit. Ils seront à présent plus à même de formuler une opinion nuancée et de l'étayer. Sur les pages 42-43 du manuel ils peuvent trouver une aide précieuse pour argumenter.

2 Europäische Begegnungen

Type de document : *échanges animés lors d'une fête*

Thème : *Six jeunes étudiants européens font le bilan des quelques mois qu'ils ont passés dans l'appartement qu'ils partageaient.*

Transcription

Durée : 4'00"

In einer Wohngemeinschaft in Stuttgart lebt eine Gruppe von jungen Europäern zusammen, die alle ein ERASMUS-Stipendium bekommen haben. Heute macht der Italiener Bartolo sein Abschiedsfest. Er hält dabei seine Abschiedsrede.

BARTOLO Liebe Freunde! Liebe Freunde! Als ich das erste Mal diese Wohnung betrat, habe ich gedacht, ich würde es hier nie sechs Monate lang aushalten. Erinnert ihr euch daran? Es roch irgendwie stark angebrannt. Ich glaube, Cécile, unsere französische Chefköchin, hatte wieder einmal gekocht und wie wir alle wissen, kann unsere Französin ja besonders, ehm, exotisch kochen.

CECILE Nicht alle sind solche Feinschmecker wie du, Bartolo.

MYKIS Ich frage mich wirklich, wie wir ohne deine Spaghetti à la carbonara überleben werden!

BARTOLO Aus Richards Zimmer kam irgendeine entsetzlich schrille Musik …

RICHARD Schottische Volksmusik, caro Bartolo. Genauso unmöglich wie deine italienischen Amoresängerinnen …

BARTOLO Aber das Schlimmste war das Zimmer, in dem ich wohnen sollte. Da gab Carmen gerade vier – ich muss zugeben – charmanten jungen Damen Flamencounterricht. Der Tisch stand auf dem Bett, die Stühle lagen darauf, es herrschte ein wahnsinniges Durcheinander und natürlich war die Musik unwahrscheinlich laut.

CARMEN Na, inzwischen bist du aber unser bester Flamencotänzer geworden!

BARTOLO Ja, das hätte ich damals wirklich nicht gedacht! Ich muss euch sowieso dankbar sein. Si, si, denn durch euch habe ich in diesen paar Monaten wirklich viel dazugelernt.

MYKIS Was denn?

BARTOLO Dass ich Europäer bin und: Was es bedeutet, Europäer zu sein.

INGRID Das ist alles?

BARTOLO Liebste Ingrid. Bei dir habe ich gelernt, dass nicht alle Schwedinnen blond, blauäugig und langbeinig sind. Aber was können sie für Temperament haben! Wie die Italienerinnen! Und sie sind genauso eifersüchtig wie die Spanierinnen, liebe Carmen. Nix von freier Liebe und so … Bei Richard habe ich gelernt, dass die Männer in Schottland wohl noch viel schlimmere Machos sind als wir Italiener oder ihr Griechen, Mykis. Aber dass Schotten geizig sind, stimmt absolut nicht! Niemand war in diesen Monaten so großzügig zu mir wie du mit deinem Old Scottish Whisky. Und unser Mykis ist nun auch kein typischer Grieche. Er trinkt nicht, lebt vegetarisch, spielt nicht den Macho …

INGRID Lieber Bartolo. Auch durch dich haben wir weniger Vorurteile gegen Italiener. Jeden Abend hast du für uns gekocht wie eine richtige italienische Mamma. Die Wohnung hast du stets picobello sauber gehalten, wo ich doch immer gedacht habe, dass sich die italienischen Männer zu fein zum Putzen sind; außerdem fährst du Auto wie ein … ein …

CARMEN Großvater, ein Opa!

INGRID Nur bei einem, da bist und bleibst du eben ein echter Italiener!

BARTOLO Wobei?

INGRID Wenn es darum geht, den Frauenhelden zu spielen, den Latin Lover. Und das, caro Bartolo, wird uns hier wohl am meisten fehlen!

BARTOLO Liebe Freunde. Ich danke euch und ... Arrivederci bei mir in Napoli!

Préparation de l'écoute

1 Schauen Sie sich die Tabelle an und sagen Sie, was wohl auf wen zutrifft.

Cet exercice vous permettra d'élucider certains mots. Les élèves répondront sûrement en fonction des clichés habituels.

Compréhension

2 Hören Sie sich jetzt die Aufnahme an. Was trifft tatsächlich auf wen zu?

Cécile *Französin*	Carmen *Spanierin*	Ingrid *Schwedin*	Bartolo *Italiener*	Richard *Schotte*	Mykis *Grieche*	
✔ *(ironisch)*						kann exotisch kochen.
			✔			ist ein/e Feinschmecker/in.
	✔		✔	✔		hört gern Musik aus ihrem/seinem Land.
	✔		✔			ist ein/e gute/r Flamencotänzer/in.
		✔				hat viel Temperament.
	✔	✔				ist sehr eifersüchtig.
				✔		ist ein Macho.
				✔		ist nicht geizig.
					✔	lebt vegetarisch.
			✔			hat immer für alle gekocht.
			✔			hat die Wohnung geputzt.
			✔			ist ein/e vorsichtige/r Autofahrer/in.
			✔			ist ein Frauenheld.

3 Vergleichen Sie mit Ihren eigenen Antworten.

Les personnages mis en scène démentent un certain nombre d'idées reçues. Les élèves seront ainsi amenés à relativiser leurs préjugés et à discuter de l'influence des clichés sur les relations entre Européens.

4 Bartolo sagt am Ende, er habe bei seinem Aufenthalt verstanden, was es bedeutet, Europäer zu sein. Was meint er wohl damit?

Propositions

Europäer zu sein, bedeutet mit Menschen verschiedener Kulturen, Sprachen, Bräuche in einer Union vereinigt zu sein.

Er hat gemerkt, wie viel die jungen Europäer gemeinsam haben.

Er hat verstanden, dass er nicht nur Italiener ist, sondern von der europäischen Kultur geprägt ist.

5 Fühlen Sie sich als Europäer(in)? Warum (nicht)?

Pour répondre à ces questions il est recommandé de faire écouter l'enregistrement 1 : *Was ist Europa?*

Projektarbeit

1 Suchen Sie im Internet nach Informationen zum Europastipendium *Erasmus*.

a. Wer kann ein solches Stipendium bekommen?

Um *Erasmus*-Student zu werden, muss man an einer europäischen Hochschule voll immatrikuliert sein (bis einschließlich Promotion) und mindestens das erste Studienjahr, meist jedoch das Vordiplom / die Zwischenprüfung abgeschlossen haben.

b. Unter welchen Vorraussetzungen?

Neben speziellen fachlichen und sprachlichen Voraussetzungen sind von den Bewerber(inne)n folgende Bedingungen zu erfüllen:

- Die Studierenden müssen Angehörige eines Mitgliedstaates der Europäischen Union oder eines anderen Landes sein, das sich am *Sokrates*-Programm beteiligt.
- als „Bildungsinländer" gelten oder von Deutschland offiziell als Flüchtling, Staatenloser oder als dort ständig wohnhaft (unbefristete Aufenthaltsgenehmigung) anerkannt sein.
- Die Studierenden dürfen bisher noch keinen *Erasmus*-Mobilitätszuschuss in Anspruch genommen haben.

c. Wie unterstützt *Erasmus* die Studenten, die im Ausland studieren wollen?

- Es werden Auslandsaufenthalte von bis zu einem Studienjahr im Rahmen vereinbarter Kooperationen ermöglicht.
- Zuständig für die Auswahl der Teilnehmer ist die Heimathochschule.
- Studiengebühren werden nicht erhoben.
- Im Ausland erbrachte Studienleistungen werden grundsätzlich in vereinbartem Umfang anerkannt bzw. angerechnet.
- Zum Ausgleich der Mehrkosten des Auslandsstudiums wird ein Stipendium gewährt.
- Die Heimathochschule unterstützt die Kandidaten bei der fachlichen Vorbereitung.
- Die Gasthochschule hilft bei der Wohnungssuche und sorgt für die soziale und fachliche Betreuung der Teilnehmer.

2 Welche anderen Europaprojekte könnte es für Jugendliche geben, damit Europa für sie konkreter wird?

Dans l'enregistrement 1 : *Was ist Europa?* (voir transcription page 26), les élèves trouveront sûrement bien d'autres idées en particulier pour des projets concernant les jeunes Européens qui ne font pas d'études supérieures.

Élargissement

Welche Vorteile bringt ein Auslandsstudium mit *Erasmus*?

- Einblick in die Lehre an einem anderen (ausländischen) Institut
- Viele interessante Kontakte zu anderen Studenten und Dozenten
- Auslandserfahrung (ist auch bei einer Bewerbung definitiv ein Pluspunkt)
- Fremdsprachenkenntnisse

3 Festung Europa

1 Beschreiben Sie das abgebildete Plakat.

Comme toujours, il faut partir du plus évident, c'est à dire de la description de ce qui est représenté avant de passer à l'interprétation.

2 Was symbolisieren …

a. die Sterne?

Die Mitgliedsstaaten der europäischen Union.

b. der Stacheldraht um die Sterne?

Er symbolisiert das Verbot, das Menschen, die keine EU-Bürger sind, daran hindert, ohne Erlaubnis / Visum nach Europa, d. h. in die „Schengenzone", zu kommen. Der Stacheldraht soll jedoch nicht zeigen, dass die EU-Bürger nicht das Recht hätten, Europa zu verlassen.

c. die Koffer?

Sie sind ein Symbol dafür, dass Menschen, die ihre Heimat verlassen (müssen), in die neue Heimat nur sehr wenig mitnehmen können. Damit ist wohl nicht nur konkret ihr Gepäck gemeint, sondern auch ihre Vergangenheit, Kultur, Zivilisation und Familie, die sie bei einer Auswanderung verlassen müssen.

3 Welches der Probleme, vor denen Europa heute steht, wird hier dargestellt?

Gewisse Eurokritiker meinen, dass die Europäische Union durch den Aufbau einer *Festung Europa* versucht, sich vom Rest der Welt abzugrenzen, das betrifft besonders die Debatte um die heimliche Einwanderung von Menschen aus Nicht-EU-Ländern.

4 Was ist Ihrer Meinung nach die Absicht von Klaus Staeck?

Er scheint die Idee eines Europas als Festung abzulehnen und den Betrachter darauf aufmerksam machen zu wollen.

Projektarbeit

Suchen sie im Internet nach Zeitungsartikeln zum Thema „Illegale Einwanderung in die EU-Länder" (zum Beispiel unter: focus.de / spiegel.de / stern.de) **und fassen Sie einen dieser Artikel für Ihre Klasse zusammen.**

Ce type de travail peut être une bonne préparation aux méthodes de travail de l'enseignement supérieur. Pour des élèves qui sont intéressés par cette question mais pas assez à l'aise en allemand pour faire rapidement un résumé, il est tout à fait concevable de leur faire faire une synthèse d'un article allemand en français.

LANDESKUNDE
MANUEL 40-41

Der Euro

Cette page met en évidence un aspect caractéristique de l'Europe : unité et diversité. La monnaie européenne, dans le choix des motifs qui apparaissent sur les pièces de monnaie, traduit bien cette volonté de construire une unité tout en préservant l'individualité de chaque pays. Il est intéressant de mettre cette page en rapport avec le texte Sprechen Sie europäisch, qui se trouve p. 37 du manuel, dans la rubrique APPRENDRE À TRADUIRE.
Les activités proposées sont très concrètes et peuvent être prolongées par des recherches sur internet proposées en PROJEKTARBEIT.

Aktivitäten

1 Welche europäischen Mitgliedstaaten sind (noch) nicht in der Euro-Zone?

Dänemark, Großbritannien, Schweden

2 Wie wird Europa auf den Vorderseiten der Euro-Münzen dargestellt? Welcher Auffassung von Europa entsprechen diese drei Darstellungen?

1-, 2- und 5-Centmünzen:

topographische Darstellung Europas auf einem Globus

→ Europa in der Welt

10-, 20- und 50-Centmünzen:
Darstellung der Mitgliedsstaaten der Eurozone
→ Betonung der Eigenständigkeit der einzelnen Länder

1- und 2-Euromünzen:
Darstellung der EU als Einheit
→ Betonung des Gemeinsamen

3 Sehen Sie sich die nationalen Rückseiten der Euro-Münzen an:

a. Welche der genannten Motive sind auf den abgebildeten Münzen zu sehen?

a Das Colosseum
b Königin Beatrix der Niederlande
c Die Kathedrale von Santiago de Compostela
d Die keltische Harfe
e Wolfgang Amadeus Mozart
f Fliegende Schwäne
g Die Eule von Athen
h Ein Siegel aus dem 12. Jahrhundert
i Die Entführung Europas durch Zeus
j Dante Alighieri
k Bertha von Suttner
l König Juan Carlos von Spanien

b. Worauf beziehen sich die einzelnen Motive?

Kulturgeschichte:	a, c, d, e, g, h, j, k
Monarchie:	b, l
Mythos:	d, g, i
Nation:	b, g, h, l
Natur:	f, g

c. Nennen Sie die Motive, die unser gemeinsames kulturelles Erbe betonen.

griechische Antike:	g, i
römische Antike:	a
Christentum:	c, h
Renaissance:	j

4 Welche Motive werden auf den französischen und deutschen Münzen dargestellt?

a. Ordnen Sie zu.

a Eichenlaub
b Marianne
c Brandenburger Tor
d Säerin
e Adler
f Lebensbaum

b. Welche Bedeutung haben diese Motive?

a - *Eichenlaub*

Die deutsche Eiche steht seit jeher für das Heldentum. Das Motiv ist eine Anlehnung an die ehemaligen Pfennigmünzen.

b - *Marianne*

Symbol der französischen Nation und Verkörperung der Ideale der Revolution von 1789. Das Bildnis soll den Wunsch nach einem freien und fortschrittlichen Europa darstellen.

c - *Brandenburger Tor*

Das 1788-1791 erbaute Wahrzeichen der Stadt Berlin ist Symbol für die Teilung und Wiedervereinigung Deutschlands und Sinnbild für die europäische Einheit.

d - *Säerin*

Das Symbol für die Fruchtbarkeit des Landes durchzieht die gesamte Geschichte des französischen Franc. Auf dem Euro ist die Figur in neuer und moderner Optik abgebildet.

e - *Adler*

Die offizielle Form entspricht dem 1928 entworfenen deutschen Reichsadler. Seit 1950 ist der Vogel deutsches Hoheitssymbol und Kennzeichen nationaler Souveränität.

f - *Lebensbaum*

Der Baum als Symbol für Leben und Wachstum wird von den sechseckigen Konturen der Republik und dem französischen Grundsatz „Liberté, Égalité, Fraternité" umrahmt.

Projektarbeit

5 @ Nicht alle Münz-Motive sind hier abgebildet. Suchen Sie im Internet nach einem der fehlenden Motive und erklären Sie, wie die nationale und die europäische Identität dargestellt werden.

Vous pouvez guider les élèves en leur conseillant de chercher à partir des mots suivants :

Euro – Münzen – Motive – Bedeutung

HABEN ODER SEIN

Il s'agit dans ce dossier d'amener les élèves à réfléchir sur les valeurs de notre société, et de façon plus philosophique, sur les rapports entre l'être et l'avoir.

- Le TEXTE 1 est un poème écrit par Tucholsky en 1927 : *Das Ideal*. Il montre bien que le désir d'accumuler des biens matériels et l'illusion que l'on peut trouver le bonheur dans l'avoir sont une constante humaine et une problématique fondamentale.
- Le TEXTE 2, *Liebe Schwiegertochter*, est un texte de Christine Nöstlinger écrit en 1988. À travers l'évocation de ce qu'a pu être la vie quotidienne dans l'après-guerre, il nous amène à mettre en question la société de consommation dans laquelle nous vivons.
- Le TEXTE 3 *Alles verloren?* illustre le thème du dossier par une petit anecdote qui peut être en classe un excellent levier de parole.
- La double page ZUR DEBATTE présente deux dialogues qui dénoncent les mirages de l'avoir et du paraître. Le deuxième, qui montre comment on peut analyser une publicité, trouve son prolongement dans une photo que les élèves sont invités à utiliser comme support publicitaire pour le produit de leur choix.
- Enfin, l'étude de ce dossier – qu'elle soit exhaustive ou seulement partielle – peut mener à la double page KULTUR consacrée à Kurt Schwitters. Ses collages, réalisés à partir de résidus d'objets les plus divers, en soulignant le côté dérisoire de ces objets devenus débris, témoignent d'une véritable vision de la civilisation contemporaine.

TEXT 1

Manuel 44-47

Das Ideal

Type de texte : *poème satirique*

Thème : *la vie idéale, telle qu'on peut l'imaginer en accumulant tous les clichés véhiculés par la publicité*

Objectif linguistique : *le groupe nominal (manuel p. 52)*

L'auteur : *Kurt Tucholsky (voir manuel p. 47)*

Ce texte n'est pas d'un abord très facile, essentiellement en raison des difficultés lexicales. Pour que les élèves perçoivent d'emblée le caractère satirique et le ton un peu féroce du poème, le mieux est de leur en faire écouter l'enregistrement dès la première lecture. Après une ou deux écoutes en suivant le texte, vous pouvez leur demander ce qu'ils ont compris, de façon à rentrer très progressivement dans une lecture détaillée qui reste indispensable si l'on veut vraiment accéder au sens.

Peut-être certains feront-ils le rapprochement entre la répétition du mot *und* dans la quatrième strophe et le tableau de Schwitters, *Das Undbild*, reproduit page 45. On peut s'amuser à retrouver quelques-uns des éléments énumérés par Tucholsky dans les fragments qui apparaissent chez Schwitters : le mot *Pferde*, un fer à cheval, le mot *Berlin* (évoqué chez Tucholsky par la *Friedrichsstraße*), des bouts de tickets qui pourraient être des tickets de cinéma ... Par une sorte d'ironie qui n'est pas sans rapport avec celle de Tucholsky, *und*, ce mot destiné dans la langue à créer des liaisons, se trouve isolé sur la toile, au milieu de choses éparses qui sont autant de débris du quotidien. De même que l'énumération accumulative de choses matérielles chez Tucholsky donne l'impression d'un univers qui se vide de tout sens, les collages de Schwitters faits de fragments de notre monde ramassés dans la rue semblent en dénoncer la vanité. Mais par la force de sa composition qui crée de nouveaux liens entre ces éléments, il leur redonne une nouvelle vie et nous renvoie à une autre réalité.

Nous aimerions amener ici les élèves à prendre conscience que l'art et la littérature restent, aujourd'hui encore, le meilleur rempart contre les séductions de la consommation.

1 Wer spricht? Zu wem?

Der Dichter (und Moralist) spricht in der ersten Person (Zeile 20: *Ja, und das hab' ich ganz vergessen*). Er wendet sich an jeden von uns, den er mit dem Pronomen *du* anspricht.

2 Versuchen Sie, die zwei Hauptteile des Gedichts zu unterscheiden.

Der erste Vers *(Ja, das möchste)* wird in Zeile 28 wiederholt und umrahmt somit den ersten Teil des Gedichts. Allerdings steht am Ende der ersten Zeile ein Doppelpunkt, der auf die folgende Aufzählung vorbereitet, während Zeile 28 mit einem Ausrufezeichen endet, was darauf hinweist, dass der Vers diesmal wie ein Kommentar zu dem Vorangehenden anzusehen ist.

Der zweite Teil des Gedichts beginnt in Zeile 29 mit dem Wort *aber*, das anzeigt, dass dieser zweite Teil im Gegensatz zu dem ersten steht.

3 Geben Sie den beiden Teilen einen Titel.

Teil 1: Das Ideal, Teil 2: Die Wirklichkeit.

4 Was erfahren wir in der ersten Strophe (Z. 2-6) über die Lage der Villa? Was geht aus den verschiedenen Ortsangaben hervor?

Z. 3 *Vorn die Ostsee*

Z. 3 *hinten die Friedrichsstraße*

Z. 5 *Vom Badezimmer ist die Zugspitze zu sehen*

Die bloße Nebeneinanderstellung dieser drei Ortsangaben zeigt schon, dass diese Villa so nicht existieren kann, ja dass dieses Ideal eine reine Wunschvorstellung ist, da die verschiedenen Wünsche im Widerspruch zueinander stehen.

5 Kommentieren Sie die Beschreibung der Villa in der zweiten Strophe (Z. 7-15).

a. Nennen Sie die verschiedenen Elemente der Beschreibung.

Die Beschreibung der Villa ist eine reine Aufzählung. Die verschiedenen Eigenschaften werden ohne Verb und Verbindungswörter aneinander gereiht. Die unwahrscheinliche Größe des Hauses und die Fülle der gewünschten Güter werden dadurch besonders betont.

b. Entspricht die Zahl der Zimmer der Bescheidenheit, von der im ersten Vers die Rede ist?

Auffallend ist die Zahl der Zimmer sowie die Tatsache, dass auf dem Dachgarten keine Bäumchen, sondern Eichen stehen. Der Gegensatz zu der Bescheidenheit, von der am Ende der ersten Strophe die Rede ist, wird dadurch nur um so größer.

c. Was repräsentieren im Jahre 1927 *Radio, Zentralheizung, Vakuum*?

Radio, Zentralheizung und Vakuum waren zu jener Zeit keine Selbstverständlichkeit: Sie waren Ausdruck von besonderem Luxus und die neuesten Errungenschaften des technischen Fortschritts.

d. Welche Rolle spielt die Frau?

Frauen werden auf die gleiche Stufe gestellt wie alle anderen genannten Güter, die zum Lebensstandard gehören, werden also als reine Objekte gesehen.

6 Wovon spricht die dritte Strophe (Z.16-19)?

a. Was halten Sie von der Anzahl der Pferde und Autos?

Die Anzahl der Pferde und Autos ist so übertrieben hoch, dass ein ironischer Effekt entsteht.

b. Worauf weist der Satz *alles lenkste natürlich selber* hin?

Der Satz *alles lenkste natürlich selber* zeigt, dass der Mensch die ihm gesetzten Grenzen nur schwer akzeptieren kann und in seinen Wünschen dazu neigt, alles, auch das Unmögliche, haben zu wollen. Und während die Menge der Güter, die man besitzt, grenzenlos wachsen kann, sind Leben und Möglichkeiten des Menschen begrenzt.

7 Lesen Sie nun die vierte Strophe (Z. 20-28).

a. Mit welchen sprachlichen Mitteln werden die verschiedenen Elemente aneinander gereiht?

In dieser Strophe ist eine gewisse Steigerung zu spüren, eine Art Beschleunigung, die dem Rausch des Habens entspricht. Wieder werden die verschiedensten Elemente ohne Verb aneinander gereiht. Das Wort *und* wird aber ständig wiederholt, was das Rauschhafte und Grenzenlose des Habenwollens unterstreicht.

b. Inwiefern gibt es einen Widerspruch in den drei ersten Versen?

Die darin geäußerten Wünsche sind unvereinbar miteinander: *Prima Küche – erstes Essen – / Alte Weine […] / Und egalweg bleibst du dünn wie ein Aal*, was leider im Leben selten der Fall ist.

c. Welche Rolle spielen die Kinder?

Wie die Frau in der dritten Strophe werden die Kinder fast nebenbei genannt, als Güter, die zum Lebensstandard dazugehören.

d. Versuchen Sie zu unterscheiden, was zum Haben und was zum Sein gehört.

Es ist zu bemerken, dass in den beiden letzten Versen von Dingen die Rede ist, die eigentlich mehr zum Sein als zum Haben gehören, die sich also nicht kaufen lassen *(fröhliche Lebensbuntheit, ewige Gesundheit)*.

e. Woran denken Sie, wenn Sie diese Aufzählung von Klischees lesen?

Es ist eben das Typische an diesen Klischees, die uns durch die Werbung immer wieder gezeigt werden, dass der Unterschied zwischen Haben und Sein verschwindet und dass uns der Eindruck vermittelt wird, dass derjenige, der dies oder das besitzt, automatisch auch glücklich wird.

8 Was sagt der Dichter in den beiden letzten Strophen (Z. 29-40) über das Ideal?

a. Wie wird die Unmöglichkeit ausgedrückt, alles zu haben?

In den beiden letzten Strophen wird gezeigt, dass die Wirklichkeit *hienieden* gar nicht dem Ideal entspricht. Das Wort *fehlen* wird in dieser Strophe viermal wiederholt, weil es charakteristisch für den Gegensatz zwischen Ideal und Wirklichkeit ist. Die parallelen Sätze (dreimal: *Hast du …, dann …*) und die Zeile 36 (zweimal: *bald fehlt uns …*) unterstreichen den ironischen Ton des Gedichts.

b. Was kann uns trösten?
Was uns trösten soll, ist die Gewissheit, dass es anderen auch nicht besser geht, dass die Begrenztheit des Menschseins für alle gilt: *Jedes Glück hat einen kleinen Stich.* Neid hat also keinen Sinn.

9 Was ist die Moral des Gedichts?
Tucholsky spricht hier als Moralist, der uns vor der Sinnlosigkeit eines solchen Ideals warnen will. Mit dem Pronomen *wir/uns*, das am Ende des Gedichts auftaucht (Z. 36, Z. 39), bezieht er seine Zuhörer ebenso ein wie sich selbst, als Mensch, der sich der Schwierigkeiten des Menschseins bewusst ist und sie selbst erlebt. Die drei Verben *Haben. Sein. Und gelten* (Z. 39) fassen eine Problematik zusammen, mit der jeder Mensch in seinem Leben konfrontiert wird.

10 Wovor will Tucholsky warnen?
Er will davor warnen, das Haben, also den Konsum, zu überschätzen und zum einzigen Lebensziel zu machen.

11 Was hat sich seit der Zeit Tucholskys verändert?
Die Problematik ist heute, da die Werbung den Konsumdruck allgegenwärtig gemacht hat, noch ausgeprägter als zur Zeit Tucholskys.

■ Entraînement à l'oral du bac

Résumer

Tucholsky beschreibt in diesem ***Gedicht*** ein „Ideal“, das im Grunde nichts anderes ist als eine ***Anhäufung*** aller Luxusgüter der damaligen ***Zeit***. Dabei wird zwischen ***Haben*** und Sein kein Unterschied gemacht. Selbst ***Frauen*** und Kinder sind nur Güter, die zum Lebensstandard gehören. Viele dieser ***Wünsche*** stehen im Widerspruch zueinander, wie aus der Beschreibung der ***Villa*** hervorgeht. Und selbst für den, der alles zu ***haben*** scheint, bleibt immer noch ein ***Wunsch*** unerfüllt. Wer sein Sein auf dieses ***Haben*** gründet, ist demnach immer ***unzufrieden***. Die Menge der ***Güter***, die man ***besitzen*** möchte, kann grenzenlos anwachsen. Der ***Mensch*** kann aber nicht über die eigenen Grenzen hinauswachsen. Der einzige Trost dabei ist, dass es den anderen auch nicht ***besser*** geht.

TEXT 2
MANUEL 48-50

Liebe Schwiegertochter

ENTRAÎNEMENT À L'ÉCRIT DU BAC

Type de texte : *lettre fictive d'une vieille dame à sa belle-fille*
Thème : *bilan d'une vie difficile sur le plan matériel mais plutôt heureuse*
Objectif linguistique : *les verbes et adjectifs à rection prépositionnelle (manuel p.53)*
L'auteur : *Christine Nöstlinger est née en 1936 à Vienne. Elle partage aujourd'hui son temps entre cette ville et la campagne. Elle a écrit surtout de très nombreux livres pour les enfants et les adolescents. Son style se caractérise par son côté alerte et plein d'humour qui lui permet de traiter avec légèreté de problèmes souvent graves.*

Nous retrouvons cette année encore notre chère grand-mère, celle qui, dans le manuel de Seconde, refusait de donner de l'argent à son petit-fils pour l'aider à s'acheter une moto, et qui, dans le manuel de Première, tentait d'aplanir les difficultés relationnelles entre sa fille et sa petite-fille.
Ici, c'est à sa belle-fille qu'elle écrit, pour essayer de lui faire comprendre qu'en dépit de toutes les difficultés matérielles qu'elle a pu rencontrer, elle est plutôt satisfaite de ce qu'a été sa vie.

1 Was ist richtig?

a. Es handelt sich um den Brief einer älteren Frau
– an die Frau ihres Sohnes.

b. Die Schwiegertochter
– findet, dass ihr Leben viel zu schwer war.

c. Rückblickend ist die ältere Frau mit ihrem Leben zufrieden,
– obwohl sie es gar nicht leicht hatte.

d. Sie schreibt,
– dass sie es immer geschafft hat, mit wenig Geld auszukommen.

2 Richtig oder falsch? Begründen Sie Ihre Antwort mit einem Zitat aus dem Text.

	R	F
1. Die Schwiegermutter schreibt, dass die meisten Frauen ihrer Generation ein schweres Leben hatten.	✔	
2. Ihre Kinder haben schöne Erinnerungen an ihre Kindheit.	✔	
3. Ihr Sohn sagt, dass das Essen bei seinen Schulfreunden viel besser schmeckte.		✔
4. Sie kann sich aber erinnern, dass das Essen bei ihnen zu Hause immer besser war als bei den anderen.		✔
5. Ihre Tochter klagt darüber, dass die reichen Kinder viel schönere Kleider hatten als sie.		✔
6. Jetzt hat sie so viel Geld, wie sie haben möchte.		✔

3 Welche Bedeutung haben Ihrer Ansicht nach die fettgedruckten Wörter und Ausdrücke?

a. *Zu viel Mühe und **Plage*** (Z. 4)
– tracas

b. *Ich **komme** mit meiner Pension **aus*** (Z. 12)
– avoir assez, joindre les deux bouts

c. *ob man sein Leben **„gemeistert“** oder „verpfuscht“ hat* (Z. 16)
– réussir

d. *ob man sein Leben „gemeistert“ oder **„verpfuscht“** hat* (Z. 16)
– gâcher

e. *aber einen erstklassigen **Strudelteig*** (Z. 21)
– Ce mot désigne une pâte à gâteau.

f. *da war die Mutter immer **gut aufgelegt*** (Z. 27)
– de bonne humeur

4 Die Schwiegermutter schreibt: *Worauf es aber ankommt, ist, dass ich auch ohne viel Geld zurechtgekommen bin* (Z. 26). Zitieren Sie die verschiedenen Beispiele, die sie dafür gibt.

Z. 20 *Wenn man nur Mehl im Haus hat, dann kann man keine Torte backen, aber einen erstklassigen Strudelteig! Und ich war immer eine Spezialistin für Strudelteig!*

Z. 31 *„Das Firmungskleid, das mir die Mama genäht hat, war das schönste von allen“, sagt deine Schwägerin. War es natürlich nicht. Die „reichen“ Kinder hatten viel schönere Kleider.*

Z. 34 *Und wenn mein Sohn behauptet, dass das Essen bei uns daheim immer viel besser gewesen sei als bei seinen Schulfreunden – was natürlich objektiv gesehen auch nicht stimmt –, dann macht mich das zufrieden, dann macht mich das sogar stolz.*

5 Übersetzen Sie folgende Textstelle ins Französische: *Das Firmungskleid* (Z. 31) bis ... *sogar stolz* (Z. 38).

« La robe de confirmation que maman m'a faite était la plus belle de toutes », dit ta belle-sœur. Ce qu'elle n'était évidemment pas. Les filles « riches » avaient des robes beaucoup plus belles. Mais si c'est là le souvenir que ma fille en a gardé, j'en suis heureuse. Et quand mon fils affirme que ce qu'on mangeait à la maison était bien meilleur que chez ses camarades de classe – ce qui, objectivement, ne correspond pas non plus à la réalité –, j'en suis heureuse, j'en suis même fière.

6 Die Schwiegermutter zitiert, was andere Personen gesagt haben. Wie haben sich diese Personen wohl ausgedrückt?

a. *Du hast dich unlängst darüber gewundert, dass ich mit meinem Leben – rückblickend und Bilanz ziehend – zufrieden bin. Du, an meiner Stelle, hast du gesagt, wärst das nicht.*

Die Schwiegertochter: „Es wundert mich, dass du mit deinem Leben – wenn du auf dein Leben zurückblickst und Bilanz ziehst – zufrieden bist. Ich, an deiner Stelle, wäre das nicht.“

b. *Und wenn mein Sohn behauptet, dass das Essen bei uns daheim immer viel besser gewesen sei als bei seinen Schulfreunden…*

Der Sohn: „Bei uns daheim war das Essen immer viel besser als bei meinen Schulfreunden.“

7 Ergänzen Sie jeden Satz mit dem jeweils passenden Wort.

a. *deshalb / wegen / weil*

1. Die Frauen dieser Generation hatten es besonders schwer, ***weil*** sie zwei Kriege erlebten.
2. Die Frauen dieser Generation erlebten zwei Kriege. ***Deshalb*** hatten sie es besonders schwer.
3. ***Wegen*** der zwei Kriege, die sie erlebten, hatten es die Frauen dieser Generation besonders schwer.

b. *obwohl / trotz / trotzdem*

1. Sie hatte viele Geldprobleme. ***Trotzdem*** ist sie mit ihrem Leben zufrieden.
2. ***Trotz*** der vielen Geldprobleme, die sie hatte, ist sie mit ihrem Leben zufrieden.
3. ***Obwohl*** sie viele Geldprobleme hatte, ist sie mit ihrem Leben zufrieden.

8 Die Schwiegermutter schreibt: *Bis auf ein paar rare Ausnahmen haben es die Frauen meiner Generation überhaupt nicht leicht gehabt* (Z. 7). Erklären und kommentieren Sie diesen Satz.

Die Frauen dieser Generation haben zwei Weltkriege erlebt: Die meisten Männer waren im Krieg und die Frauen mussten in dieser schwierigen Situation alleine für die Kinder sorgen. Die Nachkriegszeit war ebenfalls nicht einfach, weil die wirtschaftliche Lage Österreichs und Deutschlands sehr schlecht war. Jahrelang musste sie sich *den Kopf zerbrechen, woher (sie) das Geld für die Miete, das Essen und die Kleidung nehmen sollte.*

TEXT 3
MANUEL 51

Alles verloren?

Type de texte : *Kurzgeschichte aux allures de fable*
Thème : *Un artiste devient riche en gagnant au loto. Un jour, sa maison brûle. Quelle importance? Il n'a perdu que 2 Mark ...*

Ce texte, court et extrêmement facile, est de nature à remonter le moral des élèves les plus faibles. La compréhension en est immédiate, les discussions qu'il peut susciter interminables ... Vous pouvez éventuellement l'utiliser comme premier texte, en introduction aux autres textes plus difficiles. Si nous avons choisi de le placer à la fin du dossier, c'est que les élèves auront alors déjà été amenés à réfléchir sur le sujet et que la discussion sera enrichie par l'étude préalable des autres textes.

1 Erklären Sie,

- **wie Julius plötzlich reich wird.**
  Er spielt im Fußballtoto und gewinnt fünfhunderttausend Mark.
- **was dieser plötzliche Reichtum an seinem Leben ändert.**
  Er kauft sich eine Villa und richtet sie sehr schön ein.
- **wie er alles wieder verliert.**
  Er wirft eine Zigarette auf einen Teppich. *Eine Stunde später steht das Haus in hellen Flammen. Es brennt ganz nieder.*
- **wie er auf diesen Verlust reagiert.**
  Er reagiert völlig gelassen auf diesen Verlust: *„Es waren doch nur zwei Mark."*

2 Wird Julius wohl so weiterleben wie früher?
Man kann sich vorstellen, dass er so weiterleben wird wie früher, weil er sehr wenig Wert auf materielle Güter legt.

3 Wie hätten Sie an seiner Stelle reagiert?
Vous pouvez demander aux élèves de répondre par écrit à cette question, ou bien en faire le point de départ d'une discussion en classe.

SPRACHE
MANUEL 52 • MEMENTO 196-200

Le groupe nominal (TEXT 1)

Le poème satirique de Tucholsky, *Das Ideal*, énumère comme dans une litanie toutes les choses que tout un chacun voudrait posséder, pour mieux dénoncer la vanité de cette possession. Nous trouvons donc dans ce texte une rare accumulation de groupes nominaux qui permettent la révision de la morphologie du groupe nominal.

1 Dans le texte page 44, analysez les groupes nominaux comportant un adjectif épithète, selon les catégories suivantes: nombre, genre, et cas.

		SING			PLUR	N	A	D	G
		M	N	F					
l. 2	*(mit) großer Terrasse*			✔				✔	
l. 4	*(mit) schöner Aussicht*			✔				✔	
l. 12	*eine süße Frau*			✔			✔		

	SING			PLUR	N	A	D	G
	M	N	F					
l. 21 *prima Küche*			✔			✔		
l. 21 *erstes Essen*		✔				✔		
l. 22 *alte Weine*				✔		✔		
l. 22 *(aus) schönem Pokal*	✔						✔	
l. 24 *eine richtige Portion*			✔			✔		
l. 26 *fröhliche Lebensbuntheit*			✔			✔		
l. 27 *famose Kinder*				✔		✔		
l. 27 *ewige Gesundheit*			✔			✔		
l. 31 *das irdische Glück*		✔			✔			
l. 38 *einen kleinen Stich*	✔					✔		

2 Le marquage du groupe nominal

a. Dites quels sont les trois éléments du groupe nominal qui peuvent porter les marques du nombre, du genre et du cas.

Les trois éléments qui peuvent porter les marques sont le déterminant, le nom et l'adjectif.

b. Expliquez le principe du marquage du groupe nominal.

Pour faire apparaître la fonction du groupe nominal, il faut que soit le déterminant, soit le nom, soit l'adjectif porte une marque spécifique claire.

- Quand ni le déterminant ni le nom ne portent cette marque, l'adjectif doit la porter.
- Quand la marque est portée par le déterminant ou le nom, l'adjectif prend *-e* ou *-en* (*-e* au nominatif masculin, neutre et féminin ainsi qu'à l'accusatif neutre et féminin, *-en* à tous les autres cas).

3 Les cas et les fonctions du groupe nominal

a. Dites à quelle fonction correspondent les différents cas.

- nominatif : sujet, attribut de sujet

  Nous ne trouvons dans le texte qu'un seul exemple de sujet: *das irdische Glück* (l. 31).
- accusatif : complément d'objet direct

  Toutes les autres occurrences sont à l'accusatif, car ils dépendent de *Ja, das möchste* ou de *Ja, und das hab' ich ganz vergessen.*

b. Justifiez le cas du groupe nominal dans les groupes prépositionnels.

Les trois exemples que l'on trouve dans le texte sont des groupes prépositionnels avec des prépositions à cas fixe : ***mit*** et ***aus*** + DAT.

4 Complétez par la marque de l'adjectif.

Träume

1. Wenn ich im Lotto gewänne, würde ich mir zuerst einmal eine elegant***e*** Villa bauen lassen, mit groß***em*** Dachgarten, von dem man eine schön***e*** Aussicht auf eine ländlich***e*** Idylle hätte. Hinter der elegant***en*** Villa läge ein gepflegt***er*** Garten mit alt***en*** Eichen und bunt***en*** Blumenbeeten.
2. Auch eine riesig***e*** Terrasse und ein groß***es*** Schwimmbad dürften natürlich nicht fehlen. Ich würde dann den ganz***en*** Tag in der heiß***en*** Sonne liegen und ab und zu in dem klar***en*** Wasser des schön***en*** Schwimmbades baden.
3. Bei schlecht***em*** Wetter würde ich in meiner gemütlich***en*** Bibliothek sitzen und die spannend***en*** Bücher lesen, die ich schon seit lang***en*** Jahren lesen will. In einem riesig***en*** Kamin würde ein romantisch***es*** Feuer brennen.
4. In meiner hochmodern***en*** Küche würde ich raffiniert***es*** Essen für meine zahlreich***en*** Gäste kochen, zum Beispiel echt***e*** Hamburger Aalsuppe. Und in meinem kühl***en*** Weinkeller lägen alt***e*** Weine aus den best***en*** Weingegenden der ganz***en*** Welt.

5 Complétez.

Ein Interview mit Ilona H.

JOURNALIST Sie haben in d***en*** letzt***en*** Monat***en*** ein***e*** internationale Karriere gemacht und sind zu einem d***er*** bekanntest***en*** Fotomodelle in d***er*** ganz***en*** Welt geworden.

ILONA H. Ja, ich führe ein***Ø*** aufregend***es*** Leben. Ich treffe d***ie*** interessantest***en*** Leute d***es*** international***en*** Jetsets, und d***ie*** groß***en*** Modefotograf***en*** rufen mich aus all***en*** Städt***en*** d***er*** Welt an, um mit mir Aufnahmen zu machen. Und ich kann mir alles leisten, wovon ich schon immer geträumt habe: ein***e*** luxuriös***e*** Villa in Miami, eine groß***e*** Wohnung in Singapur, ein***en*** toll***en*** Wagen, elegant***e*** Kleidung aus exklusiv***en*** Modesalons und d***en*** fantastisch***en*** Friseur in Mailand, Giovanni Bernini.

JOURNALIST Und Ihr***Ø*** persönlich***es*** Leben?

ILONA H. Ich habe ein***e*** riesig***e*** Menge von toll***en*** Freund***en***, die sich alle um mich kümmern. Ein absolut traumhaft***es*** Leben!

SPRACHE
MANUEL 53 • MEMENTO 202/206

Les verbes et adjectifs à rection prépositionnelle (TEXT 2)

La rection prépositionnelle des verbes et adjectifs restera toujours un problème délicat pour les francophones. Il faut en effet tenir compte de plusieurs paramètres :
– le choix de la préposition,
– le choix du cas après les prépositions dites mixtes,
– la syntaxe de *da* (+ *r* devant une voyelle) + préposition, qui peut être utilisé en fonction anaphorique ou en fonction cataphorique.

La rection est aujourd'hui figée, et on ne peut guère faire autrement que de l'apprendre. Mais il n'en reste pas moins que ni le choix de la préposition, ni le choix du cas (pour les neuf prépositions qui régissent l'accusatif ou le datif) n'étaient au départ « innocents ». On peut donc essayer de faire deviner aux élèves et la préposition et le cas (s'il y a lieu) pour la rection d'un verbe ou d'un adjectif donnés, les amenant ainsi peu à peu à sentir la logique des relations sémantiques afin de mieux maîtriser le système.

1 Dans le texte page 48, relevez les verbes et les adjectifs à rection prépositionnelle avec leur complément, et complétez le tableau.

l. 1	sich wundern	*Du hast dich* ***darüber gewundert,***	über + ACC	s'étonner de
l. 2	zufrieden	*dass ich* ***mit meinem Leben zufrieden*** *bin.*	mit + DAT	content de
l. 12	auskommen	*Ich* ***komme mit meiner Pension aus …***	mit + DAT	s'en sortir avec
l. 15	abhängen	*…* ***hängt*** *ja nicht nur* ***vom Geld … ab,*** *…*	von + DAT	dépendre de
l. 26	ankommen	***Worauf*** *es aber* ***ankommt,*** *…*	auf + ACC	ce qui importe
l. 40	bestehen	*…* ***besteht*** *so ein …* ***aus … Kleinigkeiten***	aus + DAT	se composer de
l. 41	reden	*wenn wir* ***von den … Sachen reden*** *wollen*	von + DAT	parler de
l. 43	böse sein	*…, der wirklich* ***böse auf mich ist***	auf + ACC	en vouloir à qn

2 Le groupe prépositionnel à membre pronominalisé *da* (+ *r* devant une voyelle) + préposition.

a. (1) *Du hast dich unlängst* ***darüber*** *gewundert, dass ich mit meinem Leben zufrieden bin.*
(2) *Mein Leben war nicht leicht. Aber ich bin* ***damit*** *zufrieden.*

b. Le groupe prépositionnel dans l'énoncé (1) annonce un élément qui va suivre (fonction cataphorique).
Le groupe prépositionnel dans l'énoncé (2) reprend un élément qui le précède (fonction anaphorique).

c. Le groupe prépositionnel dans l'énoncé (1) annonce la complétive *dass ich mit meinem Leben zufrieden bin.*
Le groupe prépositionnel dans l'énoncé (2) reprend *mein Leben.*

3 Complétez en vous aidant, si nécessaire, de la liste page 206.

Die Schwiegertochter schreibt einen Brief an ihre Schwiegermutter

Liebe Schwiegermutter!

1. Ich habe mich zuerst ***über*** dein***en*** Brief geärgert und war richtig böse ***auf*** dich, denn ich gehöre ***zu*** d***en*** Leuten, die immer heftig ***auf*** alles reagieren, was nach Kritik aussieht. Dann habe ich ***über*** d***as***, was du mir geschrieben hast, nachgedacht und verstanden, dass du dir eigentlich nur Sorgen um mich machst.
2. Denn es stimmt, dass ich ***mit*** d***em*** Geld, das mein Mann und ich verdienen, schlecht auskomme und oft nicht ***mit*** mein***em*** Leben zufrieden bin, obwohl es uns im Grunde gut geht. Aber heutzutage ist es eben nicht leicht, ***auf*** etwas, was man gerne möchte, zu verzichten, oder, anders gesagt, sich ***mit*** d***em***, was man hat, zu begnügen.
3. Man kann also die heutige Zeit nicht ***mit*** d***en*** früher***en*** Zeiten vergleichen, aber du hast Recht zu schreiben, dass das Glück nicht da***von*** abhängt, ob man viel Geld hat oder nicht, sondern dass es da***rauf*** ankommt, wie man ***mit*** sein***em*** Geld auskommt.
4. Ich kann mich also nur ***für*** dein***en*** Brief bedanken und dir versprechen zu versuchen, zufriedener ***mit*** mein***em*** Leben zu sein. Darf ich dich für nächsten Sonntag ***zu*** ein***er*** Tasse Kaffee einladen, dann können wir ***über*** alles ausführlich diskutieren. Ich freue mich schon da***rauf.***

Herzlichst, deine dankbare Schwiegertochter

4 Complétez en vous aidant, si nécessaire, de la liste page 206.

Werbung

1. Den Werbeleuten geht es da***rum*** den Verbraucher da***von*** zu überzeugen, Produkte zu kaufen, die er nicht unbedingt braucht. Die Werbung richtet sich also ***an*** d***as*** Selbstwertgefühl des Verbrauchers, indem sie ihn da***von*** träumen lässt, ***zu*** d***en*** Privilegierten dieser Welt zu zählen.
2. Der Verbraucher glaubt ***an*** d***ie*** leer***en*** Versprechen der Werbung. Er hat sich so ***an*** d***ie*** Werbung in Fernsehen, Radio, Zeitschriften und auf der Straße gewöhnt, dass er nicht mehr ***über*** d***en*** Sinn der Sache nachdenken kann.
3. Am meisten reagieren aber die Kinder ***auf*** d***ie*** Werbung. Sie begeistern sich ***für*** all***e*** Produkte, die im Fernsehen gezeigt werden, und verwandeln sich ***in*** perfekt***e*** klein***e*** Verbraucher, die ***auf*** nichts mehr verzichten können. Deshalb wenden sich die Werbefachleute gerne ***an*** Kinder und Jugendliche, die man nur schwer ***vor*** d***er*** Werbung schützen kann.

SPRACHE
MANUEL 54

Connaître les mots

1 À l'aide du schéma ci-dessous, formez le plus de mots composés possible et donnez leur équivalent français.

die Mehrwertsteuer	la taxe à la valeur ajoutée (TVA)
gleichwertig	de même valeur/équivalent
das Minderwertigkeitsgefühl	le complexe d'infériorité
die Vollwertkost	les aliments complets
abwerten	dévaloriser/dénigrer
aufwerten – die Geldaufwertung	réévaluer – la réévaluation monétaire
bewerten – die Bewertung	évaluer – l'évaluation
entwerten – die Geldentwertung	dévaloriser/composter – la dévalorisation monétaire
verwerten	utiliser
wissenswert	qui vaut la peine d'être connu/intéressant
wertlos – die Wertlosigkeit	sans valeur – le fait de ne pas avoir de valeur
das Wertsystem	le système de valeurs
das Werturteil	le jugement de valeur

2 Les adjectifs suivants sont formés avec *-wert* ou *-würdig* à partir d'un verbe. Complétez le tableau.

	FORMÉ SUR INF. + *s*	FORMÉ SUR RADICAL	VERBE	SENS DE L'ADJECTIF
beachtenswert	✔		beachten	qui mérite d'être considéré
bemerkenswert	✔		bemerken	remarquable
bewundernswert	✔		bewundern	admirable
denkwürdig		✔	denken	mémorable
empfehlenswert	✔		empfehlen	à recommander
ehrwürdig		✔	ehren	honorable
fragwürdig		✔	fragen	douteux
glaubwürdig		✔	glauben	crédible
liebenswürdig	✔		lieben	adorable, aimable
merkwürdig		✔	merken	curieux
vertrauenswürdig	✔		vertrauen	digne de confiance
wünschenswert	✔		wünschen	souhaitable

3 ***Ziehen* ou *führen* ? Choisissez le verbe qui convient et traduisez les expressions ainsi obtenues.**

	ziehen	*führen*	
in Betracht	✔		prendre en considération
einen Beweis		✔	faire une démonstration
eine Bilanz	✔		faire un bilan
etwas zu Ende		✔	achever quelque chose
ein Gespräch		✔	avoir une conversation
die Konsequenzen	✔		tirer les conséquences
Parallelen	✔		établir des parallèles
einen Schluss	✔		tirer une conclusion
einen Vergleich	✔		établir une comparaison
Verhandlungen		✔	mener des négociations

4 **Identifiez bien le sens de *nur* dans les phrases suivantes et traduisez.**

1. Wir bleiben nur noch drei Tage.
   Nous ne restons plus que trois jours.
2. Er sah mich an und lächelte nur.
   Il me regarda et se contenta de sourire.
3. Du brauchst nur zu rufen. Ich komme gleich.
   Tu n'as qu'à appeler. J'arrive tout de suite.
4. Lass ihn nur machen.
   Mais laisse-le donc faire, voyons !
5. Das weiß ich nur zu gut!
   Je ne le sais que trop.
6. Das macht die Sache nur noch schlimmer.
   Cela ne fait qu'aggraver l'affaire.
7. Nur er kann mir in dieser Situation helfen.
   Il est le seul à pouvoir m'aider dans cette situation.
8. Was hat er nur?
   Mais qu'a-t-il donc ?
9. Da kann man sich nur ärgern.
   Il y a de quoi être furieux.
10. Warte nur!
    Attends un peu !
11. Nur mit der Ruhe!
    Du calme, voyons !
12. Wie kannst du nur so was sagen?
    Mais comment peux-tu dire une chose pareille ?
13. Alle dürfen. Nur ich nicht!
    Tout le monde a le droit, sauf moi !
14. Wäre ich nur an deiner Stelle!
    Si seulement j'étais à ta place !
15. Ich würde gern mitkommen. Nur weiß ich nicht, ob ich weggehen darf.
    Je viendrais bien, mais je ne sais pas si je peux partir.

SPRACHE
MANUEL 55

Apprendre à traduire

La puce

Dans le département du Gard – c'est cela même, là où se trouvent Nîmes, et le Pont du Gard : dans le sud de la France – il y avait comme employée dans un bureau de poste une demoiselle d'un certain âge qui avait une fâcheuse habitude : elle ouvrait un petit peu les lettres et les lisait. Tout le monde le savait. Mais les choses étant ce qu'elles sont en France, la concierge, le téléphone et la poste, ce sont des institutions sacrées. On peut bien y toucher, mais ça ne se fait pas d'y toucher, de sorte que personne n'y touche.
Donc, la demoiselle lisait les lettres et mettait par ses indiscrétions plus d'un dans l'embarras.
Dans le département, un comte astucieux habitait dans un beau château. Les comtes sont parfois astucieux, en France.
Et ce comte fit un jour la chose suivante :
Il fit venir un huissier au château et écrivit en sa présence à un ami :
Cher ami, comme je sais que la demoiselle des postes Emilie Dupond ouvre continuellement nos lettres et les lit parce qu'elle crève de curiosité, je t'envoie ci-joint, pour mettre fin à ses agissements une bonne fois pour toutes, une puce vivante.
Avec toutes mes amitiés, Comte Koks.
Et il cacheta cette lettre en présence de l'huissier. Mais il ne mit pas de puce dedans.
Lorsque la lettre arriva, il y en avait une.

Kurt TUCHOLSKY, 1932

ZUR DEBATTE
MANUEL 56-57

1 Wunschtraum oder Alptraum?

Type de document : *interview*
Thème : *les mirages de la vie de top model*

Transcription

Durée : 3'47"

Ilona H. war früher ein international bekanntes Fotomodell und lebt jetzt recht zurückgezogen als Buchhändlerin in einer österreichischen Kleinstadt. Ein Journalist stellt ihr Fragen zu ihrer etwas außergewöhnlichen Biografie.

JOURNALIST Das war doch bestimmt ein aufregendes Leben. New York, München, Tokyo, Paris ...

ILONA H. Ja, so ein richtiges Jetset-Leben. Mit allem, was dazu gehört: Luxushotels, rauschende Parties und Flirts mit Filmstars und Großindustriellen.

JOURNALIST Und Sie haben eine Menge Geld verdient ...

ILONA H. Genug für eine Villa in Miami, ein Loft in Singapur, ein Mercedes-Coupé ...

JOURNALIST Alles Statussymbole.

ILONA H. Ja, die waren mir damals sehr wichtig. Meine Kleidung kam nur aus exklusiven Modesalons und zum Friseur flog ich extra nach Mailand.

JOURNALIST Ein traumhaftes Leben also?

ILONA H. Traumhaft? Am Anfang ja. Da war es wie ein Traum. Nach den ersten Erfolgen ...

JOURNALIST Ich habe Sie damals interviewt und war beeindruckt von Ihrer Schönheit und Ihrem Selbstbewusstsein!

ILONA H. Ach, das war doch nur Fassade!

JOURNALIST Was meinen Sie damit?

ILONA H. Na, diese plötzliche Karriere! Ich war ja so naiv! Und oft sehr einsam.

JOURNALIST Damals sagten Sie aber, Ihr Leben sei ein Wunschtraum!

ILONA H. Der zum Alptraum wurde.

JOURNALIST Zum Alptraum?

ILONA H. Ich hatte kein Glück. Ich habe die falschen Leute getroffen, falsche Freunde. Die haben mich ans Rauschgift gebracht.

JOURNALIST Wie kam es denn dazu?

ILONA H Die Arbeit war sehr hart, wissen Sie. Und die haben mir Pillen gegeben, wenn ich nicht in Form war.

JOURNALIST Und irgendwann wurden Sie von diesem Zeug abhängig.

ILONA H. Genau. Ich brauchte immer mehr davon. Und entdeckte, dass meine angeblichen Freunde skrupellose Dealer waren.

JOURNALIST Wie sind Sie denn da wieder herausgekommen?

ILONA H. Ein Modefotograf hat mir geholfen.

JOURNALIST Wie denn?

ILONA H. Es war Zufall. Und ein großes Glück. Ich bin bei Aufnahmen in seinem Studio zusammengebrochen. Er hat mich in eine Klinik gebracht und sich sehr viel um mich gekümmert.

JOURNALIST Und wie sind Sie dann in diesem kleinen Städtchen gelandet?

ILONA H. Seine Mutter wohnt hier und hat mich nach der Klinik bei sich aufgenommen. Ganz langsam habe ich wieder gelernt, normal zu leben, und schließlich eine Lehre als Buchhändlerin gemacht.

JOURNALIST Und Ihr Jetset-Leben vollkommen hinter sich gelassen.

ILONA H. Ja. Jedoch wäre ich ohne die Erfahrungen, die ich damals gemacht habe, die guten wie die schlechten, nicht das geworden, was ich jetzt bin. Heute weiß ich, dass ich damals mehr ein – wie soll ich sagen – Klischee war. Ich war so, wie die anderen mich wollten, mein Manager, die Agenten, die Fans.

JOURNALIST Also mehr Schein als Sein?

ILONA H. Genau.

JOURNALIST Und heute?

ILONA H. Heute bin ich einfach nur ich selbst. Meine ich jedenfalls.

JOURNALIST Das heißt?

ILONA H. Ich habe entdeckt, dass ein einfaches Leben viel besser zu mir passt. Ein Leben ohne Reichtum und Ruhm und ohne falsche Fassaden.

JOURNALIST Sie scheinen mir aber immer noch viel Wert auf – also – auf Schönheit zu legen.

ILONA H. Ja, ich bin doch eine Frau! Aber mein Aussehen spielt nicht mehr dieselbe Rolle wie früher. Das Wichtigste in meinem Leben sind heute die Menschen, denen ich begegne. Und meine neue Arbeit.

JOURNALIST Sie mögen Ihren Beruf?

ILONA H. Ja, sehr. Ich kann viel lesen, habe nette Kunden und dabei ein paar richtige Freunde gefunden.

JOURNALIST Auch … einen Lebenspartner?

ILONA H. Ts, ts, ts, was sind Journalisten indiskret! Nein, noch nicht. Aber was nicht ist, kann ja noch werden ...

Compréhension globale

1 Hören Sie sich das Interview mit Ilona H. an und bringen Sie die Sätze in die richtige Reihenfolge.

e. Sie war Fotomodell und hat eine internationale Karriere gemacht.

i. Sie hat im Luxus gelebt und eine Menge Geld verdient.

d. Am Anfang ihrer Karriere war ihr Jetset-Leben wie ein Wunschtraum.

g. Aber daraus wurde ein Alptraum.

j. Sie war nämlich sehr einsam und musste hart arbeiten.

b. Skrupellose Dealer haben sie dann ans Rauschgift gebracht.

h. Sie wurde drogenabhängig.

a. Ein Modefotograf hat ihr geholfen, wieder gesund zu werden.

f. Die Mutter des Fotografen hat sie nach der Klinik bei sich aufgenommen.

c. Sie hat einen neuen Beruf erlernt und ein neues Leben begonnen.

Compréhension détaillée

2 Was ist das Wichtigste in ihrem heutigen Leben?

Ihre Mitmenschen, ihre Freunde und ihre Arbeit.

Expression

3 Improvisieren Sie zu zweit das Interview, das Ilona H. dem Journalisten zu Beginn ihrer Karriere gegeben haben könnte.

Pour préparer cet interview, vous pouvez aider les élèves à se remémorer quelques détails de sa vie de mannequin en faisant avec eux l'exercice oral suivant :

Wovon spricht Ilona H. während des Interviews nicht?

a. Orte: New York / München / Tokyo / Paris / Moskau / Miami / Singapur / Mailand

b. Dinge: eine Menge Geld / eine Villa / ein Loft / eine Yacht / ein Ferrari / ein Mercedes Coupé / Kleidung aus exklusiven Modesalons / teurer Schmuck

c. Personen: Filmstars / Großindustrielle / ein Regisseur / ein Chauffeur / ein Friseur / falsche Freunde / Dealer / ein Butler / ein Modefotograf

2 Verführungen

Type de document : *dialogue*

Thème : *Une jeune stagiaire analyse une publicité de cigarettes.*

Transcription

Durée : 1'52" (Teil 1) ; 3'01" (Teil 2)

Teil 1

Eine Schülerin macht ein Praktikum in einer Werbeagentur. Ein Werbefachmann zeigt ihr, wie man Werbungen analysieren kann. Sie probiert es an einem Beispiel mit ihm aus.

SIE Welche Art von Werbung wurde für diese Marke denn schon gemacht?

ER 1959 begann es. „Der Duft der großen weiten Welt."

SIE Damit wurde die Marke berühmt?

ER Ja, damals träumten die Deutschen eben von der „großen weiten Welt". Internationalität, Weltoffenheit – das entsprach dem Ideal der Verbraucher, besonders der Jüngeren.

SIE Wenn sie diese Marke kauften …

ER … kauften sie sich einen Traum. Oder, anders gesagt, man verkaufte ihnen die Illusion, sie seien so weltgewandt und erfolgreich wie die Leute aus der Werbung.

SIE Wann wurde dieser Spruch aufgegeben?

ER Als die Deutschen mehr Geld hatten und selber in die „große weite Welt" reisen konnten. Da musste man den Slogan ändern. Der neue lautete: „Come together – share the taste."

SIE Man hat also einen englischen Spruch gewählt.

ER Ja, das entsprach mehr dem Zeitgeist jener Jahre.

SIE Was meinen Sie damit?

ER Damals träumte man viel von Amerika, dem Land der unbegrenzten Möglichkeiten.

SIE „Share the taste", also Leute treffen, gemeinsam Spaß haben und das Leben genießen.

ER Irgendwie so. Und danach lag Individualismus im Trend. So wurde der Slogan „Find your world" erfunden.

SIE Das war Ende der neunziger Jahre?

ER Genau. Komm, ich will dir zeigen, was wir damals erfunden haben. Versuch doch mal, diese Werbung näher zu analysieren.

Teil 2

SIE Hmm. Sie haben gesagt, eine gute Werbung muss sofort die Aufmerksamkeit des Betrachters erregen.

ER Ja, die erste Sekunde ist sehr wichtig.

SIE Das klappt hier gut. Eine grandiose Landschaft, ein starker Kontrast zwischen warmen und kalten Farben, nur ein einziges Wort: „Kraft". Das ist gelungen.

ER Und dann soll der Leser an dem Produkt Interesse bekommen. Wie funktioniert das hier?

SIE Also, der Leser lebt in einer Welt, die, sagen wir mal, genau das Gegenteil von dem Foto hier ist: Wir haben hier eine unberührte, total reine Natur, saubere, klare Luft, Ruhe … Ein Kontrast zur Großstadt, dem Lärm, der verpesteten Luft. Dieser Gegensatz weckt das Interesse des Betrachters.

ER Nicht schlecht. Und wie kriegt er Lust am Kauf der angebotenen Ware?

SIE Indem man ihm eine Illusion verkauft. Nach dem Motto: Wenn du zu dieser Marke greifst, gehörst du dazu. Dann lässt du den Stress, den Alltag hinter dir. Gucken Sie sich doch mal die Leute im Vordergrund an.

ER Ja?

SIE Die haben Zeit. Sie sitzen bequem auf einem Kissen und meditieren. Aber ein Kissen ist frei. Das sieht der Betrachter. Und das löst bei ihm den Wunsch aus, dort zu sitzen. Das haben Sie fabelhaft gemacht!

ER Danke für das Kompliment!

SIE Es funktioniert wie eine stumme Einladung: „Setz dich dazu", sprich: Kauf diese Marke, dann bist auch du in dieser ruhigen, heilen Welt.

ER Das hast du aber gut analysiert. Und jetzt die letzte Frage: Wie wird der Verbraucher dazu gebracht, das Produkt auch wirklich zu kaufen?

SIE Der Verbraucher weiß, dass er eigentlich nicht zu diesem Produkt greifen sollte. Dass das sogar gefährlich für ihn ist, ungesund. Aber bei dieser Werbung haben Sie es geschafft, dass er es dennoch tut. Indem Sie ihm ein Alibi liefern.

ER So? Wie denn?

SIE Mit dem einzigen Wort, das da oben ganz groß steht: „Kraft". Kraft ist das Gegenteil von Schwäche. Und mit diesem Wort manipulieren Sie den Betrachter, ohne dass er sich dessen bewusst wird. Man suggeriert ihm: Mit dieser Marke bekommst du Kraft. Dann kann es ja doch nicht so gefährlich sein, dieses Produkt zu kaufen.

ER Du, das hast du toll gemacht.

SIE Meinen Sie? Aber ich bin noch nicht fertig.

ER So?

SIE Nein, weil ich meine Meinung zu Ihrer Werbung noch nicht gesagt habe.

ER Ach ja. Also?

SIE So professionell diese Reklame auch gemacht ist – ich finde sie unmöglich! Also, es ist eine irreführende Werbung! Und sollte meiner Ansicht nach verboten werden.

Préparation de l'écoute

Les différents slogans publicitaires, présentés en *3 Werbesprüche* peuvent être une bonne entrée en matière.

Teil 1

Compréhension

1 Hören Sie sich den ersten Teil der Aufnahme an und versuchen Sie dabei, die drei Werbesprüche dieser Marke aufzuschreiben. Welchem Trend entsprechen die verschiedenen Werbeslogans?

a. Werbesprüche:

1. Der Duft der großen weiten Welt.
2. Come together – share the taste. (Traduction : Komm(t) zusammen – Teil(t) den Geschmack!)
3. Find your world. (Traduction : Finde deine Welt.)

b. Trends:

1. In den 60er Jahren war das Ideal, besonders der jüngeren Verbraucher, Internationalität und Weltoffenheit. Die Deutschen konnten es sich damals oft noch nicht leisten, in fremde Länder zu reisen. Mit dieser Marke kauften sie sich den Traum, so weltgewandt und erfolgreich wie die Leute aus der Werbung zu sein.
2. Der englische Spruch entsprach dem Zeitgeist Ende der achtziger Jahre, als man von Amerika träumte, dem Land der unbegrenzten Möglichkeiten. Der Spruch lädt dazu ein, Leute zu treffen, gemeinsam Spaß zu haben und das Leben zu genießen.
3. Der letzte Spruch entspricht dem Trend nach Selbstfindung und individueller Lebensgestaltung am Ende der neunziger Jahre.

Teil 2

Compréhension

2 Hören Sie sich den zweiten Teil der Aufnahme an. Wählen Sie für jede Frage die richtigen Antworten.

Lisez l'exercice avec les élèves avant de leur faire écouter la deuxième partie de l'enregistrement. Cela guidera leur écoute et facilitera la compréhension.
Les quatre questions correspondent à la trame classique que suivent les publicitaires quand ils conçoivent et mettent au point une publicité.

1. Wie wird die Aufmerksamkeit des Betrachters erregt?
- durch ein einziges Wort.
- durch eine grandiose Landschaft.

2. Wodurch bekommt der Betrachter Interesse an dem Produkt?
- durch den Gegensatz zwischen der Welt des Lesers und dem Foto.

3. **Wodurch soll der Verbraucher Lust zum Kauf der Ware bekommen?**
   – indem man ihm eine Illusion verkauft.
4. **Wie wird der Verbraucher dazu gebracht, das Produkt auch wirklich zu kaufen?**
   – indem man ihn manipuliert.
   – indem man ihm ein Alibi für sein Handeln liefert.

3 **Die Praktikantin steht dieser Werbung sehr kritisch gegenüber. Für welches Produkt wird hier wohl geworben?**

Libre aux élèves d'imaginer différentes réponses. Cette analyse s'inspire d'une publicité réelle pour les cigarettes « Peter Stuyvesant » qui permet de bien faire apparaître les ressorts de ce type de publicité qui sont finalement toujours les mêmes.

Es handelt sich um Zigaretten. Die Marke ist Peter Stuyvesant aus dem Hause Reemtsma. Die Praktikantin sagt: „Der Verbraucher weiß, dass er eigentlich nicht zu diesem Produkt greifen sollte. Dass das sogar gefährlich für ihn ist, ungesund."

3 Werbesprüche

1 **Finden Sie für jeden Werbespruch das passende Adjektiv.**

a. Mars macht ***mobil***, bei Arbeit, Sport und Spiel.
b. Warum L'Oréal? Weil ich es mir ***wert*** bin!
c. Haribo macht Kinder ***froh*** und Erwachsene ebenso.
d. Ariel – wäscht nicht nur ***sauber***, sondern rein.
e. Wenn doch alles im Leben so ***gut*** funktionieren würde wie der Käfer (VW)!

2 **Nennen Sie französische Werbesprüche, die jeder kennt, und versuchen Sie, sie ins Deutsche zu übersetzen.**

Plusieurs slogans ont été utilisés aussi en France. Peut-être les élèves les connaissent-ils. Le plus amusant serait qu'ils s'efforcent de les transposer eux-mêmes. Ils s'apercevront alors qu'il n'est pas question de traduire mot à mot, mais qu'il s'agit de chercher à transposer des procédés (dans le cas de rimes par exemple).

4 Der schöne Schein

Nous vous donnons quelques mots et expressions dont les élèves pourront avoir besoin pour répondre aux questions posées.

1 **Beschreiben Sie das Bild.**

Yoga machen, im Lotussitz sitzen, meditieren, im Profil

2 **Was wird mit diesem Bild suggeriert?**
– Ruhe, Frieden, Einheit zwischen der Natur und dem Menschen…
– meditieren, beten, Kraft schöpfen, entspannen…

3 **Für welches Produkt könnte mit diesem Bild geworben werden?**

Reisen, eine Kur, ein Medikament, gesunde Ernährung, ein Medienprodukt ... oder eben Zigaretten!

4 **Erfinden Sie einen Werbespruch zu dem von Ihnen gewählten Produkt.**

C'est le moment pour les élèves de mettre en application ce qu'ils ont appris en écoutant l'enregistrement 2 : *Verführungen*.

KULTUR
MANUEL 58-59

Kurt Schwitters

La meilleure manière d'aborder cette page est sans doute de commencer par l'observation des deux tableaux qui y sont présentés et d'amener les élèves à se demander quel rapport on peut établir entre ces tableaux et le thème du dossier.

La lecture du texte de présentation en sera facilitée. Il sera sans doute nécessaire de traduire les citations qui sont assez difficiles, mais très éclairantes.

Les élèves pourront aller plus loin dans la découverte de Schwitters en explorant le site internet suivant qui est extrêmement riche : www.kurt-schwitters.org.

Pour leur montrer un autre aspect de l'œuvre de Schwitters, qui n'était pas seulement peintre (Die Beschäftigung mit verschiedenen Kunstarten war mir ein künstlerisches Bedürfnis) *et utilisait entre autres aussi les mots comme instruments de création, vous pouvez leur faire lire le poème* An Anna Blume.

An Anna Blume

Oh Du, Geliebte meiner 27 Sinne, ich liebe Dir!
Du, Deiner, Dich Dir, ich Dir, Du mir, ... wir?
Das gehört beiläufig nicht hierher!
Wer bist Du, ungezähltes Frauenzimmer, Du bist, bist Du?
Die Leute sagen, Du wärest.
Lass sie sagen, sie wissen nicht, wie der Kirchturm steht.
Du trägst den Hut auf Deinen Füßen
und wanderst auf die Hände,
Auf den Händen wanderst Du.
Halloh, Deine roten Kleider, in weiße Falten zersägt,
Rot liebe ich Anna Blume, rot liebe ich Dir.
Du, Deiner, Dich Dir, ich Dir, Du mir, ... wir?
Das gehört beiläufig in die kalte Glut!
Anna Blume, rote Anna Blume, wie sagen die Leute?
Preisfrage:
1. Anna Blume hat ein Vogel,
2. Anna Blume ist rot.
3. Welche Farbe hat der Vogel?
Blau ist die Farbe Deines gelben Haares,
Rot ist die Farbe Deines grünen Vogels.
Du schlichtes Mädchen im Alltagskleid,
Du liebes grünes Tier, ich liebe Dir!
Du Deiner Dich Dir, ich Dir, Du mir, ... wir!
Das gehört beiläufig in die ... Glutenkiste.
Anna Blume, Anna, A...N...N...A!
Ich träufle Deinen Namen.
Dein Name tropft wie weiches Rindertalg.
Weißt Du es Anna, weißt Du es schon,
Man kann Dich auch von hinten lesen.
Und Du, Du Herrlichste von allen,
Du bist von hinten, wie von vorne:
A...N...N...A.
Rindertalg träufelt STREICHELN über meinen Rücken.
Anna Blume,
Du tropfes Tier,
Ich...liebe...Dir!

Kurt SCHWITTERS, 1919

ARBEITSWELTEN

Ce dossier, consacré au thème du travail, a pour but d'amener les élèves à réfléchir sur la notion même de travail et sur la place qu'il tient dans notre vie, et en même temps de leur donner des exemples concrets qui leur permettent de découvrir certaines réalités du monde du travail et le vocabulaire qui leur est attaché.

- Le TEXTE 1, *Anekdote zur Senkung der Arbeitsmoral*, de Heinrich Böll est à lire comme une parabole, et non comme une anecdote située dans un pays et dans une époque précises. Cela peut permettre justement de demander aux élèves d'illustrer leur réflexion par des références à la réalité.
- Le TEXTE 2, *Vaters Geheimnis* de Hans Fallada, est, lui, bien situé dans une réalité économique et politique particulière. Il pourra être intéressant d'en prolonger la lecture par des recherches sur l'époque où il se situe.
- Le TEXTE 3, *Kampf dem Kaffeesatz*, tiré de *Die Zeit*, raconte l'histoire d'une entreprise, Melitta. Nous connaissons tous les filtres à café qui font partie de notre quotidien. Il est intéressant de voir comment ils y ont pris place.
- La double page ZUR DEBATTE présente deux enregistrements, *Arbeit und Familie* et *Arbeit und Leben* qui nous donnent à entendre des conceptions différentes sur ces thèmes. Elle propose en outre un ensemble de proverbes et de graffiti qui peuvent permettre à la fois un travail lexical, une comparaison avec des proverbes et expressions en français et une discussion en classe.
- La page LANDESKUNDE est consacrée à l'entreprise Volkswagen dont l'histoire est étroitement liée à celle de l'Allemagne, et qui a su trouver des solutions originales au problème du chômage.
- Enfin, signalons la page MÉTHODOLOGIE qui permettra aux élèves désireux de prévoir un stage ou de chercher un job d'été en Allemagne de savoir rédiger CV et lettre de motivation.

TEXT 1

Manuel 62-65

Anekdote zur Senkung der Arbeitsmoral

Type de texte : *Kurzgeschichte (version raccourcie par rapport à l'original)*
Thème : *Quelle place doit tenir le travail dans la vie ?*
Objectif linguistique : *le subjonctif II, mode de l'irréel (manuel p. 70)*
L'auteur : *Heinrich Böll (voir manuel p. 65)*

Ce texte est à lire comme une parabole sur le travail. Les deux personnages, un riche touriste et un modeste pêcheur, représentent deux conceptions diamétralement opposées du travail, et au-delà, de la société et de la vie. Il faut donc amener les élèves à bien définir ces deux conceptions pour les faire réfléchir sur la notion même de travail.

1 Wo spielt die Szene?
Z. 1 *In einem Hafen an einer westlichen Küste Europas*

2 Wer steht wem gegenüber?
Ein wohlhabender Tourist steht einem Fischer gegenüber.

3 Was ist das zentrale Thema des Textes?
Zwei unterschiedliche Auffassungen von Leben und Arbeit

4 Wodurch unterscheiden sich die beiden Männer? Was trifft auf wen zu?

der Fischer	der Tourist	
✔		ist in der Heimat.
	✔	ist auf Urlaub.
✔		ist ärmlich gekleidet.
	✔	ist schick angezogen.

der Fischer	der Tourist	
	✔	fotografiert die idyllische Landschaft, um die Erinnerung daran mit nach Hause zu nehmen.
✔		lebt und arbeitet in der idyllischen Landschaft.
	✔	spricht den anderen in der Landessprache an.
✔		scheint keine Lust zu haben, mit dem anderen ins Gespräch zu kommen.
✔		verdient seinen Lebensunterhalt mit Fischen.
	✔	will den anderen davon überzeugen, dass er mehr arbeiten sollte.

5 Wie verhält sich der Fischer dem Touristen gegenüber?

Er zeigt sich zuerst ziemlich abweisend und gelangweilt, wahrscheinlich weil der Tourist ihn geweckt hat. Dann beginnt er, ihm zuzuhören, und antwortet ihm sogar, allerdings mit einer gewissen Distanz.

6 Wie verändert sich im Laufe des Gesprächs die Einstellung des Touristen zum Fischer?

Zunächst sieht der Tourist den Fischer als Bestandteil der idyllischen Landschaft und fotografiert ihn. Dann beginnt er ein Gespräch in der Landessprache, um sein Interesse zu zeigen. Da der Fischer ihm zunächst nicht antwortet, wird der Tourist etwas nervös. Als der Fischer endlich von der Zeichensprache zum gesprochenen Wort übergeht, fängt der Tourist an, ihm mit einem gewissen Überlegenheitsgefühl zu erklären, was er tun könnte, um die Produktivität des Fischfangs zu erhöhen. Dabei erweist sich, dass er die Lebensweise des Fischers überhaupt nicht versteht und völlig in seiner eigenen Lebensauffassung gefangen ist.

7 Wem geht es Ihrer Meinung nach besser: dem Fischer oder dem Touristen?

Es scheint dem Fischer besser zu gehen als dem Touristen, weil er mit seinem Leben zufrieden ist.

8 Welche Rolle spielt die Arbeit für jeden der beiden Männer?

Es ist klar, dass der Fischer arbeitet, um seinen Lebensunterhalt zu verdienen. Für den Touristen dagegen spielt die Arbeit eine zentrale Rolle im Leben. Er arbeitet, um immer mehr Geld zu verdienen und seinen Lebensstandard ständig zu verbessern.

9 Wer kann aus diesem Gespräch etwas lernen? Was?

Der Tourist kann aus diesem Gespräch lernen, dass man mit seinem Leben durchaus zufrieden sein kann, indem man die Landschaft und die Sonne genießt und dass das Haben nicht unbedingt das Wichtigste im Leben ist.

10 Erklären Sie den Titel des Textes.

Wer die Einstellung des Fischers zum Leben teilt, wird nicht bereit sein, mehr zu arbeiten, als unbedingt notwendig ist, um seinen Lebensunterhalt zu verdienen.

■ Entraînement à l'oral du bac

Résumer

Die Szene spielt in einem ***Hafen*** an einer westlichen ***Küste*** Europas. Ein eher wohlhabender ***Tourist*** unterhält sich mit einem ärmlich aussehenden ***Fischer*** in dessen Landessprache. Der ***Fischer*** hat gefischt, um seinen Lebensunterhalt zu verdienen, und freut sich, nach einem guten ***Fang*** in der Sonne zu ***dösen***. Der ***Tourist*** dagegen denkt nur daran, wie man die Produktivität des Fischfangs mit anderen Methoden erhöhen ***könnte***. Der eine ***arbeitet***, um zu leben, der andere lebt offenbar, um zu ***arbeiten***.

TEXT 2

MANUEL 66-68

Vaters Geheimnis

ENTRAÎNEMENT À L'ÉCRIT DU BAC

Type de texte : *extrait de roman*

Thème : *les difficultés d'un homme qui, après avoir durement travaillé pour fonder une usine, se voit menacé par ses ouvriers de tout perdre, parce qu'il représente pour eux le patron*

Objectif linguistique : *l'injonction (manuel p. 71)*

L'auteur : *Hans Fallada (1893 - 1947), est connu pour ses œuvres autobiographiques* (Damals bei uns daheim, *1941 et* Heute bei uns zu Hause, *1943) et ses romans (parmi lesquels on peut citer entre autres* Kleiner Mann – was nun? *1932,* Wer einmal aus dem Blechnapf frisst, *1934). Il excelle à dépeindre le milieu des petites gens, leurs difficultés quotidiennes et la misère des exclus dans une société impitoyable pour les pauvres.*

Ce texte est assez long, mais il n'est pas très difficile. Il nous montre un homme qui se voit menacé dans ce qu'il a construit à la sueur de son front. Il faut impérativement amener les élèves à une compréhension détaillée de ce que l'on peut déduire des propos du père. Dans un deuxième temps, vous pouvez leur demander de faire des recherches sur le contexte économique et politique, et éventuellement de préparer un exposé.

1 Richtig oder falsch? Begründen Sie Ihre Antwort mit einem Zitat aus dem Text!

	R	F
1. Der Vater scheint abwesend zu sein, wenn die Familie bei Tisch sitzt.	✔	
2. Die Mutter will auf keinen Fall, dass ihr Sohn Max mit dem Vater spricht.		✔
3. Der Vater spricht über allgemeine Probleme der Zeit, anstatt zu sagen, was ihm persönlich Sorgen macht.	✔	
4. Max versteht zunächst gar nicht, was Vaters Problem ist.	✔	
5. Der Vater will der Mutter selber sagen, was ihm Sorgen macht.		✔
6. Der Vater hat Schulden.		✔
7. Seine Arbeiter glauben, dass der Vater sie nur ausgenutzt hat.	✔	
8. Der Vater möchte gerne Geschäftsführer bleiben.		✔
9. Max findet, sein Vater sollte den Leuten bei der Handwerkskammer sagen, wie alles steht.	✔	
10. Der Vater weiß, dass er von der Handwerkskammer keine Hilfe erwarten kann.	✔	
11. Bei der Handwerkskammer und an anderen Stellen glaubt man, dass der Vater seine Arbeiter schlecht behandelt.	✔	
12. Die Arbeiter sind von alleine auf die Idee gekommen, dass sie genau so viel Geld verdienen müssten wie der Vater.		✔

2 Worauf bezieht sich das unterstrichene Wort ?

Z. 10 *Ist dir <u>das</u> noch nicht genug, dass ein Mann Sorgen hat?*

→ Z. 10 *Ein verlorener Krieg und 'ne verlorene Revolution und 'ne Inflation*

Z. 19 *Bring'<u>s</u> Mutter sachte bei, ich habe noch immer das Herz nicht dafür.*

→ Z. 18 *Heute gehe ich zum letzten Male hin als Besitzer!*

Z. 26 *… weil <u>sie</u> doch durch ihre Arbeit existiert …*

→ Z. 25 *die Fabrik*

Z. 29 *… aber <u>das</u> tu ich nie im Leben!*

→ Z. 28 *als ihr Geschäftsführer bleiben*

Z. 36 *Aber <u>die</u> hören gar nicht hin.*

→ Z. 31 *die Herren von der Regierung, vom Ministerium, von der Handwerkskammer*

Z. 47 *„…, dass <u>sie</u> sich schon alle als reiche Leute sehen…"*

→ Z. 32 *die Arbeiter*

3 Was ist gemeint?

a. Maxe sagt zu seinem Vater: *„Du und ein Kapitalist – das ist doch einfach lächerlich!"* (Z. 35) Was meint er wohl damit?

3. Du bist doch selbst nur ein Tischlermeister und hast dir die Fabrik hart erarbeitet.

b. Der Vater sagt: *„Ich und Arbeiter schlecht behandeln, ich bin doch auch bloß ein Arbeiter!"* (Z. 39) Was meint er wohl damit?

2. Ich kenne die Arbeiter sehr gut, weil ich selber einer bin, wie könnte ich also ungerecht zu ihnen sein?

4 Übersetzen Sie folgende Textstelle ins Französische: *„Und warum sind sie so gegen dich, Vater?"* (Z. 41) bis zum Ende des Textes.

« Et pourquoi sont-ils ainsi contre toi, papa ? » lui demandai-je.

« Ah, ce ne sont pas de mauvaises gens », dit mon père désespéré. « D'ailleurs la plupart me connaissent depuis longtemps. Mais les temps sont durs, ils ont eu faim, et voilà que quelqu'un leur promet monts et merveilles en leur disant que les bénéfices doivent être répartis également. Reichelt ne doit pas gagner plus que nous autres, tout le monde doit gagner la même chose. Et il les baratine tant sur ce que l'entreprise peut rapporter, si bien qu'ils se voient tous riches … »

5 Bilden Sie Imperativsätze.

1. Du sollst mit mir zur Straßenbahn gehen!
   Geh mit mir zur Straßenbahn!
2. Du sollst nicht so pessimistisch sein!
   Sei nicht so pessimistisch!
3. Du sollst an uns denken!
   Denk(e) an uns!
4. Wir wollen den Direktor absetzen!
   Setzen wir den Direktor ab!
5. Wir wollen unsere Kraft zeigen!
   Zeigen wir unsere Kraft!
6. Ihr müsst etwas Geduld haben!
   Habt etwas Geduld!
7. Ihr dürft nicht so aggressiv sein!
   Seid nicht so aggressiv!
8. Herr Reichelt, Sie sollen mehr Verständnis für uns haben!
   Herr Reichelt, haben Sie mehr Verständnis für uns!
9. Herr Reichelt, Sie sollen uns zuhören!
   Herr Reichelt, hören Sie uns zu!
10. Herr Reichelt, Sie sollen uns mehr Geld geben!
    Herr Reichelt, geben Sie uns mehr Geld!

6 Setzen Sie die richtigen Präpositionen ein.

Die Arbeiter sind fest da***von*** überzeugt, dass ihr

Direktor sich nur ***an*** ihnen bereichert, nur ***von*** ihnen profitiert. Sie sind neidisch ***auf*** ihn, weil er mehr verdient als sie und sie wollen die Fabrik ***zu*** ihrem Eigentum machen. Herr Reichelt hat schon ***mit*** den Beamten im Ministerium ***über*** seine Situation gesprochen und sie ***auf*** sein Problem aufmerksam gemacht. Aber er weiß, dass er ***von*** ihnen keine Hilfe erwarten kann. Er weiß auch, dass er sich ***auf*** einige Arbeiter immer noch verlassen kann, ***trotz*** der Armut, ***unter*** der sie leiden.

TEXT 3
MANUEL 69

Kampf dem Kaffeesatz

Type de texte : *article de presse*
Thème : *comment Melitta Bentz a eu l'idée de fabriquer un filtre à café en papier et comment cette invention est à l'origine de la fondation d'une entreprise qui a connu un essor fulgurant*

Ce texte est essentiellement informatif. Il servira donc d'abord au repérage d'informations et au repérage de vocabulaire, fort utile pour parler de sujets économiques.
Dans un deuxième temps, il peut déboucher sur diverses pistes de recherche.
Nous vous suggérons entre autres l'utilisation du site Melitta (www.melitta.de) qui propose des documents intéressants.

1 Was erfahren wir über die Erfindung von Melitta Bentz?

Z. 8 *1908 schlug die Dresdner Hausfrau Melitta Bentz mit Hammer und Nagel ein Dutzend Löcher in einen Metalltopf. Dann nahm sie Löschpapier aus den Schulheften ihrer Söhne, zerschnitt es und legte es in den durchlöcherten Topf.*

Z. 15 *Frau Bentz hatte einen Filter erfunden, der satzfreien Kaffee lieferte.*

2 Wie hat sich das Leben von Melitta Bentz nach ihrer Erfindung verändert?

Z. 23 *Noch im selben Jahr wurde aus der 35-jährigen Hausfrau und Erfinderin eine Unternehmerin, die eine Firma auf ihren Namen gründete.*

3 Beschreiben Sie die Entwicklung der Firma Melitta.

Z. 29 *Die ersten Filter wurden in Handarbeit hergestellt, die Kinder halfen beim Verpacken und Versenden der Pakete. Herr Bentz zog mit der Erfindung seiner Frau durch die Straßen, um sie interessierten Kundinnen zu demonstrieren.*

Z. 35 *Der Umsatz wuchs schnell, die Produktionskapazitäten reichten bald nicht mehr aus. 1929 zog Familie Bentz nach Minden in Westfalen, wo die Firma bis heute ihren Sitz hat.*

Z. 38 *Man baute gleichzeitig eine Papier- und eine Porzellanfabrik, produzierte viel und überstand dank Improvisationskunst und Geschäftssinn Inflation und Krieg.*

Z. 47 *Heute hat die Unternehmensgruppe Melitta 4.600 Mitarbeiter, einen Jahresumsatz von knapp 2 Milliarden Mark, Tochtergesellschaften in der Schweiz und Frankreich, Niederlassungen in Toronto, Florida, São Paulo, Hongkong und Südchina.*

Z. 59 *Dabei ist Melitta ein Familienbetrieb geblieben.*

4 Kennen Sie andere Beispiele von Erfindern, aus denen erfolgreiche Firmengründer geworden sind?

Unter anderem können folgende Beispiele zitiert werden: Adam Opel, Levis Straus, Henry Ford, Bill Gates usw.

SPRACHE
MANUEL 70 • MEMENTO 191-192

Le subjonctif II, mode de l'irréel (TEXT 1)

Dans la deuxième partie du texte, le touriste envisage tout ce que le pêcheur pourrait faire s'il travaillait davantage. Il l'invite à l'imaginer à son tour : *„Stellen Sie sich mal vor, ...!"*.
Tout le passage est donc au subjonctif II, puisqu'il relève de l'hypothèse irréelle.

1 Dans le texte page 62, relevez tous les énoncés contenant un verbe au subjonctif II.

l. 31	*stellen Sie sich mal vor, Sie **führen** heute ein zweites, vielleicht sogar ein drittes Mal aus, …*
l. 32	*… und Sie **würden** drei, vier, vielleicht gar fünf Dutzend Makrelen **fangen**.*
l. 35	*Sie **würden** … nicht nur heute, sondern an jedem günstigen Tag zwei-, dreimal **ausfahren** –*
l. 36	*wissen Sie , was **geschehen würde**?*
l. 38	*Sie **würden** sich spätestens in einem Jahr einen Motor **kaufen können**, in zwei Jahren vielleicht einen kleinen Kutter **haben**,*
l. 39	*dann **würden** Sie natürlich viel mehr **fangen** –*
l. 40	*eines Tages **würden** Sie zwei Kutter **haben**, Sie **würden** …*
l. 41	*Sie **würden** ein kleines Kühlhaus **bauen** …*
l. 42	*Sie **könnten** ein Fischrestaurant **eröffnen**, den Hummer ohne Zwischenhändler direkt nach Paris **exportieren** …*
l. 49	*Dann **könnten** Sie beruhigt hier am Hafen sitzen, in der Sonne **dösen** – und auf das herrliche Meer **blicken**.*

2 La formation du subjonctif II

a. Sur quel radical forme-t-on le subjonctif II présent ?

On forme le subjonctif II présent sur le radical du prétérit.

b. Quelle est la marque du subjonctif que l'on ajoute à ce radical ?

La marque du subjonctif est *-e*.

c. Quelles sont les marques de personnes ?

Les marques de personnes sont celles du type B : ***-Ø, st, Ø, -n, -t, -n.***

d. Quels sont les verbes qui prennent un *Umlaut* au subjonctif II ?

Les verbes qui prennent un *Umlaut* au subjonctif II sont :

- les verbes forts dont la voyelle du radical au prétérit est ***a, o*** ou ***u.***
- les verbes de modalité sauf ***wollen*** et ***sollen***.
- le verbe *wissen* : ***er wüsste***.

3 La forme de remplacement

a. Le subjonctif II présent se distingue-t-il pour tous les verbes du prétérit de l'indicatif ?

Le subjonctif II présent ne se distingue pas du prétérit de l'indicatif pour les verbes faibles ni pour les verbes de modalité ***wollen*** et ***sollen***.

b. À quelle forme a-t-on recours quand le subjonctif II présent ne se distingue pas du prétérit de l'indicatif ?

On a recours à ***würde*** **+ infinitif**.

c. Pour quel type de verbe n'utilise-t-on pas cette forme ?

On n'utilise pas cette forme de remplacement pour les verbes de modalité ***wollen*** et ***sollen***.

d. À quel temps est empruntée cette forme de remplacement ?

Cette forme de remplacement est empruntée au futur.

4 Complétez le tableau en indiquant quand il est nécessaire de recourir à la forme de remplacement *würde* + INF.

INDICATIF PRÉSENT	SUBJONCTIF II PRÉSENT	*würde* +INF	INDICATIF PRÉSENT	SUBJONCTIF II PRÉSENT	*würde* +INF
er stellt	er stellte	✔	wir angeln	wir angelten	✔
es geschieht	es geschähe		sie finden	sie fänden	
sie tut	sie täte		sie können	sie könnten	
ich fotografiere	er fotografierte	✔	er wacht auf	er wachte auf	✔
ihr sollt	ihr solltet		er will	er wollte	
sie geben	sie gäben		er denkt	er dächte	

5 Formulez des vœux irréels.

Was sich der Tourist wünscht

Der Tourist wünscht sich, dass er ein ruhiges Hotel findet.
→ *Wenn ich doch nur ein ruhiges Hotel fände!*

1. … dass das Hotelzimmer aufs Meer geht.
Wenn das Hotelzimmer doch nur aufs Meer ginge!
2. … dass der Hotelkoch anständig kocht.
Wenn der Hotelkoch doch nur anständig kochen würde!
3. … dass es an dem Ort keine anderen Touristen gibt.
Wenn es an dem Ort doch nur keine anderen Touristen gäbe!
4. … dass das Wetter jeden Tag schön ist.
Wenn das Wetter doch nur jeden Tag schön wäre!
5. … dass er Spaziergänge am Hafen machen kann.
Wenn ich doch nur Spaziergänge am Hafen machen könnte!

6 Transformez les énoncés.

Ein Missverständnis

Der Fischer döst in der Sonne, weil er mit seinem Leben zufrieden ist.
→ *Wenn er mit seinem Leben nicht zufrieden wäre, würde er nicht in der Sonne dösen.*

1. Der Tourist fotografiert den Fischer in seinem Boot, weil er das Bild idyllisch findet.
Wenn er das Bild nicht idyllisch fände, würde er den Fischer in seinem Boot nicht fotografieren.
2. Der Fischer wacht auf, weil ihn das Geräusch des Fotoapparats stört.
Wenn ihn das Geräusch des Fotoapparats nicht stören würde, würde er nicht aufwachen.
3. Der Fischer angelt nach seiner Zigarettenschachtel, weil er Lust hat zu rauchen.
Wenn er keine Lust hätte zu rauchen, würde er nicht nach seiner Zigarettenschachtel angeln.
4. Der Tourist bietet dem Fischer eine Zigarette an, weil er mit ihm ins Gespräch kommen will.
Wenn er nicht mit ihm ins Gespräch kommen wollte, böte er dem Fischer keine Zigarette an.
5. Der Tourist stellt dem Fischer Fragen, weil er sein Verhalten nicht versteht.
Wenn er sein Verhalten verstände, würde der Tourist dem Fischer keine Fragen stellen.
6. Der Fischer antwortet in Zeichensprache, weil er keine Lust hat zu sprechen.
Wenn er Lust hätte zu sprechen, würde er nicht in Zeichensprache antworten.

SPRACHE
MANUEL 71 • MEMENTO 193

L'injonction (TEXT 2)

Dans le texte *Vaters Geheimnis*, les injonctions sont pour la plupart à l'impératif, sauf celle qui apparaît à la ligne 21 : „*Aber erst musst du es mir erklären!*" Cette page est donc consacrée essentiellement à la révision de l'impératif, mais il est bon de rappeler aux élèves les autres moyens d'exprimer une injonction.

1 Dans le texte page 66, relevez les énoncés contenant un verbe à l'impératif.

l. 2	*„Mann, **gib** mir doch mal die Kartoffeln herüber!"*
l. 6	*„**Sieh** du doch mal, dass du ihn zum Sprechen bringst, Maxe!"*
l. 15	*„Maxe! Maxe, **denk** dir bloß, morgen früh bin ich meine Fabrik los!"*
l. 19	*„**Bring**'s Mutter sachte bei, ich habe noch immer das Herz nicht dafür!"*
l. 30	*„Vater, ..., **red** doch nicht so was! **Geh** doch zur Regierung ...!"*
l. 31	*„**Erzähl** den Herren doch mal, wie ..."*
l. 38	*„**Behandeln Sie** Ihre Arbeiter anständig!"*

2 L'impératif

a. L'impératif de la deuxième personne du singulier

zeigen	→ zeig(e)	geben	→ gib∅
denken	→ denk(e)	öffnen	→ öffne
fahren	→ fahr(e)	behandeln	→ behandle

– **Comment forme-t-on l'impératif de la 2e personne du singulier ?**

L'impératif de la 2e personne du singulier se forme sur le radical de l'infinitif + ***∅/(e)*** – ***en*** – ***(e)t*** – ***en***.

– **Pour quels verbes le *-e* final est-il facultatif, impossible, obligatoire ?**

Le *-e* final est :

• facultatif pour la majorité des verbes, sauf pour ceux où il est impossible ou obligatoire,

• impossible pour les verbes forts en *-e* dont la voyelle devient *-i* à la 2ᵉ et à la 3ᵉ personne du singulier du présent :

ich gebe, du gibst, er gibt → gib!

• obligatoire pour les verbes à *-e* intercalaire :

ich arbeite, du arbeitest, er arbeitet → arbeite!

b. L'impératif des autres personnes

denken wir / geben wir / öffnen wir / behandeln wir
→ 1ʳᵉ personne du **pluriel**

denkt / gebt / öffnet / behandelt
→ **2ᵉ personne du pluriel**

denken Sie / geben Sie / öffnen Sie / behandeln Sie
→ **forme de politesse**

– **À quelles formes ces formes sont-elles identiques ?**
Les formes de l'impératif sont identiques aux formes du présent de l'indicatif.

– **À quelles personnes apparaît un pronom sujet? Où est-il placé?**
Le pronom sujet apparaît à la première personne du pluriel et à la forme de politesse. Il est placé immédiatement après le verbe.

c. La syntaxe

– **Quelle place le verbe occupe-t-il dans l'énoncé ?**
Le verbe à l'impératif occupe la première place dans l'énoncé injonctif.

– **Où est placé le préverbe pour les verbes à préverbe séparable ?**
Il est en position finale.

3 Les autres moyens d'exprimer une injonction

Du musst es mir erklären! → verbe de modalité
Du sollst dich beeilen! → verbe de modalité
Aufgepasst! → participe II
Herein! → préverbe
Jetzt wird aber gearbeitet! → passif
Aufstehen! → infinitif

4 Mettez à l'impératif.

Herr Reichelt ist geistesabwesend

Du sollst etwas essen! → Iss doch etwas!

1. Du sollst mir das Salz und den Pfeffer reichen.
Reich mir doch das Salz und den Pfeffer!
2. Du sollst nicht immer die Zeitung vergessen.
Vergiss doch nicht immer die Zeitung!
3. Du sollst die Tür aufmachen.
Mach doch die Tür auf!
4. Du sollst mir zuhören.
Hör mir doch zu!
5. Du sollst nicht den ganzen Tag vor dich hin starren.
Starr doch nicht den ganzen Tag vor dich hin!
6. Du sollst dich wieder für deine Familie interessieren.
Interessier dich doch wieder für deine Familie!
7. Du sollst über deine Sorgen sprechen.
Sprich doch über deine Sorgen!
8. Du sollst endlich handeln.
Handle doch endlich!

5 Formulez les revendications des ouvriers.

Die Arbeiter stellen Forderungen

Die Arbeiter wollen, dass man ihre Gehälter erhöht.
→ Erhöhen Sie doch endlich unsere Gehälter!

1. ... dass man ihnen ein dreizehntes Monatsgehalt gibt.
Geben Sie uns doch endlich ein dreizehntes Monatsgehalt!
2. ... dass man das Essen in der Kantine verbessert.
Verbessern Sie doch endlich das Essen in der Kantine!
3. ... dass man im Betrieb einen Kinderhort einrichtet.
Richten Sie doch endlich im Betrieb einen Kinderhort ein!
4. ... dass man ihre Pausen verlängert.
Verlängern Sie doch endlich unsere Pausen!
5. ... dass man ihnen mehr Mitspracherecht gibt.
Geben Sie uns doch endlich mehr Mitspracherecht!
6. ... dass man ihre Arbeit abwechslungsreicher gestaltet.
Gestalten Sie doch endlich unsere Arbeit abwechslungsreicher!
7. ... dass man die Arbeitszeit verkürzt.
Verkürzen Sie doch endlich die Arbeitszeit!
8. ... dass man ihnen die Überstunden besser bezahlt.
Bezahlen Sie uns doch endlich unsere Überstunden besser!

SPRACHE
MANUEL 72

Connaître les mots

1 À partir du schéma ci-dessous, formez le plus de mots composés possible et donnez leur équivalent français.

bearbeiten	travailler qc
mitarbeiten – der Mitarbeiter – die Mitarbeiterin	collaborer – le collaborateur – la collaboratrice
umarbeiten	transformer/remanier
verarbeiten	transformer/assimiler
die Handarbeit	le travail manuel
die Klassenarbeit	le contrôle
die Schwarzarbeit	le travail au noir
der Arbeiter – die Arbeiterin	le travailleur/l'ouvrier – la travailleuse/l'ouvrière
die Arbeiterbewegung – die Arbeiterschaft	le mouvement ouvrier – les ouvriers, les travailleurs
der Arbeitgeber – der Arbeitgeberverband	l'employeur – le syndicat patronal
der Arbeitnehmer – der Arbeitnehmerschutz	l'employé – la protection des travailleurs
das Arbeitsamt	l'Agence nationale pour l'emploi
arbeitslos – das Arbeitlosengeld – die Arbeitslosigkeit	au chômage – l'allocation-chômage – le chômage
der Arbeitsplatz	l'emploi
das Arbeitsrecht – arbeitsrechtlich	le droit du travail – relevant du droit du travail
die Arbeitsteilung	la répartition du travail
der Arbeitsvertrag	le contrat de travail
die Arbeitszeit – die Arbeitszeitverkürzung	le temps de travail – la réduction du temps de travail

2 Décomposez chacun des mots ci-dessous suivant l'exemple proposé, et donnez-en la traduction.

der Abteilungsleiter	der Leiter (le directeur)	die Abteilung (le rayon)	le chef de rayon
der Außenhandel	außen (à l'extérieur)	der Handel (le commerce)	le commerce extérieur
der Betriebsleiter	der Leiter (le directeur)	der Betrieb (l'entreprise)	le chef d'entreprise
der Familienbetrieb	der Betrieb (l'entreprise)	die Familie (la famille)	l'entreprise familiale
der Geschäftsführer	der Führer (le dirigeant)	das Geschäft (l'affaire)	le gérant
der Jahresumsatz	der Umsatz (le chiffre d'affaires)	das Jahr (l'année)	le chiffre d'affaires annuel
der Mitarbeiter	der Arbeiter (le travailleur)	mit (avec)	le collaborateur
die Tochtergesellschaft	die Gesellschaft (la société)	die Tochter (la fille)	la filiale
die Unternehmensgruppe	die Gruppe (le groupe)	das Unternehmen (l'entreprise)	le groupe d'entreprises
der Zwischenhändler	der Händler (le commerçant)	zwischen (entre)	l'intermédiaire

3 Connaissez-vous bien les pluriels ? Chassez l'intrus.

1. Arbeiter – Fischer – ***Vater*** – Händler
2. Fabrik – Gesellschaft – Niederlassung – ***Tochter***
3. Hafen – Vater – Vogel – ***Wagen***
4. ***Bild*** – Boot – Stück – Werk
5. Kampf – Kopf – ***Mann*** – Sohn
6. Auto – Büro – Café – ***Fotoapparat***

4 Connaissez-vous bien les genres ? Chassez l'intrus.

1. Betrieb –***Fabrik*** – Gewinn – Grund
2. Gespräch – ***Sprache*** – Wort – Zeichen
3. Frage – ***Leute*** – Stimme – Straße

5 Tous les mots suivants sont dérivés de *gehen*. Complétez.

los***gehen***	partir
ausgehen	***sortir***
der Aus***gang***	la sortie
der ***Eingang***	l'entrée
der Durchgang	***le passage***
der Zu***gang***	l'accès
zugänglich	accessible

ver***gehen***	passer
ver***gäng***lich	qui passe, éphémère
die Ver***gänglichkeit***	le caractère éphémère
die Vergangenheit	***le passé***
der Fuß***gänger***	le piéton
der Spaziergang	***la promenade***
der ***Spaziergänger***	le promeneur
der Sonnenauf***gang***	le lever du soleil
der Sonnenunter***gang***	***le coucher du soleil***

6 Cherchez l'équivalent français du verbe *gehen* pour chacune des phrases suivantes.

1. Es ist schon spät. Ich muss jetzt gehen.
   Il est déjà tard. Il faut que j'y aille maintenant.
2. Meine Uhr geht nicht richtig.
   Ma montre ne marche pas bien / n'est pas à l'heure.
3. Wie geht es dir?
   Comment vas-tu ?
4. Du gehst mir auf die Nerven.
   Tu me tapes sur les nerfs.
5. Unsere Fenster gehen auf den Garten hinaus.
   Nos fenêtres donnent sur le jardin.
6. Der Schrank ist zu groß. Er geht nicht durch die Tür des Wohnzimmers.
   L'armoire est trop grande. Elle ne passe pas par la porte de la salle de séjour.
7. Seine Arbeit ging ihm über alles.
   Pour lui, son travail passait avant tout.
8. Wenn es nach mir ginge, würden wir gleich gehen.
   Si cela dépendait de moi / Si ce n'était que de moi, nous nous en irions tout de suite.
9. Das geht dich überhaupt nichts an.
   Cela ne te regarde absolument pas.
10. Sie wiederzusehen, ging über seine Kräfte.
    La revoir était au-dessus de ses forces.
11. Es geht mir nur darum, dir zu helfen.
    Tout ce que je veux, c'est t'aider.
12. Worum geht es in diesem Buch?
    De quoi parle ce livre?
13. Du musst zuerst über die Brücke gehen und dann nach links.
    Tu dois d'abord traverser le pont, puis prendre à gauche.

SPRACHE
MANUEL 73

Apprendre à traduire

Tout ça pour rien

Madame Durittke était une femme à la fois consciente de sa valeur et modeste, une femme formidable. Elle s'occupait des porcs et était fière de n'avoir jamais manqué un jour de travail – depuis des années. Elle et son mari n'avaient fait toute leur vie que travailler / avaient passé leur vie à travailler, pour que leurs enfants aient un jour une vie meilleure. Le fils cadet était tombé en France, l'aîné était sous-officier – un superbe gaillard, droit, sur qui on pouvait compter, et dont n'importe quelle armée du monde aurait pu être fière. Un jour, il deviendrait sûrement officier, et alors ils ne se seraient pas éreintés pour rien.

Mais ce n'est pas ce jour-là qui vint. Ce qui arriva, c'est un jour de l'automne 1944 où je vis Madame Durittke traverser la cour, un seau dans chaque main. Cette femme, qui était presque belle, avait l'air d'une vieille femme, absente, un spectre d'elle-même. « Mon Dieu, Madame Durittke, que s'est-il passé ? » Elle me regarda de ses yeux hagards, de ses yeux morts – et soudain elle se retrouva à mon cou, sanglotant sans fin : « Notre Karl est tombé, la nouvelle est arrivée aujourd'hui. Maintenant tout est fini. Maintenant, tout a été pour rien – toute notre vie. »

Marion Gräfin Dönhoff,
Des noms que plus personne ne prononce, 1962

ZUR DEBATTE
MANUEL 74-75

1 Arbeit und Familie

Type de document : *dialogue entre une mère et sa fille*
Thème : *Comment concilier vie familiale et vie professionnelle ?*

Transcription

Durée : 3'24"

Laura, 28, unterhält sich mit ihrer Mutter.

MUTTER Und wie hat dein Chef reagiert?
TOCHTER Mein Chef?

MUTTER Als er erfahren hat, dass du bald deine Stelle am Institut aufgibst?

TOCHTER Meine Stelle? Warum sollte ich die denn aufgeben?

MUTTER Na, wegen des Kindes!

TOCHTER Ich, ich verstehe nicht …

MUTTER Willst du etwa weiter arbeiten, wenn das Kind da ist?

TOCHTER Ja klar!

MUTTER Laura! Du musst dich doch dann um dein Kind kümmern!

TOCHTER Das werde ich doch!

MUTTER Und willst weiter am Institut arbeiten?

TOCHTER Aber warum denn nicht?

MUTTER Willst du etwa sagen, dass dir deine Karriere wichtiger ist als dein Kind?

TOCHTER Beides ist mir wichtig, Mutter. Mein Kind und mein Beruf!

MUTTER Aber der Achim verdient doch genug! Der kann euch doch ernähren!

TOCHTER Das hat damit nichts zu tun! Ich habe nicht all die Jahre studiert und für meine Stelle an diesem Institut gekämpft, um jetzt einfach alles aufzugeben!

MUTTER Aber … dein Kind!

TOCHTER Mutter!

MUTTER Guck doch zum Beispiel die Christiane: Sie war schon fast Direktorin in ihrer Klinik und ist jetzt nur noch Hausfrau. Aber wie glücklich ist sie mit ihrer süßen kleinen Mathilde!

TOCHTER Aber ihre Karriere kann sie vergessen. Später wird sie nie wieder eine so interessante Stelle bekommen.

MUTTER Immerhin ist sie eine gute Mutter! Nicht wie deine Freundin Sabine, die weiter ins Büro geht, anstatt sich um ihren Sohn zu kümmern!

TOCHTER Was erzählst du da?

MUTTER Sie lässt ihr Kind doch von wildfremden Leuten erziehen!

TOCHTER Sabine ist allein erziehende Mutter und muss Geld verdienen. Außerdem gefällt es ihrem Sohn in dem Kinderhort sehr gut!

MUTTER So … Und wer wird sich um dein Kind kümmern?

TOCHTER Wir werden wohl eine Tagesmutter suchen, aber die meiste Zeit wird sich Achim um das Kind kümmern.

MUTTER Achim?

TOCHTER Ja, er hat vor, nach der Geburt des Kindes eine Teilzeitarbeit anzunehmen.

MUTTER Er will nur halbtags arbeiten?

TOCHTER Genau.

MUTTER Und den Haushalt und das Kind übernehmen?

TOCHTER Ja!

MUTTER Alle Achtung!

TOCHTER Aber später, wenn unser Kind größer ist, wird es vielleicht schwieriger.

MUTTER Wieso?

TOCHTER Wenn der Achim wieder voll arbeitet, brauchen wir einen Platz im Kindergarten.

MUTTER Das soll nicht einfach sein.

TOCHTER Genau. Es gibt immer noch nicht genügend Kindergartenplätze. Und auch nicht genug Ganztagsschulen mit Kantine und so weiter.

MUTTER Ganztagsschulen? Dein Kind soll den ganzen Tag in der Schule sein?

TOCHTER Ja, natürlich!

MUTTER Du, das gefällt mir nicht. Während seiner Schulzeit solltest du wirklich zu Hause bleiben. Das ist wichtiger als Geld verdienen.

TOCHTER Mutter! Ich habe flexible Arbeitszeiten am Institut und kann für das Kind da sein, wenn es mich braucht.

MUTTER Ich war immer für euch da, Tag und Nacht!

TOCHTER Mutter! Die Zeiten haben sich geändert. Eine moderne junge Frau gibt wegen eines Kindes nicht einfach ihren Beruf auf!

MUTTER Ich hatte nie einen Beruf, aber ich hatte dafür glückliche Kinder!

TOCHTER Aber als wir dann wegzogen, warst du todunglücklich. Mit einem Beruf …

MUTTER Vielleicht hast du Recht. Mein Leben wurde plötzlich so leer …

TOCHTER Zum Glück hattest du ja deine Aufgabe beim Roten Kreuz.

MUTTER Ja … das hat mir damals viel geholfen.

TOCHTER Und bald wirst du Großmutter! Dann kannst du dich ja auch um dein Enkelkind kümmern und …

Préparation de l'écoute

Vous pouvez sensibiliser les élèves aux problèmes soulevés dans le dialogue qu'ils vont entendre en leur posant une ou deux des questions qui suivent l'exercice 1.

Compréhension

Les élèves doivent bien connaître les différents items de l'exercice pour pouvoir facilement repérer les différents personnages lors de la première écoute. Attention ! Les deux sujets *Arbeit* et *Familie* sont mélangés dans le dialogue, ce qui ne facilite pas l'exercice. Une deuxième écoute phrase par phrase peut être utile lors de la correction.

1 Hören Sie sich das Gespräch an und sagen Sie, was auf wen zutrifft.

ARBEIT	FAMILIE
Laura will ihre Stelle nicht aufgeben.	Laura erwartet ein Baby.
Christiane hat ihre Stelle aufgegeben.	Christiane ist glücklich zu Hause mit dem Kind.
Achim verdient genug Geld.	Sabine ist allein erziehende Mutter.
Sabine muss Geld verdienen.	Sabine bringt das Kind in einen Kinderhort.
Lauras Mutter / Christiane ist Hausfrau.	Achim übernimmt den Haushalt und das Kind.
Achim nimmt eine Teilzeitarbeit an.	Laura / Achim nimmt eine Tagesmutter.
Achim wird nur halbtags arbeiten.	Laura / Achim braucht einen Kindergartenplatz.
Laura hat flexible Arbeitszeiten.	Lauras Mutter / Laura / Achim wird sich um das Kind kümmern.

Expression

Les questions 2 à 5 qui suivent peuvent susciter un réel débat entre les élèves dont les opinions diffèrent sûrement à la fois en fonction de leur propre vécu d'enfants et de leurs projets personnels. Dans la perspective du baccalauréat, vous pouvez inviter les élèves à répondre à une de ces questions par écrit.

Vous trouverez des informations très intéressantes sur la place des enfants dans la vie des femmes en France et en Allemagne dans le livre de Béatrice DURAND : *Cousins par alliance*, Autrement, Paris, 2002.

2 Arbeit und Leben

Type de document : *5 courts témoignages*

Thème : *la place que tient le travail dans la vie*

Transcription

Durée : 3'40"

1 Ich bin Angestellter bei der Post und mache meinen Dienst so gut ich kann, also, ich bin fleißig, pünktlich und immer höflich. Aber diese Arbeit ist für mich nur ein Broterwerb. Mit meinem wirklichen Leben hat sie nichts zu tun. Ich träume nämlich davon, Filmregisseur zu werden. Leider ist mir das bisher noch nicht gelungen, aber ich tue alles, um es zu schaffen. Deshalb arbeite ich in jeder freien Minute an meinen Filmprojekten. Neulich kam einer meiner Kurzfilme in die engere Auswahl für ein internationales Festival. Vielleicht schaffe ich endlich den Durchbruch!

2 Meine Arbeit ist mein ganzes Leben! Ich bin Forscherin in einem Labor und versuche mit meinen Kollegen, ein Mittel gegen Malaria zu entwickeln. Als gebürtige Senegalesin liegt mir das besonders am Herzen. Schon als Kind, nach dem Tod meiner Großmutter, hatte ich mir geschworen, dem Kampf gegen die Malaria mein Leben zu widmen. Hier in Deutschland habe ich die Möglichkeit, das zu tun und – wer weiß – den Kampf vielleicht zu gewinnen. Da ich außerdem noch keine Familie habe, verbringe ich den Hauptteil meiner Zeit im Labor. Nur in den Ferien fliege ich nach Hause zurück, wo ich dann mal nichts tue, außer Freunde und Verwandte zu besuchen und zu feiern.

3 Meine Lebensphilosophie in Bezug auf meinen Beruf? Hier in diesem Betrieb gefällt es mir sehr. Ich habe nette Kollegen und ein interessantes Aufgabengebiet. Dagegen kann ich absolut nichts sagen. Jedoch hatte ich mir mein Leben eigentlich ganz anders vorgestellt, mit mehr Abwechslung, mit Reisen, Abenteuern. Deshalb habe ich den Plan gefasst, im übernächsten Jahr für ein Jahr auszusteigen. Das ist in diesem Unternehmen möglich. Ich arbeite drei Jahre voll, bekomme aber nur Dreiviertel meines Gehaltes. Im vierten Jahr dann bekomme ich den gleichen Lohn und kann mir ein ganzes Jahr lang meinen Traum erfüllen, den Traum von der großen weiten Welt.

4 Arbeit und Leben? Also – je weniger ich arbeiten muss, desto besser. Damit meine ich, dass ich mir von der Arbeit nicht das Leben kaputt machen lasse. Ich jobbe mal hier, mal da, und wenn ich genug Geld habe, arbeite ich zeitweise sogar gar nicht. Ich bin Single und lebe sehr einfach. Das Einzige, was ich brauche, ist Zeit, viel Zeit. Und zwar für Videospiele. Wenn ich vor meinem Computer sitze und spiele, geht's mir gut. Dann fahre ich total ab in andere Welten. Da vergesse ich alles um mich herum. Freunde meinen zwar, ich sei spielsüchtig, aber die wissen eben nicht, wovon sie sprechen.

5 Ich versuche, die goldene Mitte zu treffen, nicht zu viel Arbeit, aber auch nicht zu wenig. Ich bin Heizungsinstallateur und habe meinen Beruf sehr gern. Als selbstständiger Handwerker kann ich mir meine Arbeitszeit auch selbst einteilen. Leider muss ich dennoch oft bis spät abends arbeiten, denn die Kunden sind ja König und wollen immer alles sofort installiert oder repariert haben. Na ja, dabei verdiene ich aber auch gutes Geld. Deshalb leiste ich mir dreimal im Jahr einen längeren Urlaub, wo ich mit meiner Lebenspartnerin in ferne Länder reise und das Leben genieße.

Compréhension

1 Was sagen folgende Personen über ihr Leben im Verhältnis zu ihrer Arbeit? Ergänzen Sie.

Les élèves peuvent chercher à compléter l'exercice avant l'écoute, puis vérifier en écoutant l'enregistrement s'ils avaient trouvé la bonne solution.

1. Seine Arbeit bei der Post ist für ihn nur ein ***Brot-*** erwerb. Mit seinem wirklichen ***Leben*** hat sie nichts zu tun. Er ***träumt*** davon, Filmregisseur zu werden.
2. Sie ist Forscherin in einem Labor und will ein Mittel gegen Malaria entwickeln. Sie will ihr ***Leben*** dem Kampf gegen die Malaria widmen.
3. Trotz ihrer interessanten Arbeitsstelle will sie ein Jahr ***aussetzen***, um sich ihren Traum von der großen weiten ***Welt*** zu erfüllen.
4. Er lässt sich von der Arbeit sein Leben nicht ***kaputt*** machen und jobbt mal hier, mal da. Er ist ***Single*** und lebt sehr einfach, aber er braucht viel ***Zeit*** für seine Videospiele.
5. Er versucht, die goldene ***Mitte*** zu treffen, nicht zu viel Arbeit, aber auch nicht zu ***wenig***. Als Handwerker arbeitet er oft bis spät abends. Er verdient aber auch gutes ***Geld*** und macht dreimal im Jahr längeren ***Urlaub***.

Expression

2 Welche der Vorstellungen von Arbeit und Leben, die hier zum Ausdruck kommen, entspricht am ehesten Ihrer eigenen?

Après une deuxième écoute de l'enregistrement, durant laquelle les élèves peuvent prendre des notes, le travail se poursuit à deux. Chacun explique à son partenaire les raisons de son choix. Celui-ci a alors pour tâche de rapporter à la classe ce que son camarade lui a dit.

3 Arbeitsziele

Commencer par élucider les différents termes. Cet exercice peut être l'élargissement de l'exercice 2 de l'enregistrement précedent. Il est aussi une bonne manière de réviser du vocabulaire.

4 Arbeit macht das Leben süß ...

1 Was hat dieses Buch, von dem Sie hier den Umschlag sehen, wohl mit dem Thema Arbeit zu tun? Worum geht es Ihrer Meinung nach darin?

Dieses Handbuch erklärt Berufstätigen, wann, wie, für wie lange, mit welchen Rechten usw. man eine Pause im Berufsleben einlegen, also eine gewisse Zeit aussteigen kann.

2 Was würden Sie mit einem freien Jahr anfangen?

Pour favoriser la discussion et rendre l'exercice plus amusant, vous pouvez procéder de la manière suivante : chaque élève note un projet sur une feuille. Le professeur ramasse les feuilles et les lit à la classe qui doit à chaque fois en deviner l'auteur.

3 Finden Sie heraus, welche der Sätze Sprichwörter sind und welche Graffiti.

Sprichwörter:

- Arbeit bringt Brot, Faulheit bringt Not.
- Ohne Fleiß kein Preis.
- Wer rastet, der rostet.
- Morgenstund' hat Gold im Mund.
- Arbeit macht aus Steinen Brot.
- Erst die Arbeit, dann das Spiel.
- Was du heute kannst besorgen, das verschiebe nicht auf morgen.
- Arbeit adelt.

Graffiti:

- Lieber acht Stunden Büro am Tag als gar keinen Schlaf.
- Man muss zwar nicht unbedingt dumm sein, um hier zu arbeiten, aber es erleichtert die Sache ungemein.
- Dem Alltagsstress kann man entgehen, vermeidet man es aufzustehen.
- Kluge leben von den Dummen, Dumme leben von der Arbeit.
- Ohne Fleiß kein Verschleiß.
- Der Student studiert, der Arbeiter arbeitet, der Chef scheffelt.
- Hauptsache, man ist gesund und die Frau hat 'ne Arbeit.

4 Welche Sprüche gibt es auch im Französischen?

On n'a rien sans peine.

Le monde appartient à ceux qui se lèvent tôt.

Ne remets pas au lendemain ce que tu peux faire le jour même.

5 Kennen Sie ähnliche Sprüche zur Arbeitswelt auf Französisch und können Sie sie ins Deutsche übersetzen?

N.B. Die Übersetzungen in Klammern sind keine Sprichwörter im Deutschen!

Qui ne pétrit, bon pain ne mange. (Wer den Teig nicht knetet, wird kein gutes Brot essen.)

Plus fait celui qui veut que celui qui peut. Wer will, schafft mehr als der, der kann.

Il n'y a que le premier pas qui coûte. (Nur der erste Schritt kostet Mühe.)
Aller Anfang ist schwer.

C'est en forgeant que l'on devient forgeron.	(Durch Schmieden wird man Schmied.) Übung macht den Meister.
Il faut casser le noyau pour avoir l'amande.	Man muss die Nuss knacken, will man den Kern haben.
Les cordonniers sont les plus mal chaussés.	(Die Schuster tragen das schlechteste Schuhwerk.)
Besogne qui plaît est à demi faite.	(Arbeit, die Freude macht, ist schon zur Hälfte fertig.)
Il n'y a pas de sots métiers, il n'y a que de sottes gens.	(Es gibt kein dummes Handwerk, es gibt nur dumme Leute.)
Qui n'avance pas recule.	(Wer nicht vorankommt, fällt zurück.)
Toute peine mérite salaire.	Jede Arbeit ist des Lohnes wert.
L'oisivité est la mère de tous les vices.	Müßiggang ist aller Laster Anfang.

6 Welchem der Sprüche würden Sie zustimmen? Sagen Sie auch warum.

Cette question peut faire l'objet d'un bref exercice de rédaction.

LANDESKUNDE
MANUEL 76-77

Eine Antwort auf die Arbeitslosigkeit: das Modell VW

Cette page se prête bien à un travail interdisciplinaire avec le professeur d'histoire-géographie ou d'économie. Elle s'adresse bien sûr en priorité aux classes de ES, mais elle peut intéresser tous les élèves, à la fois parce qu'elle permet un bref survol de l'évolution économique de l'Allemagne depuis les années 30 et en particulier depuis la fin de la Deuxième Guerre mondiale, mais aussi parce qu'elle est l'occasion d'aborder en allemand un sujet très actuel : le problème du chômage et de la répartition du temps de travail.

Ce sera donc le moment d'apprendre un minimum de vocabulaire indispensable pour traiter ce genre de sujet. Vous pourrez demander aux élèves de faire la liste de tous les termes spécifiques qui apparaissent sur cette page, éventuellement en leur donnant les mots français correspondants et en leur demandant de retrouver les mots allemands à l'aide du contexte.

Le travail proposé p. 72 dans la rubrique CONNAÎTRE LES MOTS (exercices 1 et 2) sera une bonne préparation à la lecture de cette page.

ANDERS SEIN

L'ensemble de ce dossier est consacré aux difficultés que peuvent rencontrer dans la vie ceux qui sont différents des autres et à l'attitude qu'ont les autres à leur égard.

- Le TEXTE 1, *Ausgrenzung*, extrait du beau roman de W. A. Mitgutsch, nous montre comment un enfant autiste et sa mère sont mis d'emblée à l'écart par des voisins incapables d'accueillir quiconque ne rentre pas dans leur vision d'un monde où il va de soi qu'on ne peut être que « normal » et heureux.
- Le TEXTE 2, *Zivilstation*, nous raconte l'histoire d'un jeune homme dyslexique : comment après avoir d'abord souffert de son handicap, il a appris à le surmonter et à découvrir en lui des ressources qu'il n'aurait peut-être jamais exploitées sans ces difficultés.
- Le TEXTE 3, *Unser Vater*, est une évocation de Thomas Mann par sa fille Erika. Il nous présente une autre manière d'être « différent », celle des créateurs.
- La double page ZUR DEBATTE est construite autour de deux enregistrements (*Integrative Grundschule*, sur la place des enfants handicapés à l'école, et *Einmal wie alle sein*, qui met en scène une jeune fille qui ne peut pas vivre tout à fait normalement parce qu'elle est diabétique) et d'un document iconographique sur les couples homosexuels, qui peut servir de point de départ à une réflexion sur leur statut dans la société.
- Enfin, la page KULTUR présente les artistes de *Worpswede* qui ont voulu peindre différemment et vivre en accord avec leur manière de peindre. C'est pour les élèves l'occasion de découvrir des artistes qui restent fort peu connus en France.

TEXT 1

Manuel 80-83

Ausgrenzung

Type de texte : *extrait de roman*

Thème : *Marta et son fils Jakob, un enfant autiste, sont invités par leurs nouveaux voisins.*

Objectif linguistique : *le discours indirect (manuel p. 88)*

L'auteur : *Waltraud Anna Mitgutsch (voir manuel p. 83)*

Ce texte est extrait d'un roman qui nous raconte l'histoire de Marta et de son fils Jakob. Nous voyons cette femme s'éloigner de plus en plus des autres pour ne pas abandonner son fils et, se mettant elle-même à l'écart autant qu'elle y est mise par les autres, s'enfermer peu à peu dans un isolement tragique que représente bien le tableau de Kandinsky. La scène que nous avons choisie illustre parfaitement le titre du roman *Ausgrenzung* : c'est à travers ces mille et un petits faits de la vie quotidienne et ces réflexions apparemment innocentes, mais lourdes d'implications, que se fait le plus sûrement l'exclusion de celui qui est différent.

1 Wer sind Marta und Jakob?

Marta ist die Mutter eines autistischen Kindes, Jakob.

2 Zu wem gehen sie?

Sie gehen zu ihren neuen Nachbarn, den Turners.

3 Wo spielt die Szene?

Die Szene spielt bei Turners.

4 Was erfahren wir über die Familie Turner?

– **Seit wann wohnen sie in der Siedlung?**

Die Turners sind im Sommer in die Siedlung gezogen.

– **Wie ist ihr Haus?**

Sie sind dabei, das Haus zu renovieren und haben schon den alten Eisenzaun abgerissen. Im Text wird *die Sitzgarnitur am Rand des Swimmingpools* erwähnt. Daraus kann man den Schluss ziehen, dass sie in guten Verhältnissen leben.

– **Wie stellt sich die Familie dar?**

Sie gibt von sich das Bild einer glücklichen, unkomplizierten und sehr aufgeschlossenen Familie.

5 Was erfahren wir über die Kinder der Familie Turner?

– **Was sagt Marianne über sie?**

Marianne spricht von ihren Kindern, als ob sie für sie Werbung machen wollte: *so sonnige, wunderbare Kinder findest du selten, so ganz und gar gutmütig und unkompliziert.* Diese Kinder sollen außerdem sehr aufgeschlossen sein und mit jedem zurechtkommen, *sogar mit einem Schwerbehinderten.*

– **Beschreiben Sie, wie sie sich Jakob gegenüber verhalten und wie Jakob auf sie reagiert.**

Sie gehen sofort auf Jakob zu und überfallen ihn mit Anweisungen und Befehlen. Jakob leistet keinen Widerstand und fügt sich völlig passiv.

6 Wie verläuft das Gespräch zwischen den beiden Frauen?

– **Wovon sprechen sie?**

Sie sprechen eigentlich nur von Mariannes Glück.

– **Was erzählt Marta von sich?**

Marta erzählt gar nichts von sich. Das Einzige, was sie sagt, bezieht sich auf das, was Marianne erzählt, und ist nur eine schüchterne Frage: *Vielleicht, schlug Marta vor, bist du, was man eine glückliche Natur nennt?* (Z. 25)

– **Wer spricht am meisten?**

Marianne spricht die ganze Zeit, ohne sich viel um Martas Reaktionen zu kümmern. Sie zeigt nicht das geringste Interesse für ihre Besucherin.

7 Was erfahren wir über Marianne?

– **Worüber ist sie glücklich?**

Sie ist glücklich über ihre Kinder *(ich sehe meine Kinder an und bin glücklich)*, über das Leben *(ich schaue in der Früh zum Fenster hinaus und freue mich)*, eigentlich über alles *(ich suche mir immer neue Anlässe, glücklich zu sein)*. Sie scheint ihr Leben in einem ständigen Zustand der Verzückung und des Glücks zu verbringen.

– **Welches ist der Preis für ihr Glück?**

Dieses Glück hat allerdings einen Preis, den Verzicht: *Dann erzählte sie mit lauter, rechthaberischer Stimme von dem Preis für ihr Glück, ihrem Verzicht, dem restlosen Verzicht wohlgemerkt, zugunsten von Mann und Kindern, ob Marta glaube, das sei ihr leicht gefallen?* (Z. 30)

– **Inwiefern hält sie dieses Glück für ihr Verdienst?**

So macht sie ihr Glück zu ihrem Verdienst: *Drei Jahre lang habe sie so um ihr Glück gerungen, die Unzufriedenheit niedergerungen, die Langeweile des Hausfrauendaseins* (Z. 33). Es muss ein harter Kampf gewesen sein, wie aus der Wiederholung des Wortes *ringen* hervorgeht. Diesen Kampf hat sie gewonnen und sie ist stolz darauf.

8 Wie fühlt sich Marta …

– **als Marianne sie zum Kaffee einlädt?**

Als Marianne sie zum Kaffee einlädt, ist Marta sehr glücklich darüber. Sie, die sich so einsam fühlt, empfindet diese Einladung als eine schöne Überraschung und sagt sofort mit Begeisterung zu: *Aufgeregt, mit Jakob an der Hand, lief sie über die Straße, glücklich, als habe sie irgend etwas Großes erreicht, ein unerwartetes Glück.* (Z. 8)

– **während Marianne von ihrem Glück erzählt?**

Während Marianne von ihrem Glück erzählt, bleibt Marta still. Sie wagt nur eine schüchterne Frage, die sofort zurückgewiesen wird, und sie fühlt sich immer kleiner und unscheinbarer:

Z. 18 *So großzügig alles, warum schaffe ich so was nicht, dachte Marta und kam sich so klein vor, so unfähig und ein wenig gedemütigt.*

– **als Marianne von ihren normalen Kindern spricht?**

Als Marianne von ihren *normalen* Kindern spricht, empfindet das Marta als verletzend: *warum legte sie eine so große Betonung auf das Wort normal?* Doch anstatt irgendetwas zu sagen, verstärkt sich das Gefühl ihrer Unzulänglichkeit und sie schweigt.

Z. 38 *Plötzlich fror Marta am Rande des Swimmingpools unter dem Sonnendach, geduckt saß sie da, niedergedrückt von diesem Imperativ des Glücks, dem sie nicht standhielt.*

9 Warum reißen Turners den Zaun ab? Entspricht ihr sonstiges Verhalten der Symbolik eines solchen Handelns?

Sie reißen den Zaun ab, weil es in Amerika, wo sie vorher gelebt haben, keine Zäune gibt: *denn in Amerika, wo sie ein Jahr lang auf einem Campus gewohnt hatten, gäbe es keine Zäune, erzählten sie, da ginge ein Grundstück ins andere über* (Z. 3). Diese Aufhebung jeder Grenze soll von ihrer Aufgeschlossenheit zeugen. Sie geben sich als kontaktfreudige, vorurteilslose Menschen, die bereit sind, jeden zu akzeptieren, wie er ist. Wir sehen aber in dieser Szene, dass sie in Wirklichkeit nur „normale" Menschen akzeptieren, Menschen, die in ihr Konzept vom Glück passen. Kaum sind Marta und Jakob bei ihnen, errichten sie eine Mauer um sie herum.

10 Marianne spricht viel von ihrem Glück. Ist sie Ihrer Meinung nach glücklich? Warum spricht sie so viel davon?

Sie redet so viel und mit solcher Überschwänglichkeit von ihrem Glück, dass man das Gefühl hat, dass irgendetwas nicht stimmt. Sie spricht mit lauter, rechthaberischer Stimme und lässt nicht den geringsten Einwand gelten, was meistens ein Zeichen von innerer Unsicherheit ist. Es ist, als ob sie nicht bloß Marta, sondern vor allem sich selbst davon überzeugen wollte, dass sie tatsächlich glücklich ist.

11 Wie schafft sie es, Marta das Gefühl zu geben, diese sei an ihrem Unglück selbst schuld?

Indem sie immer wieder auf ihre Verdienste hinweist, gibt sie Marta zu verstehen, dass ihr Unglück auf ihre Unfähigkeit, ihre *Unreife* zurückzuführen ist.

Z. 27 *Ob Marta denn glaube, das Glück sei so leicht erworben, fragte sie, reif müsse man sein, für die Ehe zum Beispiel, für gesunde Kinder, unreife Menschen bekämen das alles nicht, das wäre ja unfair.*

12 Zeigen Sie Parallelen auf

– **zwischen Mariannes Verhalten und dem Verhalten ihrer Kinder.**

Marianne verhält sich mit Marta nicht viel anders als ihre Kinder sich mit Jakob verhalten. Sowohl Marianne als auch ihre Kinder lassen dem Anderen überhaupt keinen Raum und behandeln ihn, als wäre er eine Puppe. So wie die Kinder von Jakob Besitz ergreifen und sich eigentlich gar nicht um seine Wünsche und Gefühle kümmern, so nimmt Marianne überhaupt keine Rücksicht auf Marta. Sie erzählt nur von sich, spricht *unaufgefordert* von ihrem Glück, mit einem unerschütterlichen Überlegenheitsgefühl. Sie achtet nicht auf die Wirkung ihrer Worte auf Marianne und zeigt nicht das geringste Interesse für sie, so dass Marta kaum zu Wort kommt.

– **zwischen Jakobs Reaktion auf die Kinder und Martas Reaktion auf Marianne.**

Sie bleiben beide passiv und unfähig, sich gegen die anderen zu wehren.

Z. 16 *Das Kind fügte sich willig und verwirrt.*

Z. 39 *… geduckt saß sie da, niedergedrückt von diesem Imperativ des Glücks, dem sie nicht standhielt.*

Entraînement à l'oral du bac

Résumer

Die Szene spielt bei der Nachbar***in*** von Marta und Jakob. Die Turners laden sie zum ***Kaffee*** ein. Marta nimmt die ***Einladung*** sofort an, so ***glücklich*** ist sie, endlich einmal aus ihrer ***Einsamkeit*** herauszukommen. Doch sofort spürt sie, dass Jakob nicht als ***normaler*** Mensch behandelt wird. Je mehr Marianne von ihrem ***Glück*** erzählt, desto mehr hat Marta das ***Gefühl***, dafür ***verantwortlich*** zu sein, dass ihr Sohn ***behindert*** ist und sie nicht so ***glücklich*** ist wie Marianne.

TEXT 2
MANUEL 84-86

„Zivilstation"

ENTRAÎNEMENT À L'ÉCRIT DU BAC

Type de texte : *article paru dans* Jetzt, *le magazine pour les jeunes de la* Süddeutsche Zeitung
Thème : *portrait d'un jeune homme dyslexique*
Objectif linguistique : *le degré de l'adjectif et la comparaison (manuel p. 89)*

Ce texte n'étant pas difficile, il offre un support idéal pour entraîner des élèves qui manquent de confiance en eux à l'écrit du bac. Beaucoup de faits précis à repérer sur lesquels les élèves pourront s'appuyer pour traiter les sujets proposés pour l'expression. Pour les élèves faibles, vous pouvez supprimer les exercices 9 et 10 qui demandent de bien maîtriser la langue, et privilégier dans la notation les exercices 11 et 12.

1 Richtig oder falsch? Begründen Sie Ihre Antwort mit einem Zitat aus dem Text.

	R	F
1. Der Spitzname *Zivilstation* ist für Jan mit schönen Erinnerungen verbunden.		✔
2. In der Schule zeigten seine Mitschüler viel Verständnis für seine Schwierigkeiten.		✔
3. Er besuchte vierzehn verschiedene Schulen.	✔	
4. Er hatte große Schwierigkeiten beim Lesen und Schreiben.	✔	
5. Mit fünf Jahren hörte er zum ersten Mal von Legasthenie.		✔

	R	F
6. Bis er erfuhr, was Legasthenie ist, lebte er in dem Glauben, er sei dumm.	✔	
7. Das war für ihn so schwer zu ertragen, dass er sogar an Selbstmord dachte.	✔	
8. Er beschloss, einen Kurs für Legastheniker zu besuchen.		✔
9. In dem Deutschkurs, den er mit 18 besuchte, war er der einzige Deutsche.	✔	
10. Daher war er zum ersten Mal in seinem Leben auch der Beste.		✔

	R	F
11. Trotz dieses Kurses kann er heute immer noch nicht richtig lesen und schreiben.		✔
12. Er hatte eine Zeit lang eine eigene Firma.	✔	
13. Er verdient 8000 DM pro Monat.		✔
14. Er möchte eine Filmhochschule besuchen.	✔	
15. Dank seiner Legasthenie hat er seine Begabung für das Malen entdeckt.	✔	

2 Versuchen Sie die Bedeutung folgender Wörter aus ihrem Kontext zu erschließen und übersetzen Sie sie ins Französische.

1. *der Spitzname* (Z. 4)	le surnom
2. *die Aufnahmeprüfung* (Z. 9)	l'examen d'entrée
3. *die Legasthenie* (Z. 11)	la dyslexie
4. *fließend* (Z. 14)	couramment
5. *buchstabieren* (Z. 21)	épeler
6. *entziffern* (Z. 25)	déchiffrer
7. *sich anmelden* (Z. 32)	s'incrire
8. *die Rechtschreibung* (Z. 37)	l'orthographe
9. *fehlerfrei* (Z. 37)	sans faute
10. *ausgleichen* (Z. 41)	compenser

3 Fassen Sie die verschiedenen Etappen in Jans Entwicklung zusammen.

Bis er zehn war, glaubte Jan, er sei dumm, weil er nicht wie die anderen lesen und schreiben lernen konnte. Mit 10 Jahren hörte er zum ersten Mal von Legasthenie. Aber das Leben wurde trotzdem nicht einfacher für ihn, weil er immer noch nicht richtig lesen und schreiben konnte. Mit 18 Jahren war er so verzweifelt, dass er an Selbstmord dachte. Schließlich erlaubte ihm ein Deutschkurs für Ausländer, Deutsch noch einmal ganz von vorne zu lernen und große Fortschritte zu machen. Heute liest er aus Spaß und schreibt fast fehlerfrei. Er weiß jedoch, dass er immer Legastheniker bleiben wird, das heißt ein Mensch, der anders denkt als die anderen, nonverbal. Gleichzeitig ist er sich darüber im Klaren, dass die Legasthenie ihm erlaubt hat, andere Aspekte seiner Persönlichkeit zu entdecken und zu entwickeln.

4 *Wäre ich kein Legastheniker, wäre ich nicht so geworden, wie ich bin,* sagt Jan (Z. 11). Wie meint er das?

Dass er seine Begabung für das Zeichnen und Malen entdeckt und sie auch entwickelt hat, hat er der Legasthenie zu verdanken. Außerdem musste er stark sein: *Mit 18 Jahren war er so verzweifelt, dass er sich selbst vor die Wahl stellte, sich entweder von einer Brücke zu stürzen oder etwas zu ändern* (Z. 29).

5 Erklären Sie den Satz: *Ich denke nicht daran, mir von der Legasthenie mein Leben diktieren zu lassen* (Z. 26).

Er hat durch die Legasthenie gelernt, seine Schwäche durch Stärken auf anderen Gebieten auszugleichen und nie von vornherein aufzugeben. „*Anstatt von vornherein zu denken* Hilfe, das kann ich nicht, *versuche ich es einfach erst mal.*" (Z. 27)

6 Übersetzen Sie den Text von Zeile 29 *(Diese Gelassenheit ...)* bis Zeile 40 *(... in Gefühlen).*

Il n'a pas toujours été aussi décontracté : À 18 ans, il était si désespéré qu'il se plaça lui-même devant l'alternative, soit de se jeter d'un pont, soit de changer quelque chose. Dans l'école où il était alors, on proposait un cours d'allemand pour les étrangers, et il s'inscrivit. Bien qu'il fût le seul Allemand à suivre ce cours, il était loin d'être le meilleur. Mais pour une fois enfin, il n'était pas non plus le plus mauvais, et il réapprit l'allemand depuis le début. Il comprit enfin la différence entre le datif et le génitif, et fit de grands progrès en orthographe. Aujourd'hui, Jan écrit presque sans fautes, et il lit par plaisir d'énormes livres. Pourtant, il restera toute sa vie un dyslexique, comme il le dit lui-même : « Je pense autrement que les non-dyslexiques. Je pense de manière non verbale, en sentiments. »

7 Verbinden Sie beide Sätze mit einer Konjunktion.

1. Die anderen Kinder lernten schnell lesen und schreiben. Jan dagegen schaffte es nicht.
Während die anderen Kinder schnell lesen und schreiben lernten, schaffte Jan es nicht.
2. Jan wusste nicht, dass er Legastheniker war. Deswegen dachte er, er sei dumm.
Da Jan nicht wusste, dass er Legastheniker war, dachte er, er sei dumm.
3. Einmal las er *Zivilstation* statt *Zivilisation*. Da lachten alle seine Mitschüler.
Als er einmal Zivilstation *statt* Zivilisation *las, lachten alle seine Mitschüler.*
4. Jan ist Deutscher. Er musste trotzdem mit 18 noch mal ganz von vorne anfangen, Deutsch zu lernen.
Obwohl Jan Deutscher ist, musste er mit 18 noch mal ganz von vorne anfangen, Deutsch zu lernen.
5. Er hat endlich den Unterschied zwischen Dativ und Genitiv verstanden. Seitdem hat er große Fortschritte in der Rechtschreibung gemacht.
Seit er endlich den Unterschied zwischen Dativ und Genitiv verstanden hat, hat er große Fortschritte in der Rechtschreibung gemacht.

8 *Wie* oder *als*? Ergänzen Sie die Sätze.

1. In der Schule merkte Jan sehr schnell, dass er anders war ***als*** die anderen Kinder.
2. Er konnte nicht so gut lesen ***wie*** die anderen.

3. Er war viel langsamer ***als*** sie.
4. Dafür konnte er besser zeichnen ***als*** sie.
5. ***Wie*** alle Legastheniker denkt er nonverbal, in Gefühlen.
6. Deswegen hat er sich schon immer viel lieber durch Bilder ***als*** durch Worte mitgeteilt.
7. Aber darauf wurde in der Schule nie so viel Wert gelegt, ***wie*** er es sich gewünscht hätte.
8. Erst ***als*** Erwachsener begann er, sich von den anderen anerkannt zu fühlen.
9. Für eines seiner Werke wurde ihm einmal mehr angeboten, ***als*** er je erwartet hätte.
10. Heute betrachtet er seine Legasthenie fast ***als*** Chance.

9 Suchen Sie im Text nach allen Sätzen von Jan, die in der direkten Rede zitiert werden. Setzen Sie sie in die indirekte Rede.

Jan erzählt, sein ganzes Leben sei von seiner Legasthenie bestimmt. Wäre er kein Legastheniker, wäre er nicht so geworden, wie er ist. (Z. 10)

Bis er zehn gewesen sei, habe er nie von Legasthenie gehört. Er habe die ersten fünf Schuljahre in dem Glauben gelebt, er sei dümmer als alle anderen. Das präge. (Z. 14)

Er denke nicht daran, sich von der Legasthenie sein Leben diktieren zu lassen. Anstatt von vornherein zu denken *Hilfe, das kann ich nicht,* versuche er es einfach erst mal. (Z. 26)

Er denke anders als Nicht-Legastheniker. Er denke nonverbal, in Gefühlen. (Z. 39)

Er sehe seine Legasthenie fast als Chance. Ohne sie hätte er nie das Malen entdeckt. Manchmal sei er fast dankbar. (Z. 44)

10 Ergänzen Sie.

Tobias ist auch Legastheniker. Er ist jetzt achtzehn Jahr***e*** ***alt***, aber bei schwierigen Wörter***n*** muss ***er*** Buchstabe für Buchstabe aneinander reihen, wie es klein***e*** Kind***er*** machen. Schwierig***e*** Wörter werden für ***ihn*** auch nach d***em*** hundertsten Les***en*** und Schreib***en*** nicht einfacher. In ***der*** Schule war er immer langsamer ***als*** die ander***en*** Schüler. Er geht jetzt in ***die*** elfte Klasse ein***er*** Schule für Schwerhörige und macht dies***es*** Jahr die mittler***e*** Reife. Es ist ***die*** achte Schule, ***die*** er besucht, und ***die*** erste, in ***der*** auf seine Legasthenie Rücksicht genommen ***wird***. Eigentlich ist er ein∅ gut***er*** Schüler, er ist ***in*** Mathe hervorragend, im Mündlichen steht er auch in Deutsch und Englisch auf Eins. Wie aber soll∅ ein∅ Lehrer einen Aufsatz benoten, ***der*** zwar inhaltlich gut∅ ist, ***aber*** auf jed***er*** Seite fast 40 Rechtschreibfehler hat?

TEXT 3
MANUEL 87

Unser Vater

Type de texte : *texte autobiographique, extrait d'une lettre de Erika Mann*

Thème : *évocation de Thomas Mann tel que le voyaient ses enfants*

L'auteur : *Erika Mann (1905 - 1969) est l'aînée des enfants de Thomas Mann. Elle s'est fait connaître à la fois en tant qu'actrice, journaliste et écrivain, auteur en particulier de nombreux livres pour enfants. Très engagée dans la lutte contre le nazisme, elle quitte l'Allemagne en 1933 pour la Suisse, puis les Etats-Unis. À partir de 1952, elle revient en Suisse et vit auprès de son père dont elle devient une très proche collaboratrice. Après la mort de Thomas Mann en 1955, elle se consacre à l'édition de ses œuvres et de ses lettres.*

Ce texte est court et extrêmement facile. Vous pourrez donc l'étudier sans difficulté dans une classe faible ou avec des élèves de deuxième langue. Il peut servir de point de départ à une découverte de Thomas Mann. Pour les élèves désireux de lire une œuvre de cet écrivain, nous recommandons les *Buddenbrooks*, plus facile d'accès que la plupart de ses autres œuvres.

1 Wie unterschied sich Thomas Mann von anderen Vätern?

Z. 3 *Andere Väter frühstückten mit der Familie, gingen ins Geschäft, ins Büro, in die Fabrik. Den unseren sahen wir erst beim Mittagessen. Inzwischen war er nirgends hingegangen – höchstens spazieren.*

Z. 26 *Schlechte Noten störten ihn nicht.*

2 Warum war er so anders als andere Väter?

Z. 6 *Er war Schriftsteller und als solcher berühmt.*

Z. 17 *auffallender Weise wollte er fleißig sein; er musste, offenbar und von innen heraus, immerzu schreiben oder – mindestens – nachdenken.*

3 Was erwartete er von seinen Kindern?

Er erwartete von ihnen, dass sie ihn in Ruhe ließen und nicht bei seiner Arbeit störten.

Z. 24 *Wenn er schrieb oder nachdachte, brauchte er Ruhe, und wir hatten leise zu sein.*

4 Welche Stellung hatte er in der Familie?

Er stand im Mittelpunkt. Alle nahmen Rücksicht auf sein Bedürfnis nach Ruhe, sowohl die Kinder als auch die Mutter.

Z. 30 *... noch ungerner veranlasste unsere Mutter ihn zu etwas, das er ungern tat.*

5 Ist sein Anderssein hier ein Problem für seine Tochter?

Sein Anderssein scheint sie nicht zu stören, sie ist sogar stolz auf ihren Vater.

Z. 15 *Auch dass er so fleißig war, machte uns Eindruck.*

6 Sind Sie der Meinung, dass es schön ist, einen solchen Vater zu haben? Warum (nicht)?

Dieser Vater war zwar weniger präsent für seine Kinder, als andere Väter es sein können, aber er war auch faszinierend, wie der Name zeigt, den die Kinder ihrem Vater gegeben hatten: „der Zauberer". Sie freuten sich, wenn er ihnen etwas vorlas, vor allem wenn er ihnen etwas vorlas, was er selbst geschrieben hatte.

Z. 14 *Es gefiel uns sehr.*

7 Informieren Sie sich über Thomas Mann: sein Leben, seine Kinder, seine Hauptwerke.

Ce texte peut être le prétexte à un exposé sur Thomas Mann. Outre les encyclopédies auxquelles les élèves peuvent avoir accès au CDI, nous vous recommandons les deux sites suivants:

- en français : http:/membres.lycos.fr/thomasmann
- en allemand : www.dhm.de/lemo/html/biografien/MannThomas/index.html

SPRACHE

MANUEL 88 • MEMENTO 190-192

Le discours indirect (TEXT 1)

Dans le texte *Ausgrenzung* qui raconte la première visite de Marta chez sa voisine Marianne, nous trouvons une alternance de passages au discours direct (non marqué par des guillemets) et de passages au discours indirect, marqué par des formes verbales au subjonctif I ou au subjonctif II. Ces deux façons de rapporter la conversation entre les deux femmes apparaissent tour à tour tout au long du texte et s'enchaînent sans rupture.
Il est intéressant de constater que le discours indirect n'est utilisé que pour rapporter les paroles de Marianne, ce qui tient au fait que la perspective narrative choisie par l'auteur est celle de Marta : tout ce que dit Marianne passe par le filtre de Marta, et le lecteur reçoit les paroles de Marianne de la même manière que Marta les ressent.

1 Dans le texte page 80, relevez les paroles rapportées au discours indirect.

l. 3	*..., denn in Amerika, wo sie ein Jahr ... gewohnt hatten, **gäbe** es keine Zäune, (erzählten sie), da **ginge** ein Grundstück ins andere **über**.*
l. 20	*Aber die Turners **wollten** nicht angeben, (beteuerten sie), sicher, es **ginge** ihnen sehr gut, und ...*
l. 27	*Ob Marta denn **glaube**, das Glück **sei** so leicht **erworben**, (fragte sie), ...*
l. 28	*... reif **müsse** man sein, für die Ehe zum Beispiel, für gesunde Kinder, unreife Menschen **bekämen** das alles nicht, das **wäre** ja unfair.*
l. 32	*... ob Marta **glaube**, das **sei** ihr leicht **gefallen**?*
l. 33	*Drei Jahre lang **habe** sie um ihr Glück **gerungen**, ...*

2 Les formes du subjonctif I et du subjonctif II

- **Sur quel radical est formé le subjonctif I ? Et le subjonctif II ?**

  Le subjonctif I est formé sur le radical de l'infinitif. Le subjonctif II sur le radical du prétérit de l'indicatif.

- **Quelle est la marque de mode commune aux deux subjonctifs ?**

  La marque de mode commune aux deux subjonctifs est *-e*.

- **Quelle marque supplémentaire prennent la majorité des verbes forts au subjonctif II ?**

  La voyelle de la majorité des verbes forts prend un *Umlaut* au subjonctif II.

- **Quelles sont les marques de personnes communes aux deux subjonctifs ?**

  Les marques de personnes communes aux deux subjonctifs sont celles du type **B**.

3 Mode et temps au discours indirect

Analysez les formes verbales relevées ci-dessus.

	MODE	TEMPS
es gäbe	subjonctif II	présent
(es) ginge	subjonctif II	présent
(sie) wollten	subjonctif II	présent
es ginge	subjonctif II	présent
(sie) glaube	subjonctif I	présent
(es) sei erworben	subjonctif I	passé
(man) müsse	subjonctif I	présent
(sie) bekämen	subjonctif II	présent
(das) wäre	subjonctif II	présent
(sie) glaube	subjonctif I	présent
(sie) habe gerungen	subjonctif I	passé

– **Y-a-t-il une différence entre l'emploi du subjonctif I et du subjonctif II ?**

Il n'y a pas de différence de sens entre l'emploi de l'un ou de l'autre des deux modes. On constate que même lorsque la forme du subjonctif I se distingue de celle de l'indicatif, l'auteur emploie la forme du subjonctif II : *In Amerika **gäbe** es keine Zäune, da **ginge** ein Grundstück ins andere über.*

INDICATIF	SUBJONCTIF I	SUBJONCTIF II
gibt	gebe	gäbe
geht	gehe	ginge

– **Quelle est la forme de remplacement employée fréquemment dans la langue parlée ?**

La forme de remplacement est ***würde*** + infinitif.

– **À quoi se réfère-t-on pour le choix du temps au discours indirect ?**

Pour le choix du temps au discours indirect, on se réfère au temps utilisé au discours direct. Il n'y a donc pas de concordance entre le temps du verbe introducteur et le temps du discours indirect, contrairement à ce qui se passe en français.

4 Pour chaque passage du texte au discours indirect, retrouvez l'énoncé correspondant au discours direct.

C'est peut-être ici le moment de rappeler aux élèves les changements de pronoms personnels et de possessifs qui interviennent dès que l'on passe du discours direct au discours indirect et vice-versa. Pour cela, il est essentiel de prendre en compte à la fois la personne qui prononce les paroles et la personne qui les rapporte.

On peut, pour rendre les choses plus simples, se référer au français, car le changement du locuteur entraîne les mêmes changements de pronoms et de possessifs dans les deux langues.

l. 3 *„denn in Amerika … **gibt** es keine Zäune", erzählten sie, „da **geht** ein Grundstück ins andere **über**."*

l. 20 *„Aber **wir wollen** nicht angeben", beteuerten sie, „sicher, es **geht uns** sehr gut, und …"*

l. 27 *„**Glaubst du** denn, Marta, das Glück **ist** so leicht **erworben**", fragte sie, …*

l. 28 *„… reif **muss** man sein, für die Ehe zum Beispiel, für gesunde Kinder, unreife Menschen **bekommen** das alles nicht, das **wäre** ja unfair."*

Il faut attirer l'attention des élèves sur le fait que dans *das wäre ja unfair,* le verbe ***sein*** était déjà au présent du subjonctif II dans le discours direct, parce qu'il s'agit d'une hypothèse irréelle.

l. 32 *„**Glaubst du**, Marta, das **ist mir** leicht **gefallen**?"*

l. 33 *„Drei Jahre lang **habe ich** um **mein** Glück **gerungen**, …"*

5 Mettez au discours indirect.

Marta erzählt einer Freundin, was ihr Marianne gesagt hat.

Marianne hat mir gesagt,

1. ***sie hätten ihr*** Haus mit Begeisterung ***renoviert*** und ***wollten*** es jetzt noch ***vergrößern***. Den Garten ***möge sie*** sehr gern, seitdem ***sie*** den Zaun ***abgerissen hätten***. ***Sie finde*** das viel besser, weil ***sie*** sehr kontaktfreudig ***sei***. So ***könne*** jeder bei ***ihnen*** vorbeikommen, ohne sich zu genieren. Das ***hätten sie*** alles in Amerika ***gelernt***.
2. Überhaupt ***sei*** Amerika ***ihr*** Ideal. ***Ich könne mir*** gar nicht vorstellen, wie wohl ***sie sich*** dort ***gefühlt hätten***. Die Amerikaner ***würden*** ein offenes Haus ***halten***, aber sie ***würden*** trotzdem die Privatsphäre der Leute ***respektieren***. Bei ihnen ***laufe*** alles locker und problemlos. Es ***sei*** schade, dass bei uns in Europa die Menschen mit so vielen Vorurteilen ***belastet seien***.
3. Wenn ***sie*** nur an die Kinder ***denke***! Die amerikanischen Kinder ***würden*** jeden ***akzeptieren***, was ***ich*** ja auch an ***ihren*** Kindern sehen ***könne***. Sie ***würden*** in der Schule sogar mit Kindern von Ausländern ***spielen***. Anke ***wolle***, dass ***sie*** eine ihrer türkischen Freundinnen ***einlade***, damit sie mit ihr im Swimmingpool schwimmen ***könne***.

4. Wenn ***sie*** nur daran ***denke***, welche Opfer ***sie*** den Kindern ***bringe! Sie stehe*** jeden Morgen als Erste auf und ***falle*** jeden Abend müde ins Bett. Die Arbeit im Haus und im Garten ***beschäftige sie*** den ganzen Tag. Dazu ***kämen*** noch die Schularbeiten mit den Kindern. Aber das Hausfrauendasein ***sei*** eben kein Vergnügen. Damit ***müsse*** man sich abfinden.
5. Ob ***ich*** schon gehen ***wolle***. Das ***tue ihr*** aber Leid. ***Sie*** hätte ***sich*** gerne noch länger mit ***mir*** unterhalten. Aber ***ich könne*** ja morgen wieder zum Kaffeetrinken kommen.

SPRACHE

MANUEL 89 • MEMENTO 201/205

Le degré de l'adjectif et la comparaison (TEXT 2)

Jan, le héros dyslexique de notre texte *Zivilstation*, est, dès son plus jeune âge, obligé de supporter les comparaisons désobligeantes avec ses camarades de classe. Ce n'est que peu à peu qu'il comprend qu'il n'est pas plus bête que les autres, mais tout simplement différent, et qu'il cesse de se comparer aux autres.

1 Dans le texte page 84, relevez les adjectifs au comparatif (degré I) et au superlatif (degré II).

DEGRÉ I	DEGRÉ II
l. 16 *dümmer*	l. 34 *(der) Beste*
	l. 34 *(der) Schlechteste*
	l. 38 *(die) dicksten (Bücher)*

2 Relevez les structures de comparaison qui marquent l'égalité ou la supériorité.

ÉGALITÉ	SUPÉRIORITÉ
l. 12 *..., wäre ich nicht* ***so*** *geworden,* ***wie*** *ich bin.*	l. 16 *..., ich sei* ***dümmer als*** *alle anderen.*
	l. 39 *Ich denke* ***anders als*** *Nicht-Legastheniker.*

3 Les marques de l'adjectif au degré I et au degré II.

- **Quelle marque porte l'adjectif au degré I ? Et au degré II ?**
  La marque de l'adjectif est ***-er*** au degré I, ***-st*** au degré II.
- **Quelle marque supplémentaire porte l'adjectif *dumm* aux degrés I et II ?**
  La marque supplémentaire de l'adjectif ***dumm*** aux degrés I + II est l'*Umlaut.*
- **Citez d'autres adjectifs du même type.**
  Il s'agit de vingt adjectifs monosyllabiques, la plupart très fréquents : *alt, arg, arm, (dumm), grob, groß, hart, hoch, jung, kalt, klug, krank, kurz, lang, nah, scharf, schwach, schwarz, stark, warm.*

4 L'adjectif au degré I et au degré II : fonction et forme

	DEGRÉ O	DEGRÉ I	DEGRÉ II
(1)	*Er fährt ein* ***schnelles*** *Auto.*	*Ich fahre ein* ***schnelleres*** *Auto.*	*Mein Bruder fährt* ***das schnellste*** *Auto.*
(2)	*Sein Auto ist* ***schnell.***	*Mein Auto ist* ***schneller.***	*Das Auto meines Bruders ist* ***am schnellsten.***
(3)	*Sein Auto fährt* ***schnell.***	*Mein Auto fährt* ***schneller.***	*Das Auto meines Bruders fährt* ***am schnellsten.***

- **Quelle est la fonction de *schnell* dans ces différents exemples ? Quelles différences de formes constatez-vous ?**
  En (1), l'adjectif a la fonction d'**adjectif épithète** dont il prend la marque.
  En (2) l'adjectif est en fonction d'**attribut**. Il est invariable, mais au degré II, il se construit avec la préposition ***an*** + DAT, comme lorsqu'il est en fonction d'adverbe.
  En (3), il est en fonction d'**adverbe**. Il a les mêmes formes invariables que l'attribut.

5 Formes irrégulières

- **Donnez le degré I et le degré II des adjectifs et adverbes suivants :**
  gern, gut, hoch, nah, viel.
  gern, lieber, am liebsten
  gut, besser, am besten

hoch, höher, am höchsten
nah, näher, am nächsten
viel, mehr, am meisten

6 La comparaison

(1) *Als Kind konnte er nicht **so** gut lesen **wie** die anderen.*
*Jetzt kann er **so** gut lesen **wie** die anderen.*

(2) *Er konnte immer bess**er** zeichnen **als** die anderen.*

- L'égalité (ou sa négation) est marquée par ***so*** + l'adjectif au degré **0** + ***wie***.
- La supériorité est marquée par l'adjectif au degré **I** + ***als***.

7 Complétez par *so ... (wie)* ou *(¨)er ... (als)*.

Jans Geschichte

1. In der ersten Klasse lernte Jan nicht ***so*** gut lesen ***wie*** seine Mitschüler. So glaubte er, dass er d***ü***mm***er*** war ***als*** die anderen. Und jahrelang blieb er schlecht***er*** in Deutsch ***als*** seine Klassenkameraden. Aber er gab nicht auf und arbeitete h***ä***rt***er***.
2. Eines Tages stellte er fest, dass er im Zeichnen und Malen st***ä***rk***er*** war, ***als*** er gedacht hatte. Und er zeichnete ***so*** oft er konnte, denn Zeichnen und Malen fielen ihm bedeutend leicht***er*** ***als*** das Lesen. Er begriff, dass er genau***so*** klug war ***wie*** andere, ja vielleicht sogar kl***ü***g***er***.
3. Als er ***ä***lt***er*** geworden war, nahm er an einem Deutschkurs für Ausländer teil, denn er hatte keine Wahl, er musste endlich genau***so*** gut lesen und schreiben lernen ***wie*** die anderen. Im Deutschkurs war er nicht schw***ä***ch***er*** und auch nicht langsam***er*** ***als*** die Ausländer und seine Fortschritte waren gr***ö***ß***er*** ***als*** er je gedacht hätte.
4. Heute ist Jan Maler und weiß, dass er immer eh***er*** nonverbal ***als*** verbal denken wird. Aber er sieht das fast als eine Chance, weil eben jeder Mensch auf gewissen Gebieten st***ä***rk***er*** oder schw***ä***ch***er*** ist ***als*** andere.

SPRACHE
MANUEL 90

Connaître les mots

1 À partir du schéma ci-dessous, formez le plus de mots composés possible et donnez leur équivalent français.

umändern – die Umänderung	retoucher – la retouche
verändern – die Veränderung	changer – le changement / la modification
die Verfassungsänderung	la révision constitutionnelle
andererseits	d'un autre côté/par ailleurs
veränderlich – die Veränderlichkeit	variable / instable – l'instabilité
ändern	changer
anders	autrement
andersdenkend	qui pense autrement
die Änderung – der Änderungsvorschlag	le changement – le projet de modification
anderswo – anderswohin	ailleurs

2 Retrouvez l'adjectif à partir duquel est formé chacun des verbes suivants et traduisez.

verändern	ander…	changer
verbessern	besser	améliorer
verbilligen	billig	baisser le prix de qc
vereinfachen	einfach	simplifier
vergrößern	groß	agrandir
verkleinern	klein	rapetisser
verkürzen	kurz	raccourcir
verheimlichen	heimlich	cacher, tenir secret
verlängern	lang	allonger
veröffentlichen	öffentlich	publier
verschlechtern	schlecht	détériorer
vertiefen	tief	approfondir

3 Retrouvez l'adjectif à partir duquel est formé chacun des verbes suivants et traduisez.

erblinden	blind	devenir aveugle
erfrischen	frisch	rafraîchir
ergänzen	ganz	compléter
erhöhen	hoch	augmenter
(sich) erkälten	kalt	prendre froid
erleichtern	leicht	alléger, faciliter
ermöglichen	möglich	rendre possible
ermuntern	munter	encourager
erschweren	schwer	rendre plus difficile
erwachen	wach	se réveiller
erwärmen	warm	réchauffer
erweitern	weit	élargir

4 Associez à chaque nom de la colonne de gauche un verbe de la colonne de droite, et traduisez.

a. Einfluss	ausüben	exercer une influence
einen Fehler	begehen	commettre une faute
Mut	fassen	prendre son courage à deux mains
Abstand	halten	se tenir à distance
Gesellschaft	leisten	tenir compagnie
b. eine Hypothese	aufstellen	faire une hypothèse
eine Meinung	äußern	exprimer une opinion
ein Problem	lösen	résoudre un problème
Stellung	nehmen	prendre position
Kritik	üben	critiquer

5 Identifiez bien le sens de *werden* dans les phrases suivantes et traduisez.

1. Jetzt wird endlich gearbeitet!
Il est temps de se mettre au travail !
2. Heutzutage werden immer mehr Jugendliche straffällig.
Aujourd'hui, il y a de plus en plus de jeunes qui tombent dans la délinquance.
3. Die Fotos sind leider nichts geworden.
Les photos n'ont malheureusement rien donné.
4. Mein Freund will Arzt werden. Er wird es auch werden.
Mon ami veut devenir médecin. Et il le deviendra.
5. Die Zeit wird mir jetzt aber zu lang.
Maintenant je commence à trouver le temps long.
6. Ich bin mir dessen bewusst geworden, dass es nicht so weitergehen kann.
J'ai pris conscience que cela ne pouvait pas continuer comme cela.
7. Im Winter wird es früh dunkel.
En hiver, la nuit tombe de bonne heure.
8. Er wurde zu drei Jahren Gefängnis verurteilt.
Il a été condamné à trois ans de prison.
9. Wir sind uns darüber einig geworden, dass etwas geändert werden muss.
Nous sommes tombés d'accord sur la nécessité de changer quelque chose.
10. Er ist nicht zu Hause. Er wird wohl verreist sein.
Il n'est pas chez lui. Il est sans doute parti en voyage.
11. Mit dieser Klasse wird kein Lehrer fertig.
Aucun professeur ne vient à bout de cette classe.
12. Wann wirst du 18?
Quand auras-tu 18 ans ?

SPRACHE
MANUEL 93

Apprendre à traduire

Il était différent, c'est tout ...

Arne, dit Wiebke, Arne avait toujours des projets étranges, parfois nous ne savions pas ce que nous devions penser de lui.
Arrête donc, dis-je, ce n'étaient pas ses projets qui vous dérangeaient, vous aviez quelque chose contre lui parce qu'il vous était supérieur à tous, toi et tes amis ; c'était la raison pour laquelle vous ne vouliez pas vous occuper de lui / avoir des relations avec lui. Vous n'avez fait que le repousser sans cesse / Vous avez passé votre temps à le repousser. Vous ne vous êtes pas rendus compte à quel point il était seul et à quel point il avait envie d'être avec vous, tout simplement de faire partie de votre groupe.
Durant un instant, elle me regarda d'un air étonné, mais ensuite elle céda à son besoin habituel de se justifier. Tu ne sais pas le nombre de fois où nous avons essayé avec lui, il était différent, c'est tout: C'est ce que tout le monde pensait.
Sauf cette fameuse fois, dis-je, cette soirée où vous lui avez tendu un piège.

Siegfried LENZ,
Ce qu'Arne a laissé derrière lui, 1999

ZUR DEBATTE
MANUEL 92-93

1 Integrative Grundschule

Type de document : *six prises de position*

Thème : *Lors d'une réunion dans l'école de leurs enfants, les parents doivent dire s'ils sont d'accord ou non pour intégrer des enfants handicapés dans l'école.*

■ Transcription

Durée : 3'55"

FRAU AUFRECHT Also ich habe nichts dagegen. Wir haben nämlich letzten Sommer eine sehr positive Erfahrung mit einem behinderten Kind gemacht. Auf unserem

Campingplatz war eine Familie mit einem geistig behinderten Sohn. Unsere Alexandra hat das gar nicht gestört, ganz im Gegenteil: sie hat viel mit diesem Jungen gespielt, ich glaube, weil er so lieb war und so spontan. Am Ende der Ferien wollte Alexandra sich gar nicht mehr von ihm trennen und spricht heute noch viel von ihm. Wirklich! Der Kontakt zu solchen Kindern kann unseren „normalen" Kindern viel bringen.

HERR MEMME Später im Leben müssen unsere Kinder zwar auch mit sehr, wie soll ich sagen, mit sehr unterschiedlichen Menschen zurechtkommen. Aber es wäre eine Überforderung, wenn wir schon jetzt von ihnen verlangen würden, dass sie diese doch sehr schwierigen Kinder mit in ihre Klassengemeinschaft aufnehmen. Da warten wir mal lieber ab, bis sie etwas älter sind. In den Pubertätsjahren vielleicht. Da ist noch Zeit genug, eine gewisse soziale Anpassungsfähigkeit zu lernen!

HERR MECKER Also nein, damit wollen wir gar nicht erst anfangen. Die Behinderten werden unsere Kinder doch nur stören. Die brauchen doch für alles mehr Zeit! Und wenn der Lehrer sich immer um die Schwächeren kümmern muss, kommen die anderen Kinder nicht weiter. Nein, Behinderte gehören in … in eine Sonderschule. Die sollen woandershin gehen. Außerdem will ich, dass mein Sohn … also, mein Sohn soll mit normalen Kindern aufwachsen, die gesund und intelligent sind!

FRAU BEDENK Ich weiß nicht so recht. Einerseits … also, ich habe schon ein bisschen Angst, dass es zu Schwierigkeiten kommen wird, weil solche Kinder bestimmt nicht einfach sind. Ich habe Angst, dass die irgendwie … wie soll ich es ausdrücken, irgendwie gefährlich sind. Aber andererseits, so meine ich jedenfalls, andererseits finde ich, dass unsere Kinder auch viel dabei lernen könnten. Denn sie würden schon früh erfahren, dass man mit Menschen, die anders sind als man selbst, zusammenleben kann, und dass – dass die ja auch Menschen sind.

HERR RITTER Solche behinderten Kinder sind eine Bereicherung für unsere sogenannten „normalen" Kinder. Ich weiß aus eigener Erfahrung, dass der Kontakt zu ihnen sehr glücklich machen kann. Sie sind offen, kennen keine Hintergedanken, handeln nie aus Berechnung. Natürlich werden sie in der Schule nie ausgezeichnete Noten haben! Aber sie reagieren immer mit dem Herzen und sind bereit, ihre Freundschaft jedem zu schenken, der freundlich zu ihnen ist.

FRAU KLAUSEL Meines Erachtens ist das Zusammenarbeiten mit ihnen in derselben Schule für unsere Kinder kein Hindernis, sondern fördert ihre Persönlichkeit und macht aus ihnen später zivilisierte, tolerante Mitmenschen. Dennoch habe ich natürlich meine Bedenken. Deshalb meine ich, dass man dieses Projekt rückgängig machen sollte, falls es zu viele Schwierigkeiten gibt. Nur unter dieser Bedingung hätte ich nichts dagegen.

Préparation de l'écoute

Les élèves commenceront par lire et classer les lettres dans le tableau. Cet exercice leur servira de „*Vorentlastung*" pour comprendre les six enregistrements.

Compréhension

Après une première écoute des enregistrements et la correction de l'exercice, les élèves pourront réécouter la cassette une deuxième fois et prendre quelques notes afin d'avoir plus de vocabulaire à leur disposition pour le débat.

		ist dafür	ist dagegen	zögert
Briefe:	Herr Knacks		✔	
	Frau Wankel			✔
	Frau Eintracht	✔		
Elternabend:	Frau Aufrecht	✔		
	Herr Memme		✔	
	Herr Mecker		✔	
	Frau Bedenk			✔
	Herr Ritter	✔		
	Frau Klausel			✔

Élargissement

Pour terminer, vous pouvez demander aux élèves d'exprimer leur propre opinion sur le sujet par écrit. Cet exercice de rédaction sera une bonne préparation à l'exercice d'expression écrite qui fait partie de l'épreuve du bac.

2 Einmal wie alle sein

Type de document : *dialogue entre une jeune fille diabétique et une infirmière*

Thème : *La jeune fille se réveille d'un coma diabétique*

Transcription

Durée : 2'52"

PAULA Wie geht's dir heute Morgen?
KRISTINA Geht so … Seit wann bin ich denn hier?
PAULA Seit gestern Morgen.
KRISTINA Ja, aber, wie … was ist denn passiert?
PAULA Das wollte ich dich gerade fragen, Kristina.
KRISTINA Mich? Ich … war ich lange bewusstlos?
PAULA Sehr lange.
KRISTINA War's gefährlich?
PAULA Ich glaube ja …
KRISTINA Diese beschissene Krankheit!
PAULA Kristina!
KRISTINA Ich hasse mich! Ich hasse diesen Körper! Ich hasse mein Leben!

PAULA Was redest du denn da?

KRISTINA Doch Schwester Paula. Ich hasse mich! Ich kann nicht mehr! Ich will nicht mehr!

PAULA Nun erzähl mir erst mal, wie das alles gekommen ist. Wie ist das passiert?

KRISTINA Ich war auf einer Party. Eine Freundin wurde 20. Schon mit dem Sekt fing's an. Alle hatten Sektgläser in der Hand und stießen auf das Wohl des Geburtstagskindes an. Nur ich, ich hatte ein Glas Mineralwasser zum Anstoßen! Da war meine Stimmung recht mies. Danach wurde getanzt. Ich habe mitgemacht und wie wild getanzt. Davon wurde ich schwach und ...

PAULA Hast du nichts gegessen?

KRISTINA Doch! Es gab ein kaltes Buffet. Ich wollte doch endlich einmal wie alle sein! Ein einziges Mal nicht an meine Diät denken, vergessen, dass dies verboten ist und das ... Ich wollte leben, verstehen Sie, leben, wie ein normaler Mensch!

PAULA Dann hast du auch Alkohol getrunken?

KRISTINA Ja. Da war ein junger Mann, der mir gut gefiel. Ich gefiel ihm wohl auch. Jedenfalls ... als er mit einem Glas Punch auf mich zukam, hab ich's angenommen und danach sogar noch eins getrunken. Dann haben wir getanzt. So ganz eng. Es war sehr schön. Ich glaube, wir waren dabei, uns ineinander zu verlieben. Nur eins hat mir Angst gemacht: Er sollte nicht wissen, dass ich behindert bin, schwer krank. Und als mir dann schlecht wurde, habe ich auch nichts gesagt. Bis auf einmal alles ganz schwarz wurde!

PAULA Kind, was bist du unvorsichtig gewesen! Du hast zu lange gewartet! Du weißt doch, wie gefährlich das für dich werden kann!

KRISTINA Ich wollte doch ein einziges Mal das Leben genießen! Und jetzt bin ich hier, Schwester Paula. Und alles ist aus! Zu Ende! Vorbei!

PAULA Nein, Kristina. So darfst du das nicht sehen. Siehst du die Blume da?

KRISTINA Die rote Rose?

PAULA Ja, die hat vorhin ein junger Mann hier abgegeben ... Für dich, Kristina!

Compréhension

Présentez l'enregistrement livres fermés en donnant aux élèves l'information préalable suivante : Kristina ist Diabetikerin / zuckerkrank und wacht im Krankenhaus auf.

1 Hören Sie sich das Gespräch an und bringen Sie dann die Zusammenfassung in die richtige Reihenfolge.

1. Kristina ist auf eine Geburtstagsparty gegangen.
2. Zuerst war sie schlecht gelaunt, weil sie sich nicht wie die anderen amüsieren konnte.
3. Dann hat sie angefangen zu tanzen und vom kalten Buffet zu essen.
4. Ein junger Mann gefiel ihr besonders gut.
5. Sie haben zusammen getrunken, getanzt und geflirtet.
6. Dann hat sie die Besinnung verloren und wurde ins Krankenhaus gebracht.
7. Sie hat mehr als einen Tag im Koma gelegen.
8. Jetzt ist sie verzweifelt und will nicht mehr leben.
9. Da erfährt sie, dass der junge Mann sie nicht vergessen hat.

Expression

2 Kristina sagt: „Ich hasse mich!" Was drückt dieser Satz aus? Wie ist es dazu gekommen?

Dieser Satz zeigt, dass Kristina sich selbst nicht so akzeptieren kann, wie sie ist – mit ihrer Krankheit, die sie dazu zwingt, anders als die anderen zu leben.

Sie kann ihr Leben nicht so frei und sorglos genießen wie andere junge Leute. Wahrscheinlich ist es ihr auch schon passiert, dass Freunde sie im Stich gelassen haben, nachdem sie von ihrer Krankheit erfahren hatten. Nun hat sie Angst davor, dass ihre Krankheit ihrem Glück wieder einmal im Wege steht.

3 Der junge Mann besucht Kristina im Krankenhaus. Erfinden Sie ihre Unterhaltung.

Dans ce dialogue le jeune homme peut raconter à Kristina comment il a vécu la soirée où ils ont fait connaissance et où Kristina est tombée dans le coma. Il l'a accompagnée à l'hôpital et s'est fait beaucoup de soucis, car l'amie de Kristina lui a expliqué que Kristina était en grand danger. Kristina peut lui faire part de sa lassitude. Il réagit de façon positive en lui faisant des compliments et en affirmant que c'est justement à cause de la maladie qu'elle semble plus mûre et sérieuse que les autres ...

3 Anders leben

1 Sehen Sie sich das Bild an und beantworten Sie die Fragen.

a. In welcher Beziehung stehen die Personen Ihrer Meinung nach zueinander?

Es handelt sich um ein homosexuelles Paar, um homosexuelle Lebenspartner, deren gesetzliche Verbindung auch „Homoehe" genannt wird. Die beiden Männer haben Kinder, wohl aus einer vorherigen Beziehung (Adoptionen sind noch nicht erlaubt).

b. Welche gesellschaftliche Entwicklung wird hier dargestellt?

Homosexualität ist gesetzlich nicht mehr verboten und gesellschaftlich kaum noch ein Tabu. Zur Freiheit des Einzelnen, Grundpfeiler der Menschenrechte, gehört auch die freie Wahl des Lebenspartners. Das Lebenspartnerschaftsgesetz ermöglicht es homosexuellen Partnern erstmals in Deutschland ihre Beziehung zu legalisieren und eine Verbindung einzugehen, die in vielen (wenn auch nicht in allen) Punkten einer Eheschließung entspricht. Diese gesetzliche Bestimmung soll auch zum Abbau von Diskriminierung und zur Förderung von stabilen menschlichen Beziehungen beitragen.

2 Lesen Sie die Informationen über das Lebenspartnerschaftgesetz, das es in der Bundesrepublik Deutschland seit dem 1. August 2001 gibt. Fassen Sie zusammen, was dort gesagt wird.

Falls dieses Thema einige Schüler besonders interessiert, können sie sich im Internet unter dem Stichwort „Lebenspartnerschaftsgesetz" über weitere Bestimmungen dieses Gesetzes informieren und es mit dem PACS in Frankreich vergleichen.

Hier einige weitere zentrale Bestimmungen des Gesetzes:

- Die Partner übernehmen gegenseitige Sorgfaltspflichten sowie eine angemessene Unterhaltspflicht.
- Kranken- und Pflegeversicherungen können vom Partner mitgenutzt werden.
- Die Partner haben gesetzliches Erbrecht sowie das Recht auf bestehende Mietverträge des verstorbenen Partners.
- Bei einer Trennung kann vom Besserverdienenden Unterhalt eingefordert werden.
- Die Partner gelten als Familienangehörige und genießen damit vor Gericht Zeugnisverweigerungsrechte.
- Seit August 2001 gelten für Lebensgefährten aus dem Ausland Nachzugs- und Einbürgerungsrechte.

3 Was halten Sie davon?

Le débat ne peut être ouvert que s'il y a unanimité dans la classe à vouloir aborder ce sujet délicat.

5 Erfinden Sie einen Dialog zwischen zwei Jugendlichen, die verschiedene Standpunkte zum Lebenspartnerschaftsgesetz vertreten.

Si la classe se prête au jeu, vous la partagerez pour le débat en deux groupes.

KULTUR

MANUEL 94-95

Die Künstlerkolonie Worpswede

Cette page est l'occasion de découvrir non seulement les peintres de Worpswede, peu connus en France, mais aussi le poète Rainer Maria Rilke. Rappelons que nous vous proposons dans le manuel un commentaire de son poème Der Panther *(Méthodologie : Savoir commenter un poème, p. 60) et que vous pouvez vous appuyer sur cette étude pour inciter les élèves à aller plus loin dans la découverte de Rilke.*

Les citations utilisées comme titre et intertitres dans le texte sur Worpswede sont toutes (à l'exception de la dernière, qui est de Paula-Modersohn Becker) extraites de la monographie consacrée par Rilke à Worpswede. Nous avons donc pensé qu'il serait intéressant d'en donner de plus larges extraits qui permettent de les replacer dans leur contexte.

Nicht weit aber von jener Gegend, in welcher Philipp Otto Runge seinen „Morgen" gemalt hat, unter demselben Himmel sozusagen, liegt eine merkwürdige Landschaft, in der damals einige junge Leute sich zusammengefunden hatten, unzufrieden mit der Schule, sehnsüchtig nach sich selbst und willens, ihr Leben irgendwie in die Hand zu nehmen. [...]

Diese jungen Menschen, die jahrelang ungeduldig auf Akademien gesessen hatten, „drängten sich" – wie Runge schrieb – „zur Landschaft, sie suchten etwas Bestimmtes in dieser Unbestimmtheit". Die Landschaft ist bestimmt, sie ist ohne Zufall, und ein jedes fallende Blatt erfüllt, indem es fällt, eines der größten Gesetze des Weltalls. Diese Gesetzmäßigkeit, die niemals zögert und sich in jedem Augenblick ruhig und gelassen vollzieht, macht die Natur zu einem solchen Ereignis für junge Menschen. [...]

Es ist ein seltsames Land. Wenn man auf dem kleinen Sandberg von Worpswede steht, kann man es ringsum ausgebreitet sehen ähnlich jenen Bauerntüchern, die auf dunklem Grund Ecken tief leuchtender Blumen zeigen. Flach liegt es da, fast ohne Falte, und die Wege und Wasserläufe führen weit in den Horizont hinein. Dort beginnt ein Himmel von unbeschreiblicher Veränderlichkeit und Größe. Er spiegelt sich in jedem Blatt. Alle Dinge scheinen sich mit ihm zu beschäftigen; er ist überall. Und überall ist das Meer. Das Meer, das nicht mehr ist, das einmal vor Jahrtausenden hier stieg und fiel und dessen Düne der Sandberg war, auf dem Worspwede liegt. Die Dinge können es nicht vergessen. Das große Rauschen, das die alten Föhren des Berges erfüllt, scheint sein Rauschen zu sein und der Wind, der breite mächtige Wind bringt seinen Duft. Das Meer ist die Historie dieses Landes. Es hat kaum eine andere Vergangenheit. [...]

Und da lagen nun vor den jungen Leuten, die gekommen waren, um sich zu finden, die vielen Rätsel dieses Landes. Die Birkenbäume, die Moorhütten, die Heideflächen, die Menschen, die Abende und die Tage, von denen nicht zwei einander gleich sind, und in denen auch nicht zwei Stunden sind, die man verwechseln könnte. Und da gingen sie nun daran, diese Rätsel zu lieben.

Rainer Maria RILKE, *Worpswede*, 1903

BEGEGNUNGEN

Ce dossier est consacré au thème de la rencontre, et plus précisément des rencontres possibles avec les autres dans la ville.

- Le TEXTE 1 est un poème de Tucholsky, *Augen in der Großstadt*, illustré par un tableau de Kirchner *Potsdamer Platz*. Vous disposez sur la cassette de la lecture du texte, suivie de la version mise en musique par Peter Fischer et chantée par Gisela May en 1966.
- Le TEXTE 2 est un poème de Baudelaire, *À une passante*, consacré lui aussi au thème de la rencontre fugitive dans la ville, et illustré par un tableau de Monet, *Boulevard des Capucines*. Ce poème est étudié de manière à permettre une comparaison qui éclaire le texte de Tucholsky. Cette comparaison des deux textes est prolongée par une autre mise en parallèle, celle des tableaux de Kirchner et de Monet.
- Le TEXTE 3, *Begegnung*, de Heiner Müller, évoque, quant à lui, une rencontre qui a bien lieu, sur un quai de gare. Les élèves pourront imaginer ce qu'elle contient en germe et en écrire la suite.
- La double page ZUR DEBATTE présente d'abord deux enregistrements. Le premier, *Singles in der Großstadt*, est consacré à la vie dans la grande ville et aux possibilités de rencontres qu'elle offre, tandis que le second, *Liebe auf den ersten Blick*, évoque, à travers un dialogue entre deux jeunes filles, les charmes et les dangers du coup de foudre. Vous trouverez ensuite, sous le titre *Nie mehr allein*, un ensemble de petites annonces et une caricature sur le même thème qui permettront un travail de nature essentiellement ludique.
- La double page LANDESKUNDE est consacrée au Reichstag à Berlin, lieu où se rencontrent les moments les plus forts de l'histoire allemande, et où l'Allemagne d'aujourd'hui s'efforce de fonder son identité, en intégrant à la fois l'héritage de son passé et les valeurs de son avenir.

TEXT 1

Manuel 98-101

Augen in der Großstadt

Type de texte : *poème*

Thème : *Dans le flot humain qui traverse la ville chaque jour, deux regards se croisent, espoir d'une rencontre possible. Mais c'est déjà trop tard, le flot les a emportés à jamais ...*

Objectifs linguistiques : *l'expression du temps (manuel p. 106)*

L'auteur : *Kurt Tucholsky (voir manuel p. 101)*

Ce poème n'est pas difficile à comprendre, mais il est indispensable de bien lever tous les obstacles lexicaux si l'on veut parvenir à un commentaire intéressant.

Le repérage de la structure (et en particulier du refrain) aide beaucoup à entrer dans le poème. Vous pouvez éventuellement demander aux élèves de commencer par repérer visuellement cette structure, avant de leur en faire écouter la lecture. Vous pouvez aussi choisir, si vous avez une classe réceptive à la musique, de commencer par leur faire écouter la version chantée par Gisela May, et de partir de leurs impressions avant de passer au repérage de la structure.

Pour une étude plus détaillée, nous vous conseillons de passer dans un deuxième temps à la version lue du poème, pour terminer par une nouvelle audition de la version mise en musique.

1 Wie ist das Gedicht aufgebaut?

– Das Gedicht besteht aus drei Strophen.
– Jede Strophe besteht aus drei Teilen. Die zwei ersten aus drei Teilen von jeweils vier Versen, die letzte aus drei Teilen verschiedener Länge: vier Verse, sechs Verse, vier Verse.
– Die vier letzten Verse jeder Strophe bilden den Refrain, wobei der zweite Teil des vorletzten Verses in jeder Strophe anders ist:
Vielleicht dein Lebensglück ... / Kein Mensch dreht die Zeit zurück / Von der großen Menschheit ein Stück! ...

2 Suchen Sie im Gedicht nach folgenden Angaben:

– Zeit

Z. 1	*Wenn du zur Arbeit gehst*
Z. 2	*Am frühen Morgen*
Z. 12/24/38	*nie wieder*
Z. 13	*dein Leben lang*
Z. 15/25	*auf deinem Gang*
Z. 20	*Nur für Sekunden*
Z. 27	*einen Pulsschlag lang*

– Ort

Titel	*in der Großstadt*
Z. 3	*am Bahnhof*
Z. 14	*Auf tausend Straßen*

– Personen

Z. 1 und folgende	*du*
Z. 8	*Millionen Gesichter*
Z. 16	*Die dich vergaßen*
Z. 28	*Den fremden Andern*
Z. 37	*Von der großen Menschheit ein Stück*

3 Fassen Sie kurz zusammen, was in diesem Gedicht geschildert wird.

Es handelt sich um den Alltag in der Großstadt: Täglich gehen wir an vielen Menschen vorbei, die wir nicht kennen und nie kennen lernen werden. Manchmal begegnen sich zwei Blicke, es entsteht das Gefühl eines möglichen Kontakts. Aber jeder geht seinen Weg: *Vorbei, verweht, nie wieder.*

4 Die Stadt

a. Handelt es sich um eine bestimmte Stadt?

Es handelt sich nicht um eine bestimmte Stadt, sondern um eine Stadt, die für alle modernen Städte steht, um die Großstadt schlechthin.

b. Suchen Sie nach allen Wörtern und Ausdrücken, die sich auf das Sehen beziehen. Spielt das Hören auch eine Rolle?

Schon der Titel *(Augen in der Großstadt)* weist darauf hin, dass der Blick hier eine wesentliche Rolle spielt. Alles spielt sich über das Sehen ab, wie es die zahlreichen Wörter und Ausdrücke, die sich auf die Augen und auf das Sehen beziehen, zeigen:

Z. 9-10 / 21-22 / 35-36	*Zwei fremde Augen, ein kurzer Blick,* *Die Braue, Pupillen, die Lider*
Z. 15	*Du siehst auf deinem Gang*
Z. 17	*Ein Auge winkt*
Z. 27	*Siehst einen Pulsschlag lang*
Z. 33	*Es sieht hinüber*

Das Hören hingegen spielt hier keine Rolle, als wäre jeder so sehr mit sich selbst beschäftigt, dass er von dem Lärm, der ihn umgibt, überhaupt nichts wahrnimmt.

c. Suchen Sie nach allen Wörtern, die eine Bewegung ausdrücken. Welche stilistischen Mittel dienen auch zum Ausdruck der Bewegung?

Die Hektik der Großstadt wird also nicht durch die Beschreibung der akustischen Wahrnehmungen wiedergegeben, sondern durch die zahlreichen Wörter, die eine Bewegung ausdrücken.

Z. 1	*Wenn du zur Arbeit gehst*
Z. 7	*Im Menschentrichter*
Z. 12 / 24 / 38	*Vorbei, verweht, nie wieder*
Z. 13	*Du gehst dein Leben lang*
Z. 15	*Du siehst auf deinem Gang*
Z. 25	*Du musst auf deinem Gang* *Durch Städte wandern*
Z. 34	*Und zieht vorüber*

Zu betonen sind auch die verschiedenen stilistischen Mittel, die dem Ausdruck der Bewegung dienen, wie die Enjambements (Zeilen 5 bis 9) oder die Nebeneinanderstellung von Substantiven ohne Verb und ohne jedes Bindewort im Refrain (Zeilen 9-10/21-22/35-36). Der Vers, der am Ende jeder Strophe steht *(Vorbei, verweht, nie wieder)*, drückt in seiner Knappheit das Unwiederbringliche besonders wirkungsvoll aus.

d. Welcher Aspekt der Großstadt wird in diesem Gedicht aufgezeigt?

In diesem Gedicht wird vor allem die Anonymität, die in der Großstadt herrscht, gezeigt. Der Einzelne wird vom Strom der Menschen, die dort leben, immer weitergetragen. Es besteht kaum Hoffnung auf eine wahre Begegnung in dieser sich unaufhörlich bewegenden Masse.

5 Die Menschen

a. Wer ist mit dem Wort *du* gemeint?

Das Wort *du* bezeichnet jeden von uns. Damit werden zugleich die Allgemeingültigkeit der Beschreibung und die Anonymität der Stadt betont.

b. Suchen Sie nach allen Wörtern und Ausdrücken, die den Anderen bezeichnen.

Zu diesem Gefühl der Anonymität tragen auch alle Ausdrücke bei, die die Anderen bezeichnen.

Z. 8	*Millionen Gesichter*
Z. 9	*Zwei fremde Augen*
Z. 11	*Was war das?* *Vielleicht dein Lebensglück ...*
Z. 16	*Die dich vergaßen*

Z. 28	*Den fremden Andern*
Z. 29-32	*Es kann ein Feind sein,* *Es kann ein Freund sein,* *Es kann im Kampfe dein* *Genosse sein.*
Z. 37	*Von der großen Menschheit ein Stück*

c. Kommentieren Sie die Bedeutung des Wortes *es* in der letzten Strophe. Hat es immer dieselbe Bedeutung?

Das *es* in den Zeilen 29, 30 und 31 ist das unpersönliche Subjekt einer Attributivstruktur *(sein)*. Das *es* Zeile 33 *(Es sieht hinüber / Und zieht vorüber)* nimmt *den fremden Andern* anaphorisch wieder auf, wobei der Andere völlig entpersonalisiert und die Anonymität des Einzelnen in der Menge noch betont wird.

d. Wie wird in der letzten Strophe der Einzelne dargestellt?

Der Andere wird nicht als Einzelner, nicht als Mensch wahrgenommen, sondern nur als Teil der Menge: *von der großen Menschheit ein Stück.*

6 Die Begegnung

a. Was wird in der ersten Strophe dem Ausdruck *Millionen Gesichter* entgegengestellt?

In der ersten Strophe wird dem Ausdruck *Millionen Gesichter* die Zahl *zwei (Zwei fremde Augen)* entgegengestellt.

b. Wie wird der Andere wahrgenommen?

Von dem Anderen werden nur die Augen und der Blick wahrgenommen: *Zwei fremde Augen, ein kurzer Blick, / Die Braue, Pupillen, die Lider.*

c. Kommentieren Sie die Schilderung der Begegnung im Refrain.

Die bloße Aneinanderreihung der Substantive entspricht der Flüchtigkeit der Begegnung, die sich auf den Austausch von Blicken reduziert. Bevor die einzelnen Teile zu einem Ganzen zusammengesetzt werden können, bevor der Mensch, der an einem vorbeikommt, als solcher wahrgenommen wird, ist er auch schon wieder verschwunden.

d. Was steht im Mittelpunkt der zweiten Strophe und somit des ganzen Gedichts?

In der Mitte der zweiten Strophe (Zeilen 17-20) und somit in der Mitte des Gedichts wird die Wirkung beschrieben, die diese flüchtige Begegnung auslöst: *Ein Auge winkt, / Die Seele klingt …*

e. Welches Gefühl wird durch die Begegnung der Blicke ausgelöst?

Zwei Menschen erkennen sich, fühlen, dass sie sich vielleicht lieben könnten, es entsteht das Gefühl eines möglichen Glücks: *Du hast's gefunden, / Nur für Sekunden …*

f. Wie lange dauert die Begegnung? Nennen Sie alle Ausdrücke, die sich auf die Dauer beziehen.

Die beiden Menschen verlieren sich aber gleich wieder – was der Gebrauch des Präteritums *(Was war das?)* belegt –, bevor zwischen ihnen irgendetwas entstehen kann. Die Flüchtigkeit der Begegnung wird durch folgende Ausdrücke betont:

Z. 9/21/35	*ein kurzer Blick*
Z. 20	*Nur für Sekunden*
Z. 27	*einen Pulsschlag lang*

Nur für Sekunden lässt sich etwas erahnen, was sofort wieder verschwindet: *Vorbei, verweht, nie wieder.*

7 Inwiefern kann man das Gedicht als eine Metapher des Lebens interpretieren?

Das Leben in der Großstadt, wie es hier geschildert wird, kann als eine Metapher des menschlichen Lebens schlechthin gedeutet werden. Das unaufhörliche Gehen symbolisiert unser Schicksal. Jeder von uns geht seinen eigenen Weg und geht dabei an vielen Menschen vorüber, von denen jeder auch *von der großen Menschheit ein Stück* ist, ohne dass eine wahre Begegnung mit dem Anderen stattfinden kann. So sehnen wir uns unser ganzes Leben lang nach dem Anderen und verlieren ihn immer wieder, weil das Rad der Zeit niemals zurückgedreht werden kann.

In diesem Gedicht kommen verschiedene Aspekte von Tucholskys Persönlichkeit zum Ausdruck: der Melancholiker, der sein eigenes Gefühl der Einsamkeit und seine Sehnsucht nach Liebe ausdrückt, der Lyriker, der die Tragik des menschlichen Daseins, das Unwiederbringliche aller Momente im Leben in Bilder zu setzen weiß, der engagierte Dichter, der an den politischen Kampf glaubt und sich für die Solidarität zwischen den Menschen einsetzt, selbst wenn er ihre Grenzen kennt.

8 Empfinden Sie dieses Gedicht eher als pessimistisch oder als optimistisch?

Tout est ici question d'interprétation personnelle et peut donc faire l'objet soit d'une discussion en classe, soit d'un exercice d'expression écrite.

Entraînement à l'oral du bac

Résumer

Der Titel gibt den Inhalt des ***Gedichts*** an. In der alltäglichen Anonymität der ***Großstadt*** begegnen sich zwei ***Blicke***. Doch kaum haben sich zwei ***Menschen*** erkannt, haben sie sich auch schon wieder in der ***Menge*** verloren.

TEXT 2
MANUEL 102-104

À une passante

Type de texte : *poème*

Thème : *Dans la ville, une femme passe – une rencontre impossible ...*

Objectif : *comparaison de deux poèmes et de deux tableaux*

L'auteur : *Charles Baudelaire (1821-1867), poète, critique d'art, se veut le « peintre de la vie moderne ». La publication des* Fleurs du mal, *en 1857, lui valut un procès pour « outrage à la morale publique et aux bonnes mœurs ».*

Nous vous proposons d'abord une étude du poème de Baudelaire *À une passante* (que beaucoup d'élèves ont sans doute déjà lu et expliqué en cours de français), pour permettre une mise en parallèle de ce poème avec celui de Tucholsky.

Il nous a semblé intéressant de prolonger cette comparaison par une comparaison des deux tableaux que nous avons choisis pour illustrer ces deux poèmes : *Potsdamer Platz* de Kirchner (1914) et *Boulevard des Capucines* de Monet (1873-1874).

Bien entendu, notre intention, à travers cette comparaison, est surtout d'amener les élèves à découvrir ce qu'est l'expressionnisme allemand. Nous espérons les aider ainsi à en saisir un certain nombre de caractéristiques, et nous vous proposons donc, comme aboutissement possible de ce travail, une fiche sur *Potsdamer Platz,* qui pourra éventuellement être utilisée dans la perspective de l'oral du baccalauréat.

1 Observez dans la 1re partie de ce poème (les deux quatrains) :

- Ce sonnet fait partie d'un ensemble de poèmes *(Les Tableaux parisiens)*, qui tous ont la ville comme source d'inspiration. Ainsi, le premier vers plante le décor urbain : il apparaît ici sous la forme de l'agitation bruyante de la rue, dont le côté agressif est souligné par le choix des mots *assourdissante* et *hurlait*.
- L'apparition de la passante décrite dans les quatre vers suivants (vers 2 à 5) n'en est que plus saisissante. La cacophonie de la rue semble disparaître soudain et comme par magie, dès qu'apparaît cette longue silhouette dont nous suivons la marche harmonieuse. Elle est décrite en une seule phrase, et la manière dont ces vers s'enchaînent d'un quatrain à l'autre semble épouser le regard de celui qui, dès l'instant où il l'a aperçue, ne peut s'en détacher. La passante est décrite à la fois comme une femme de chair et d'os *(Soulevant, balançant le feston et l'ourlet)*, et comme une beauté idéale *(avec sa jambe de statue)*, presqu'une allégorie de la beauté et de la douleur à la fois *(en grand deuil, douleur majestueuse)*, la beauté étant inséparable de la tristesse chez Baudelaire, comme il l'explique dans ses *Journaux intimes* : *J'ai trouvé la définition du Beau – de mon Beau. C'est quelque chose d'ardent et de triste, quelque chose d'un peu vague, laissant carrière à la conjecture.*
- Les vers 6 à 8 décrivent l'effet produit sur le poète par cette apparition, comme l'indique la mise en relief du pronom personnel en début de vers : *Moi, je buvais...* Il faudra attendre le vers 8 pour trouver le c.o.d., cette attente traduisant l'immobilisation de tout son être, *crispé comme un extravagant*, c'est-à-dire comme quelqu'un qui a perdu la raison, et qui, subjugué par tant de beauté, se perd dans le regard de cette femme où il entrevoit la promesse d'une volupté comme toujours indissociable pour lui de la douleur : *La douceur qui fascine et le plaisir qui tue.*

2 Observez la 2e partie du sonnet (les deux tercets) :

- Mais cette illumination de l'être qui a rencontré la beauté ne dure qu'un instant et le poète replonge dans la solitude et la détresse de la nuit : *Un éclair ... puis la nuit !* L'effet de contraste entre les deux mots, renforcé par les points de suspension et l'absence de verbe, traduit bien la fulgurance de la rencontre et le caractère éphémère de cette illumination.
- Il s'adresse alors (après une pause marquée par un tiret) directement à la passante, cette femme à peine entrevue, aussitôt disparue *(fugitive beauté)*. Il s'adresse à elle au passé déjà *(Dont le regard m'a fait soudainement renaître)*, puis au futur *(Ne te verrai-je plus que dans l'éternité ?)*, mais il s'agit d'un futur idéal, situé hors des limites du temps et de l'espace *(Ailleurs, bien loin d'ici ! trop tard ! jamais peut-être !)*, dans une sorte d'au-delà mystique.
- L'impossibilité de la rencontre dans le présent est soulignée encore par le jeu des pronoms dans les deux derniers vers. Le *je* et le *tu* sont rapprochés dans la construction en chiasme (ab/ba) du vers 13 *(j'ignore-où tu fuis /tu ne sais-où je vais)*, pour mieux souligner

la fatalité de l'éloignement de ces deux êtres pris dans le mouvement incessant de la rue *(tu fuis, je vais)*.

Et si la forme interro-négative du vers 11 laisse entrevoir l'espoir d'une rencontre possible dans un ailleurs idéal, l'apparition du conditionnel passé dans le dernier vers, mode de l'inaccompli *(O toi que j'eusse aimée)*, souligne encore qu'elle ne saurait avoir lieu ici-bas, tandis que la deuxième partie de ce vers *(O toi qui le savais)* exprime tout le tragique de ces deux destins qui se croisent sans pouvoir se rencontrer.

3 Que peut symboliser cette passante ?

Cette passante, à la fois fascinante et insaisissable, symbolise bien sûr le rêve d'un amour idéal, mais aussi le rêve d'une beauté qui incarne les aspirations d'une âme en quête de spiritualité. Ainsi, l'infini peut surgir au cœur de la réalité quotidienne et la transfigurer pour celui qui sait voir. Baudelaire est l'un des premiers poètes de la grande ville, l'un des premiers « peintres de la vie moderne ». *La vie parisienne est féconde en sujets poétiques et merveilleux. Le merveilleux nous enveloppe et nous abreuve comme l'atmosphère ; mais nous ne le voyons pas.* Les surréalistes, et en particulier André Breton avec *Nadja*, qui reprennent ce thème de la rencontre dans la ville, lieu de tous les possibles, reconnaîtront en Baudelaire l'un de leurs précurseurs.

ENTRAÎNEMENT À L'ÉCRIT DU BAC

ZUM VERGLEICH

◆ Zwei Gedichte ◆

Augen in der Großstadt von Tucholsky – *À une passante* von Baudelaire

1 Suchen Sie zuerst nach den Ähnlichkeiten.

	Tucholsky		Baudelaire	
– **das Motiv des Gehens**	Z. 1	*Wenn du zur Arbeit gehst*	titre	*À une passante*
	Z. 13	*Du gehst dein Leben lang Auf tausend Straßen;*	v. 3	*Une femme passa*
	Z. 15	*Du siehst auf deinem Gang*	v. 13	*Car j'ignore où tu fuis, tu ne sais où je vais,*
	Z. 25	*Du musst auf deinem Gang Durch Städte wandern;*		
– **die Macht des Blickes**	Z. 17	*Ein Auge winkt, Die Seele klingt;*	v. 9	*Fugitive beauté Dont le regard m'a fait soudainement renaître*
– **das Motiv der Liebe**	Z. 11	*Vielleicht dein Lebensglück ...*	v. 14	*O toi que j'eusse aimée, ô toi qui le savais !*
– **die Flüchtigkeit der Begegnung**	Z. 9	*ein kurzer Blick*	v. 9	*Un éclair ... puis la nuit !*
	Z. 19	*Du hast's gefunden, Nur für Sekunden ...*		
	Z. 27	*einen Pulsschlag lang*		
– **die Vergänglichkeit des Augenblicks**	Z. 12	*Vorbei, verweht, nie wieder.*	v. 9	*Fugitive beauté*
			v. 12	*Ailleurs, bien loin d'ici ! trop tard ! jamais peut être !*

2 Versuchen Sie jetzt, die Unterschiede aufzuzeigen:

– **die Schilderung der Stadt**
  – Bei Tucholsky handelt es sich nicht um eine bestimmte Stadt. Bei Baudelaire wissen wir, dass es sich um Paris handelt.
  – Bei Baudelaire wird die Stadt nur im ersten Vers beschrieben und von dieser Stadt wird eigentlich nur der Lärm beschrieben, zu dem die stille Erscheinung der Frau in starkem Gegensatz steht.
  – Tucholskys Stadt dagegen wird viel konkreter geschildert, mit ihren asphaltierten Straßen, mit ihrem Bahnhof und mit den vielen Menschen, die zur Arbeit gehen. Alles bewegt sich, doch zu hören ist nichts.

- **die Personen**
  - Bei Baudelaire sind nur zwei Menschen anwesend: der Dichter und die Frau, der er begegnet.
  - Bei Tucholsky dagegen sind unzählige Menschen da, die alle anonym bleiben.
- **die Bedeutung der Begegnung**
  - Bei Baudelaire handelt es sich um die Begegnung mit einer sehr schönen Frau, in die sich der Dichter verliebt. Darüber hinaus repräsentiert diese Frau die Schönheit, nach der sich der Künstler sehnt, so dass man fast von einer mystischen Begegnung sprechen kann.
  - Bei Tucholsky handelt es sich um die Begegnung mit einem Menschen, in den man sich potentiell verlieben oder der ein potentieller *Genosse im Kampf des Lebens* sein könnte.

◆ Zwei Gemälde ◆

Boulevard des Capucines von Monet — *Potsdamer Platz* von Kirchner

1 Beschreiben Sie die Bilder.

Monet	Kirchner
– Blick aus einem Fenster auf einen belebten Boulevard in Paris – am Tag – heller Himmel – Bäume, Licht und Luft	– ein Platz in Berlin – in der Nacht – kein Himmel – nichts, was auf die Präsenz der Natur hinweist
– unzählige Personen – eine bürgerliche Gesellschaft: Autos, Spaziergänger – einzelne Gruppen sind zu unterscheiden: Eindruck der Geselligkeit	– einzelne Gestalten sind zu unterscheiden – erstarrte Gesichter – die zwei Frauen im Vordergrund, die auf einer Art Insel stehen, blicken in verschiedene Richtungen – keine Beziehungen zwischen den Personen: Eindruck der Isoliertheit

2 Analysieren Sie die Maltechnik.

Monet	Kirchner
– ein verschwommener Hintergrund, der uns den Eindruck eines fernen Horizonts, einer unendlichen Tiefe gibt – die Bäume bilden eine Linie, die den Blick in die Ferne führt	– überall Mauern und ein roter Hintergrund, der sozusagen nach vorne rückt und uns den Eindruck eines eng begrenzten Raums gibt – keine Tiefe des Raums, Flächigkeit des Bildes
– keine scharfen Konturen – die Formen fließen ineinander über – pointillistische Malweise	– geometrische Formen mit scharfen Konturen, die den Raum aufteilen – Eindruck, dass die Formen von allen Seiten ineinanderstürzen – große Pinselstriche
– keine Kontraste – Variationen in Blau und Grau, die das Vibrieren des Lichtes und der Bewegungen wiedergeben – das Einzige, was sich davon abhebt: die rosa Farbtupfer unten rechts, die das Ganze zur Geltung bringen	– scharfe Kontraste zwischen den kalten Farben im Vordergrund und den warmen Farben im Hintergrund – große Farbflächen, die einen Eindruck der Diskordanz erzeugen – die aggressiven Farben, die zur Dramatisierung der Dynamik beitragen

3 Interpretieren Sie die beiden Bilder.

Monet	Kirchner
– eine Welt der Harmonie – die Welt am Ende des 19. Jahrhunderts: Lebensfreude, Leichtigkeit, Sorglosigkeit – ein Gesang auf die Schönheit des Lebens	– eine bedrohte Welt – die Welt am Anfang des Ersten Weltkriegs: Tod und Untergang (Symbolik des schwarzen Schleiers) – ein Hinweis auf die Tragik des Lebens

SAVOIR COMMENTER UN TABLEAU

Potsdamer Platz

Présenter

Es handelt sich um ein Gemälde von Ernst Ludwig Kirchner aus dem Jahr 1914: *Potsdamer Platz*. Kirchner war Mitbegründer und Leiter der ersten expressionistischen Künstlergruppe, *Die Brücke*, die 1905 in Dresden gegründet wurde. 1911 siedelte er nach Berlin über, wo für ihn eine Periode intensiven Schaffens begann, das von dem Erleben der Großstadt tief geprägt war: *Das moderne Licht der Städte, in Verbindung mit der Bewegung der Straßen, gibt mir neue Anregungen.* Aus diesen Eindrücken entstand das Bild *Potsdamer Platz*, eine der typischsten Straßenszenen, die er zu jener Zeit malte.

Décrire

Dargestellt wird eine bewegte Straßenszene in der Nacht. Die Szene spielt in Berlin, auf einem der größten Plätze der Stadt, wo Tag und Nacht Tausende von Menschen aneinander vorbeigehen. Zwei Straßen kreuzen sich und führen zu einem runden Platz im Vordergrund, auf dem zwei Frauen stehen. Sie sind groß, schlank und tragen dunkle Kleider. Ihre Gesichter sind schmal. Jede blickt in eine andere Richtung. Es scheint kein Kontakt zwischen den beiden zu bestehen.

Im Hintergrund sehen wir Männer mit hohen Hüten, die ebenfalls dunkle Kleidung tragen und drei Frauen in hellrotem Kleid. Alle sind zugleich in Bewegung und wie erstarrt. Wir sehen ihre Gesichter nicht, so dass wir die verschiedenen Personen nicht als Individuen, sondern als Prototypen des Großstadtmenschen wahrnehmen. Jeder Mensch scheint seiner Wege zu gehen, ohne auf die anderen zu achten.

Analyser

Die Komposition gibt uns das Gefühl eines eng begrenzten Raums. Dieser Effekt entsteht dadurch, dass das Gebäude im Hintergrund rot ist, während im Vordergrund eher kalte Farben dominieren. Das rote Gebäude rückt dadurch optisch in den Vordergrund, so dass der Eindruck entsteht, dass die Menschen sich in einem geschlossenen Raum ohne Tiefe befinden. Auffallend ist die Art, wie die verschiedenen Farben kombiniert werden. Kirchner verwendet keine realistischen Farben. Die Intensität und der Eigenwert der einzelnen Farben werden durch ungewöhnliche Farbkombinationen zur Geltung gebracht: *Alles ist Fläche und rein spricht der geistige Wert der Farben.* Die scharfen Konturen betonen den Kontrast zwischen den Farben noch zusätzlich.

Das Bild ist also aus vielen aneinandergrenzenden, flächigen Farbformen aufgebaut. Innerhalb dieser Flächigkeit spielen die fast geometrischen Formen, die sich aus hart aneinanderstoßenden Linien bilden, eine besondere Rolle. Der Raum ist durch eckige, ja beinahe aggressive Linien aufgeteilt, die uns ein Gefühl von Dynamik geben. Der dynamische Schwung der Szene entsteht durch die von allen Seiten ineinander stürzenden Formen.

Die groben Pinselstriche (zum Beispiel die strahlenförmig von dem runden Platz ausgehenden, auf dem sich die beiden Frauen befinden) unterstreichen die Aggressivität der verschiedenen Elemente.

Interpréter

Kirchner geht es hier nicht darum, die Welt zu beschreiben oder so darzustellen, wie sie ist, sondern seine Gefühle und Gedanken beim Anblick dieser Welt auszudrücken. Er will das eigentliche Wesen der Dinge aufdecken und darstellen, das sich unter ihrer Oberfläche verbirgt.

In einer gewollten Dramatisierung kommt hier sein Gefühl des Schreckens vor einer untergehenden Welt zum Ausdruck. Hinter der verführerischen Dynamik der Großstadt zeigt er die Einsamkeit des Einzelnen. Tod und Untergang bedrohen das scheinbar Lebendige.

Eine der beiden Frauen im Vordergrund trägt einen schwarzen Schleier. Wenn man bedenkt, dass dieses Bild 1914 entstanden ist, versteht man den symbolischen Wert dieses Schleiers besser. Diese Symbolik ist charakteristisch für die expressionistische Kunst, die in einer historischen Umbruchsituation die Menschen wachrütteln und sie mit der Tragik des Lebens konfrontieren wollte.

TEXT 3
MANUEL 105

Begegnung

Type de texte : *extrait de roman*

Thème : *une rencontre entre deux jeunes gens sur un quai de gare*

L'auteur : *Heiner Müller (1929-1995), écrivain de la RDA, occupe une place à part dans l'histoire de la littérature de l'Allemagne de l'Est. Son œuvre a été très controversée, à l'est comme à l'ouest. Très influencé par Brecht, il se consacra essentiellement au théâtre et poursuivit tout au long de sa vie, souvent sous forme d'interrogations violentes, une réflexion impitoyable sur l'histoire et les problèmes de l'Allemagne contemporaine.*

Texte bref et facile. La compréhension en sera rapide. Ce texte est surtout intéressant comme prétexte à différents exercices d'écriture : imaginer les pensées de chacun des deux personnages, le premier dialogue entre eux qui conduit à la deuxième rencontre, le déroulement de la deuxième rencontre, la suite de leur histoire ..., les sujets possibles sont nombreux.

1 Wer sind die Personen? Was erfahren wir über sie?

Die Personen sind ein junger Mann, von dem wir erfahren, dass er Student ist, und ein Mädchen, von dem wir nichts erfahren, außer dass sie schöne Beine hat.

2 Wo findet die Begegnung statt?

In Berlin, auf einem Bahnsteig.

3 Wer ist die aktive Person?

Die aktive Person scheint der junge Mann zu sein, der sieben Mal hintereinander an dem Mädchen vorbeigeht und sich im Zug neben sie stellt. Es kann natürlich auch sein, dass das Mädchen, das völlig passiv zu sein scheint, das Verhalten des jungen Mannes lenkt.

4 Welche Rolle spielen Blicke, Worte, Bewegungen?

Sie wechseln kein Wort miteinander. Alles spielt sich über die Blicke und Bewegungen ab.

Z. 10 *Er ging weiter auf und ab, so, dass er sie sehen konnte, sah aber nur auf, wenn er sicher war, sie konnte ihn nicht sehen.*

Z. 12 *Vor ihren Augen bemühte er sich, ein imponierendes Gesicht zu machen.*

Z. 17 *Als ein Zug einlief ..., sah er ihr zum ersten Mal in die Augen.*

Z. 18 *Sie blieb stehen und sah ihn an.*

5 Was erfahren wir über die Gedanken des jungen Mannes? Über die Gedanken des Mädchens?

Wir erfahren nichts über die Gedanken des Mädchens und nur wenig über die Gedanken des jungen Mannes:

Z. 4 *... beschäftigt mit Gedanken über sein neues Pensum, die Gleichberechtigung der Frau.*

Z. 8 *Sie hat schöne Beine, dachte er ...*

Z. 27 *Wie, wenn jemand, der ihn solange hatte warten sehen, ihn allein weggehen sah!*

6 Welche Rolle spielen die anderen Menschen, die anwesend sind?

Der junge Mann will nicht, dass die anderen etwas merken.

Z. 13 *Zugleich versuchte er gelangweilt auszusehen, damit die Umherstehenden nichts merkten.*

Z. 27 *Er fühlte sich beobachtet. Wie, wenn jemand, der ihn solange hatte warten sehen, ihn allein weggehen sah!*

7 Wie mag sich die Geschichte wohl weiterentwickeln? Schreiben Sie eine Fortsetzung.

Exercice de rédaction individuel à faire à la maison ou en classe. Il pourra être intéressant de comparer ensuite en classe les différentes idées qu'auront eues les élèves.

SPRACHE
MANUEL 106 • MEMENTO 202/205

L'expression du temps (TEXT 1)

Le poème de Kurt Tucholsky, *Augen in der Großstadt*, s'inscrit dans un cadre temporel qui situe la rencontre fantasmée à la fois dans un moment précis de la vie quotidienne et dans un temps indéfini qui relève de l'éternité et en souligne le caractère impossible.

1 Dans le texte page 98, relevez les indications de temps.

l. 1	*Wenn du zur Arbeit gehst*
l. 2	*Am frühen Morgen*
l. 3	*Wenn du am Bahnhof stehst*
l. 12/24/38	*nie wieder*
l. 13	*dein Leben lang*
l. 15/25	*auf deinem Gang*
l. 20	*für Sekunden*
l. 27	*einen Pulsschlag lang*

2 Les groupes conjonctionnels introduit par *als* ou par *wenn*.

a. Si l'énoncé est au présent ou au futur, on emploie la conjonction ***wenn***.

b. Si l'énoncé est au passé ou au présent historique, on a le choix entre ***als*** et ***wenn*** :

– *Quand* a le sens de *à l'époque où, au moment où* → on emploie ***als***.

– *Quand* a le sens de *chaque fois que, toutes les fois que* → on emploie ***wenn***.

3 Les groupes prépositionnels

INDICATION	PRÉPOSITION (+ DÉTERMINANT)	TRADUCTION
heure	***um*** *zwei Uhr*	à deux heures
partie de la journée	***am*** *Morgen*	***le matin***
	(mais : ***in*** *der Nacht*)	la nuit
journée	***am*** *Montag*	***lundi***
semaine	***in*** *der Woche*	***dans la semaine***
mois	***im*** *Monat Mai*	***au mois de mai***
saison	***im*** *Frühling*	***au printemps***
année	***in*** *diesem Jahr*	***cette année***
siècle	***im*** *21. Jahrhundert*	***au xxie siècle***
fête	***zu*** *Weihnachten*	***à Noël***

Les prépositions sont figées et sont toujours suivies du datif.

4 Complétez par la préposition (+ déterminant) qui convient.

Erste Begegnung

1. Sie erinnerte sich noch genau an ihre erste Begegnung. Es war ***im*** Frühling gewesen, ***zu*** Ostern. Sie war mitten ***in*** der Nacht aufgewacht, ***um*** ein Uhr. Sie hatte sich plötzlich an ihr Examen ***in*** der nächsten Woche erinnert.
2. Erst ***um*** vier Uhr war sie wieder eingeschlafen. ***Am*** nächsten Morgen war sie unruhig. Sie hatte ***im*** letzten Monat nicht genug gearbeitet und musste ***am*** Freitag unbedingt ihr Examen bestehen, weil sie ***im*** kommenden Jahr ein Praktikum im Ausland machen wollte.
3. ***Um*** fünf Uhr war sie spazieren gegangen. Sie wollte ***an*** diesem Nachmittag noch etwas von der Sonne profitieren. Sie hatte sich im Park auf eine Bank gesetzt und auf die Uhr geschaut. ***Um*** sechs Uhr musste sie wieder zu Hause sein, wenn sie ***am*** Abend noch arbeiten wollte.
4. Plötzlich hatte sich ein junger Mann neben sie gesetzt. Er hatte sie angelächelt und sie hatte alles vergessen: Die Ängste ***in*** der Nacht, die Sorgen ***im*** letzten Monat, das Examen ***am*** Freitag und das Praktikum ***im*** kommenden Jahr.
5. ***Zu*** Weihnachten hatten sie geheiratet und ***im*** Jahr darauf war ihre Tochter geboren worden, ***an*** einem sonnigen Nachmittag ***im*** Herbst, ***um*** halb sechs. Hatte sie ***an*** jenem Nachmittag ***im*** Frühling die richtige Entscheidung getroffen?

SPRACHE
MANUEL 107 • MEMENTO 190

Le prétérit (TEXT 3)

Le prétérit est le temps du récit par excellence. Les élèves le rencontrent donc dans la plupart des textes plus au moins littéraires. La variété des formes selon les différents types de verbes nécessite une réactivation constante, aussi bien pour la compréhension que pour l'expression.

1 Dans le texte page 105, relevez les formes au prétérit et classez-les.

Vous pouvez faire relever les formes au prétérit par groupes d'élèves en attribuant quelques lignes à chaque groupe.

VERBES FAIBLES	VERBES FORTS	VERBES FAIBLES IRRÉGULIERS	VERBES DE MODALITÉ	AUXILIAIRES	INFINITIF
(er) lernte					lernen
	(er) ging				gehen
	(sie) stand				stehen
(sie) blickte					blicken
			(er) musste		müssen
		(er) dachte			denken
	(er) sah				sehen
			(er) konnte		können
(er) bemühte sich					sich bemühen
(er) versuchte					versuchen
(sie) merkten					merken
	(er) lief ein				einlaufen
	(sie) blieb				bleiben
	(sie) stieg ein				einsteigen
	(er) kam				kommen
	(es) gelang				gelingen
	(sie) trafen sich				sich treffen
				(er) hatte	haben
(er) rauchte					rauchen
				(sie) wurde	werden
(er) fühlte					fühlen

2 Observez le tableau des formes du prétérit dans le mémento, page 190.

a. Expliquez comment on forme le prétérit des différentes catégories de verbes.

- Pour les verbes faibles, on ajoute la marque *-te* au radical de l'infinitif.
- Les verbes forts subissent un changement de la voyelle du radical de l'infinitif.
- Les verbes faibles irréguliers subissent un changement de la voyelle du radical de *i* ou *e* en *a* + ajout de la marque *-te*.
- Pour les verbes de modalité, on ajoute la marque *-te* au radical de l'infinitif. Quatre parmi eux perdent au prétérit l'*Umlaut* de l'infinitif.

Le verbe ***wissen***, autre prétérito-présent, présente un changement de la voyelle du radical de l'infinitif : ***wissen*** → ***er wusste***.

- Les auxiliaires ***haben***, ***sein*** et ***werden*** ont des formes du prétérit irrégulières : ***er hatte, er war, er wurde.***

b. Quels sont les quatre verbes de modalité qui perdent au prétérit l'*Umlaut* de l'infinitif ?

Il s'agit des verbes de modalité ***müssen***, ***dürfen***, ***können*** et ***mögen***. ***Mögen*** présente en plus un changement consonantique : → ***er mochte.***

c. Quelles sont les marques de personnes communes à tous les verbes ?

Les marques de personnes communes à tous les verbes sont celles du type **B** :

-∅, -st, -∅, -(e)n, -t, (e)n.

3 Mettez les verbes entre parenthèses au prétérit.

Das erste Rendezvous

1. Hans ***warf*** hastig die angerauchte Zigarette auf den Boden, weil er Angst ***hatte***, sein Rauchen würde ihr zeigen, wie nervös er sei. Er ***machte*** ihr ein Zeichen mit der Hand, aber sie ***schien*** ihn nicht zu sehen.
2. So ***ging*** er ihr schnell entgegen und ***bemühte sich***, nicht zu zeigen, wie sehr er sich ***freute***. Sie ***sollte*** glauben, dass er absolut cool sei. Als er fast vor ihr ***stand***, ***konnte*** er sehen, dass auch sie ziemlich aufgeregt ***aussah***.

3. Das ***beruhigte*** ihn in gewisser Weise, aber ihm ***wurde*** plötzlich klar, dass er nicht ***wusste***, was er ihr sagen ***sollte***. Er ***suchte*** verzweifelt nach einem markanten Satz, ***konnte*** aber nur ein banales „Schön, dass du gekommen bist" herausbringen.
4. Sie ***lächelte*** ihn an und ***sagte***: „Das ***war*** doch völlig selbstverständlich. Ich ***hatte*** nur Angst, zu spät zu kommen." Er ***wunderte sich*** über ihre Antwort. ***Durfte*** ein Mädchen so einfach zugeben, dass sie ein Rendezvous mit einem absolut unbekannten Studenten selbstverständlich ***fand?***
5. Er ***dachte*** nach. ***War*** sie gestern vielleicht absichtlich nicht in den ersten Zug eingestiegen? Und ***hatte*** sie sich neben ihn gestellt, während er ***glaubte***, dass er sich neben sie ***stellte?***
6. Er ***wollte*** gern die Gleichberechtigung der Frau akzeptieren, aber er ***fühlte*** sich doch ein bisschen verunsichert! Er ***fragte*** sich, wie die Geschichte wohl weitergehen würde.

4 Transposez ce récit au prétérit.

Liebe auf den ersten Blick

1. Ich ***öffnete*** den Kühlschrank und ***stellte*** fest, dass ich nichts mehr zum Essen im Haus ***hatte***. Da ***gab*** es nur eine Lösung, ich ***musste*** einkaufen gehen. Ich ***machte*** mich mit wenig Lust auf den Weg.
2. Im Supermarkt ***waren*** wie immer so viele Leute, dass ich Mühe ***hatte***, an eine Kasse zu kommen. Vor der Kasse ***stand*** natürlich eine Riesenschlange und ich ***wurde*** langsam ungeduldig.
3. Endlich ***war*** die Person vor mir fast fertig. Aber da ***fing*** die Kassiererin an laut zu schimpfen. Der junge Mann, der vor mir an der Kasse ***stand***, ***hatte*** kein Geld dabei.
4. Plötzlich ***drehte*** er sich um und ***sah*** mir direkt in die Augen. Ich ***vergaß*** alles um mich herum und ***sah*** nur noch ihn.

SPRACHE
MANUEL 108

Connaître les mots

1 À partir du schéma ci-dessous, formez le plus de mots composés possible et donnez leur équivalent français.

der Anblick	la vue, le spectacle
aufblicken – aufblickend	lever les yeux – levant les yeux
der Augenblick	l'instant
erblicken	apercevoir
der Rückblick	la rétrospective
der Weitblick	la clairvoyance
zurückblicken	regarder en arrière
das Blickfeld	le champ visuel
augenblicklich	à l'instant
der Blickpunkt	le point de vue
der Blickwinkel	l'angle de vue, la perspective

2 Choisissez la bonne préposition

auf	aus	um	unter	
✔				den ersten Blick
			✔	diesen Bedingungen
✔				jeden Fall
	✔			diesem Grund
	✔			eigener Initiative
		✔		jeden Preis
✔				diese Weise
			✔	diesen Umständen
			✔	irgendeinem Vorwand

3 Tous les noms suivants sont formés sur un radical verbal, soit sans suffixe, soit avec suffixe. Complétez le tableau et dites quelle règle il fait apparaître.

	RADICAL		GENRE		TRADUCTION
	SANS SUFFIXE	AVEC SUFFIXE	*der*	*die*	
Befehl	✔		✔		l'ordre
Beitrag	✔		✔		la contribution
Decke		✔		✔	la couverture, le plafond
Fahrt		✔		✔	le trajet
Jagd		✔		✔	la chasse
Klang	✔		✔		le son

	RADICAL		GENRE		TRADUCTION
	SANS SUFFIXE	AVEC SUFFIXE	*der*	*die*	
Rede		✔		✔	le discours
Ritt	✔		✔		la chevauchée
Ruf	✔		✔		la réputation
Sprung	✔		✔		le saut
Trieb	✔		✔		la pulsion
Schlag	✔		✔		le coup

Les noms formés sur un radical verbal sans suffixe sont masculins. Ceux formés avec les suffixes *-d*, *-e* et *-t* sont féminins.

4 ***Am* ou *zum* ? Complétez.**

am Anfang — ***am*** Ende — ***zum*** Glück — ***zum*** Spaß
zum Beispiel — ***zum*** ersten Mal — ***zum*** Schluss — ***zum*** Teil

5 Donnez l'adjectif dérivé de chacun des noms suivants et traduisez.

die Angst	la peur	ängstlich	peureux
der Ehrgeiz	l'ambition	ehrgeizig	ambitieux
die Eifersucht	la jalousie	eifersüchtig	jaloux
der Neid	l'envie	neidisch	envieux
die Trauer	le chagrin, le deuil	traurig	triste
die Ungeduld	l'impatience	ungeduldig	impatient
das Vertrauen	la confiance	vertraulich	confidentiel
die Vorsicht	la prudence	vorsichtig	prudent
die Wut	la fureur	wütend	furieux

6 Vérifiez dans le dictionnaire les différents sens de *gerade* et traduisez.

1. Als ich ankam, war er gerade gegangen.
Lorsque je suis arrivé, il venait de partir.
2. Gerade deshalb will ich nicht mitkommen.
C'est précisément pour cela que je ne veux pas venir avec vous.
3. Wir waren gerade beim Essen, als er kam.
Nous étions en train de manger quand il est arrivé.
4. Ich wollte gerade gehen, da klingelte das Telefon.
J'allais partir quand le téléphone a sonné.
5. Lass uns in Ruhe, wir besprechen gerade etwas Wichtiges.
Laisse-nous tranquilles, nous sommes en train de discuter de quelque chose d'important.
6. Sechzehn ist eine gerade Zahl.
Seize est un nombre pair.
7. Warum gerade ich?
Pourquoi justement moi ?
8. Du kommst gerade recht.
Tu arrives à point nommé.
9. Das Geld reicht gerade noch für zwei Tage.
Il reste tout juste assez d'argent pour deux jours.
10. Ich mag es nicht, wenn ein Bild nicht gerade hängt.
Je n'aime pas voir un tableau accroché de travers.
11. Er war heute nicht gerade freundlich zu mir.
Il n'a pas été très aimable avec moi aujourd'hui.

SPRACHE
MANUEL 109

Apprendre à traduire

Une amitié coup de foudre / Coup de foudre amical

Le préfet connaissait le docteur Skowronnek depuis longtemps, comme il connaissait d'autres habitués du café, ni plus, ni moins. Un après-midi, ils étaient assis face à face, chacun à moitié caché par un journal ouvert et déplié. Comme obéissant à un commandement, ils posèrent tous deux les journaux et leurs regards se rencontrèrent. Simultanément et tout d'un coup, ils s'aperçurent qu'ils avaient lu le même article.
C'est à juste titre que les connaisseurs mettent en doute

l'existence de l'amour coup de foudre. Mais qu'il existe une amitié coup de foudre, une amitié entre hommes d'un âge avancé, cela ne fait aucun doute.
Le docteur Skowronnek s'approcha de la table du préfet.
« Vous jouez aux échecs ? », demanda le Docteur Skowronnek.
« Volontiers ! » dit le préfet.

Ils n'avaient pas besoin de se donner rendez-vous. Ils se retrouvaient chaque après-midi à la même heure. Ils arrivaient au même moment. Il semblait régner dans leurs habitudes quotidiennes un accord convenu. Durant la partie d'échecs, ils échangeaient à peine une parole. Ils n'éprouvaient d'ailleurs pas le besoin de se parler.

Joseph ROTH, *La Marche de Radetzky*, 1932

ZUR DEBATTE

MANUEL 110-111

1 Singles in der Großstadt

Type de document : *quatre prises de position*
Thème : *Quatre célibataires parlent de la grande ville et des possibilités qu'elle offre.*

Transcription

Durée : 3'11"

KERSTIN Als Single in der Großstadt leben? Ich kann mir nichts Besseres vorstellen. So eine Millionenstadt ist ideal für Singles wie mich, die gerne ausgehen und unter Leuten sind. Da ist immer was los! Außerdem schätze ich die Anonymität der Großstadt. Das ist für eine unverheiratete Frau wie mich genau das Richtige. Niemand kümmert sich darum, wer mit wem wann wo was wie macht.

Früher habe ich in einer Kleinstadt gelebt und unter dem Klatsch der Leute sehr gelitten. Dort kennen sich die meisten viel zu gut und mischen sich in die Angelegenheiten der anderen ein. Nee, das ist nichts für jemanden wie mich, der seine Freiheit braucht, seine Unabhängigkeit.

MAX Es ist eine Illusion, dass man in der Großstadt leicht Freunde findet. Im Gegenteil! Die Leute hier sind doch viel zu gestresst! Time is money! Zeit haben für andere? Das ist nicht drin! Deshalb sind die meisten Großstädter ja auch ziemlich kühl und ungeduldig. Wie soll man da nette Leute kennen lernen? Ich persönlich habe mich noch nie so einsam gefühlt. Seit acht Monaten lebe ich hier im siebten Stock und kenne noch keinen meiner Nachbarn. Obwohl ich es versuche. Grüße ich im Fahrstuhl, wird mir oft nicht einmal geantwortet. Großstädter sind doch nur mit sich selbst beschäftigt. Sie kümmern sich nicht um andere.

EVA Nach der Arbeit würde ich abends gern mit Freunden gemütlich zusammensitzen. Aber ich habe hier noch keine Freunde! Und ich bin zu schüchtern, um allein auszugehen. Ich schaffe es nicht, mich in eine Bar zu setzen, wo so viele fremde Leute sind. Deshalb bleibe ich hier lieber in meiner Wohnung. Da wo ich herkomme, in meiner kleinen Provinzstadt, gehe ich gern aus, weil ich fast alle Leute kenne. Da feiern wir noch richtige Feste zusammen und haben alle einen Riesenspaß. Das ist hier in der Großstadt ganz anders. Da bin ich viel allein – und eben leider immer noch Single!

RALF Das Großstadtleben ... Wenn es nicht schon erfunden worden wäre, müsste man es erfinden. Was gibt es Abwechslungsreicheres als das Zusammenleben von mehr als einer Million Menschen auf recht engem Raum? Da ist immer was los, da langweilt man sich nie. Wer die Einsamkeit sucht, sollte natürlich woanders wohnen! Aber das ist nicht mein Fall. So als Single wird man natürlich ständig angesprochen und hat die Qual der Wahl. Als begeisterter Konzert- und Theaterbesucher profitiere ich außerdem von dem reichen kulturellen Angebot. Und dabei kann man sehr interessanten Leuten begegnen.

Préparation de l'écoute

Notez au tableau les différentes propositions des élèves sur les avantages et les inconvénients de la vie dans une grande ville. Vous travaillerez livres fermés. Vous pouvez aussi leur demander où ils aimeraient vivre plus tard.

Compréhension

1 Hören Sie sich an, was Kerstin, Max, Eva und Ralf über das Leben eines Singles in der Großstadt denken.

Les élèves prennent connaissance de l'exercice *avant* l'écoute.

1 RALF langweilt sich dort nie.
2 MAX meint, Großstädter seien gestresst und hätten für andere keine Zeit.
3 KERSTIN findet die Großstadt ideal für Leute, die gerne ausgehen.
4 RALF hat als Single die Qual der Wahl.
5 EVA ist zu schüchtern, um sich allein in eine Bar zu setzen.
6 MAX fühlt sich in der Großstadt sehr einsam.
7 KERSTIN schätzt die Anonymität der Großstadt.
8 RALF findet das Zusammenleben der Großstädter sehr abwechslungsreich.

9 KERSTIN hat in der Kleinstadt früher viel unter dem Klatsch der Leute gelitten.

10 RALF nutzt das reiche kulturelle Angebot, um interessanten Leuten zu begegnen.

Expression

2 **Wo können junge Leute am besten Bekanntschaften machen? Vergleichen Sie Ihre Antworten mit denen Ihrer Mitschüler.**

Demandez aux élèves de répondre à cette question livres fermés et comparez avec la liste du livre. Cela peut être l'occasion de réviser le locatif et les groupes prépositionnels de lieu (***auf*** der Straße, ...).

Propositions

im Zug, im Flugzeug, am Strand, in der Kirche, in einem Aufzug / Fahrstuhl, in einem Abendkurs, in einem Verein, beim Karneval, beim Trampen.

2 Liebe auf den ersten Blick

Type de document : *dialogue*

Thème : *les charmes et les dangers du coup de foudre*

Transcription

Durée : 2'57"

LOTTE Mensch, Johanna! Du weißt nicht, was mir in den letzten Tagen passiert ist!

JOHANNA Ich weiß es nicht, aber ich kann es fast erraten.

LOTTE Wieso?

JOHANNA Irgendwie scheint mir, liebe Lotte, als wäre da ein Mann in dein Leben getreten.

LOTTE Woher ... Wie hast du das rausgefunden?

JOHANNA Du hast dich doch total verändert. So habe ich dich noch nie gesehen. Lotte im Minirock und mit hohen Absätzen! Und so strahlend, so heiter!

LOTTE Johanna. So, so glücklich war ich noch nie, echt, nie, in meinem ganzen Leben. Ich kann nur noch an ihn denken und lebe nur noch für ihn. Ich wusste gar nicht, dass es sowas gibt.

JOHANNA Na, komm, erzähl mal!

LOTTE Tja. Er ist Philosophiestudent, im 9. Semester! Hat eine kleine Dachwohnung, ein altes klappriges Auto und ist einfach ... ich kann's mit Worten gar nicht ausdrücken ...

JOHANNA Lass man. Ich versteh's schon. Du bist über beide Ohren verknallt.

LOTTE Verknallt? Viel mehr! Ich liebe ihn. Ich kann ohne ihn nicht mehr leben. Ich ...

JOHANNA Wo habt ihr euch denn kennen gelernt?

LOTTE Das ist eine ganz irre Geschichte. Fügung, Schicksal! Wir mussten uns einfach kennen lernen. Es ist kein Zufall. Nein, reine Notwendigkeit. Wir sind füreinander gemacht.

JOHANNA Also wo?

LOTTE Im Supermarkt. An einer Kasse. Er war vor mir und ... Weißt du, er ist ein richtig zerstreuter Professor ... also, er hatte kein Geld dabei, und hinter uns war eine Schlange von gestressten Leuten.

JOHANNA Und da hast du bezahlt.

LOTTE Ich konnte nicht anders – bei den tollen Augen! Er war so süß verlegen, mit einem so melancholischen Blick. Wir sind dann mit seiner alten Kiste zu ihm gefahren ... Tja und seitdem ... Es war Liebe auf den ersten Blick!

JOHANNA Und jetzt? Willst du zu ihm ziehen und für ihn waschen und kochen und so, während er Platon, Kant und Spinoza liest?

LOTTE Woher weißt du das?

JOHANNA Sag mir noch eins. Du solltest doch bald für ein Jahr nach Dublin. Was wird daraus?

LOTTE Das habe ich abgesagt. Das geht jetzt nicht mehr. Ich frage mich sogar, ob ich nicht das Studium wechseln und Philosophie studieren sollte. Dann könnten wir beide gemeinsam ...

JOHANNA Lotte ... Jetzt hör mir mal zu. Lass dir damit ein bisschen Zeit. Genieß deine Beziehung – klar, ja, aber warte erst mal ab, wie sich das alles entwickelt, bevor du solche Entscheidungen triffst.

LOTTE Wieso?

JOHANNA Man darf bei einer so leidenschaftlichen Liebesgeschichte nicht alles überstürzen. Es kann eben doch nur ein Abenteuer sein.

LOTTE Phh. Ein Abenteuer!

JOHANNA Wenn du willst, dass daraus wahre Liebe wird, darfst du dich selbst nicht ganz aufgeben.

LOTTE Ach Quatsch!

Compréhension

Le dialogue est parfois drôle, le personnage de Lotte étant la caricature même de la jeune femme amoureuse. Son comportement passionnel fait craindre des difficultés, voire une issue tragique, ce que Johanna, l'amie de Lotte, pressent bien. Mais ses mises en garde semblent vaines.

Les élèves ne doivent découvrir les exercices qu'après une première écoute.

1 **Hören Sie sich das Gespräch zwischen Lotte und ihrer Freundin Johanna an.**

a. **Wie haben sich Lotte und ihr neuer Freund kennen gelernt? Ergänzen Sie.**

Sie haben sich in einem ***Supermarkt*** kennen gelernt.

Die anderen Leute waren sehr ***gestresst***.

Lotte hat ihm seine Einkaufssachen ***bezahlt***.

Sie sind zusammen in seine Wohnung ***gefahren***.

b. Lotte will für ihre große Liebe ihr Leben ändern. Welche Pläne hat sie?

1. Sie will zu ihrem neuen Freund ziehen.

5. Sie will Philosophie studieren.

c. Johanna ist sehr realistisch. Was rät sie ihrer Freundin? Vervollständigen Sie die Sätze mit dem passenden Verb.

Sie soll sich Zeit ***lassen***.
Sie soll ihre Beziehung ***genießen***.
Sie soll erst einmal ***abwarten***.
Sie soll nicht alles ***überstürzen***.
Sie soll sich selbst nicht ***aufgeben***.

Expression

2 Wie erklären Sie sich Johannas Reaktion auf Lottes leidenschaftliche Liebe?

Johanna scheint sehr viel vernünftiger, realistischer und sachlicher zu sein als Lotte. Vielleicht hat sie auch mehr Lebenserfahrung als ihre Freundin. Oder sie ist schon einmal bei einer leidenschaftlichen Liebe verletzt worden und ist in Bezug auf Beziehungen jetzt sehr viel nüchterner. Sie hat Angst, dass Lotte, die die Welt im Augenblick durch eine rosarote Brille sieht, zu schnell Entscheidungen trifft, die ihr Leben völlig verändern. Johanna möchte verhindern, dass Lotte zu viel von ihrer Eigenständigkeit aufgibt und zu sehr von ihrem Freund abhängig wird.

3 Und was würden Sie Lotte raten?

Les réponses des élèves dépendent de leur propre expérience – et de leur bonne volonté à jouer le jeu, car le thème abordé ne peut conduire à un débat sérieux que si la classe est ouverte à ce genre de sujet.

Si les élèves sont réticents, vous pouvez éventuellement faire inventer un dialogue entre Lotte et son père, sa mère (ou une autre personne) en partant de la situation suivante : Lotte a laissé tomber tous ses projets pour travailler dans un restaurant, afin de permettre à son philosophe de continuer ses études.

3 Nie mehr allein

Les activités qui suivent ont un objectif ludique, récréatif. Elles peuvent servir d'intermède pour remotiver des élèves après une phase de travail plus difficile et avant de reprendre un travail qui demande une plus grande concentration.

1 Beschreiben Sie die Karikatur auf Seite 111.

Vocabulaire à donner :
eine Heiratsanzeige aufgeben / auf eine Annonce antworten / ein erstes Treffen / Rendezvous vereinbaren / ausmachen

2 Lesen Sie die folgenden Annoncen durch. Versuchen Sie im gleichen Stil die Annonce zu verfassen, auf die der Mann auf der Karikatur geantwortet haben könnte.

Quelques remarques concernant les annonces :

pour a. : les indications 24 / 189 / 81 correspondent à l'âge, à la taille et au poids de l'auteur de l'annonce.

pour b. : la jeune femme donne aussi son âge et sa taille. Les autres chiffres correspondent à ses mensurations « à la Marylin Monroe ».

3 In Zeitungen werden Annoncen oft abgekürzt, um Platz und Geld zu sparen. Schreiben Sie folgende Annoncen aus.

a. Charmanter, sportlicher Kraftfahrzeugmechaniker (26 / 175) dunkelblond, schlank; Lust an Sportwagen, Formel-1-Rennen wünscht sich südländische „schöne Helena“ (bis 25), romantisch, weiblich, sympathisch, mit außergewöhnlicher Karosserie und Turbomotor! Antwort garantiert nur bei Bildzuschrift.

b. Hallo! Nette natürliche, zierliche Frau (Krankenschwester), 22, dunkelhaarig, emotional stark, aber romantisch, sucht dich: circa 25, sehr männlich, lebenslustig, warmherzig, gut situiert, für aufregende Romanze oder mehr.

4 Schreiben Sie jetzt die Annonce, auf die Sie gerne antworten würden.

Exercice ludique qui est l'occasion de passer en revue les mots et expressions à connaître pour faire le portrait de quelqu'un.

LANDESKUNDE
MANUEL 112-113

Der Reichstag in Berlin

Après la lecture du texte et l'analyse des documents, cette double page peut être le point de départ de multiples travaux de recherches.

La chronologie est l'occasion d'un bref survol de l'histoire allemande. Vous pouvez la compléter en vous reportant aux pages *Daten der deutschen Geschichte* présentées dans le manuel de Première, ainsi qu'aux transparents 10 *(Deutschland 1871, 1919, 1949)* et 13 *(Aus der deutschen Geschichte)* de la série des transparents *Warum*.

Par ailleurs, nous vous recommandons le site suivant qui présente des documents intéressants et suggestifs: www.deutsche-schutzgebiete.de/reichstag.htm.

Pour ce qui concerne le fonctionnement du Bundestag, outre le site du Bundestag lui-même (http://www.bundestag.de), nous vous recommandons l'utilisation de *Tatsachen über Deutschland* (publication de *Presse- und Informationsamt der Bundesregierung*; régulièrement réactualisée) ainsi que de l'ouvrage de Jean-Claude Capèle, *L'Allemagne hier et aujourd'hui* (Hachette Supérieur, 1996).

Il pourrait être par ailleurs intéressant d'envisager un travail commun avec le professeur d'histoire, en particulier en ce qui concerne la comparaison entre le Bundestag et l'Assemblée Nationale.

ERWACHSEN WERDEN

Le thème de ce dossier concerne très directement les élèves de Terminale, qui arrivent à la fin de leurs années de lycée et, de ce fait, à un tournant de leur vie.

Le tableau qui se trouve sur la première double page du dossier illustre le thème d'une manière qui, à première vue, n'est guère engageante. Il sera intéressant de faire réfléchir les élèves sur sa signification. Il ne s'agit évidemment pas d'une représentation réaliste, mais de la projection d'une vision intérieure. Devenir adulte, n'est-ce pas d'abord se dégager de l'image que l'on porte en soi dans l'enfance de parents tout puissants, et les mettre à leur juste dimension et à leur juste place ?

- Le TEXTE 1, extrait de *Brief an den Vater* de Kafka, nous montre justement une figure paternelle qui reste aussi écrasante pour l'adulte qui écrit qu'elle l'était pour l'enfant terrorisé et sans défense d'autrefois.
- Le TEXTE 2, extrait du roman de Bernhard Schlink, *Der Vorleser*, décrit une scène familiale décisive durant laquelle le narrateur dit adieu à son rôle d'enfant pour trouver son propre chemin.
- Le TEXTE 3 évoque, sur un ton fort différent – celui de l'humour – la difficulté qu'ont souvent les parents à accepter que leur enfant devienne adulte et ne dépende plus d'eux.
- La double page ZUR DEBATTE présente deux enregistrements qui incitent les élèves à réfléchir de manière plus théorique à ce que cela signifie, « être adulte », et une caricature de Marie Marcks riche d'implicite qui est de ce fait un excellent levier de parole.
- Enfin la double page KULTUR consacrée à Franz Kafka éclaire et prolonge le TEXTE 1 et donnera peut-être envie aux élèves de découvrir un peu plus cet auteur.

TEXT 1

Manuel 116-119

Liebster Vater

Type de texte : *extraits de la lettre que Kafka écrivit à son père à l'âge de 36 ans*

Thème : *la crainte que son père lui a toujours inspirée*

Objectif linguistique : *le groupe infinitif (manuel p. 124)*

L'auteur : *Franz Kafka (voir manuel p. 119 et 130-131)*

Texte difficile, mais superbe, qui – l'expérience l'a montré – touche réellement un grand nombre d'élèves. Nous vous conseillons de le leur faire lire partie par partie, en suivant la démarche de lecture guidée proposée dans la partie *Préciser*, afin qu'ils ne risquent pas d'être découragés par la longueur et la difficulté du texte.

Vous pouvez partir de l'observation du tableau de Beckmann présenté en p. 117 et des réactions qu'il suscite chez les élèves. La brutalité extrême qui émane du personnage peut choquer. Mais le caractère outré de cette représentation – il ne s'agit évidemment pas d'une représentation réaliste – peut aider à saisir la dimension fantasmatique de la figure paternelle qui se dessine dans le texte de Kafka.

Il est intéressant de compléter la lecture de ce texte par la double page KULTUR consacrée à l'auteur. Vous pouvez aussi l'utiliser comme préparation à cette lecture.

1 Wer schreibt an wen?

Franz Kafka schreibt an seinen Vater.

2 Wie alt ist der Autor, als er diesen Text schreibt?

Er ist 36 Jahre alt.

3 Welche Frage des Vaters will er beantworten? Warum will er sie schriftlich beantworten?

Er will seinem Vater dessen Frage beantworten, warum er, sein Sohn, Angst vor ihm habe. Er kann diese Frage nur schriftlich beantworten, einerseits weil er immer noch Angst vor seinem Vater hat und andererseits, *weil zur Begründung dieser Furcht zu viele Einzelheiten gehören, als dass ich sie im Reden halbwegs zusammenhalten könnte.*

4 Aus wie vielen Teilen besteht dieser Auszug?

Dieser Auszug besteht aus einer Einleitung (Zeilen 1 bis 6) und drei weiteren Abschnitten.

5 Lesen Sie die Zeilen 7 bis 23.

– **Wann hat diese Szene gespielt?**

Z. 7 *Direkt erinnere ich mich nur an einen Vorfall aus den ersten Jahren.*

– **Was wollte das Kind?**

Z. 8 *Ich winselte einmal in der Nacht immerfort um Wasser, gewiss nicht aus Durst, sondern wahrscheinlich teils um zu ärgern, teils um mich zu unterhalten.*

– **Wie reagierte der Vater?**

Z. 10 *Nachdem einige starke Drohungen nicht geholfen hatten, nahmst Du mich aus dem Bett, trugst mich auf die Pawlatsche und ließest mich dort allein vor der geschlossenen Tür ein Weilchen im Hemd stehen.*

– **Wie empfand das Kind diese Reaktion?**

Es empfand sie als außerordentlich schrecklich und unverständlich.

– **Was ist für Kafka unverständlich?**

Z. 17 *Das für mich Selbstverständliche des sinnlosen Ums-Wasser-Bittens und das außerordentlich Schreckliche des Hinausgetragenwerdens konnte ich meiner Natur nach niemals in die richtige Verbindung bringen.*

– **Welche Wirkung hatte diese Szene auf das Kind?**

Z. 16 *Ich war damals nachher wohl schon folgsam, aber ich hatte einen inneren Schaden davon.*

Z. 19 *Noch nach Jahren litt ich unter der quälenden Vorstellung, dass der riesige Mann, mein Vater, die letzte Instanz, fast ohne Grund kommen und mich in der Nacht aus dem Bett auf die Pawlatsche tragen konnte und dass ich also ein solches Nichts für ihn war.*

6 Lesen Sie die Zeilen 24 bis 35.

– **Wo spielt diese Szene?**

Sie spielt im Schwimmbad.

– **Handelt es sich um eine einmalige Szene?**

Es handelt sich um eine Szene, die das Kind mehrmals erlebt hat:

Z. 25 *Ich erinnere mich zum Beispiel daran, wie wir uns öfters zusammen in einer Kabine auszogen.*

– **Wie fühlte sich das Kind neben seinem Vater? Warum?**

Z. 24 *Ich war ja schon niedergedrückt durch Deine bloße Körperlichkeit.*

Z. 27 *Ich mager, schwach, schmal. Du stark, groß, breit.*

Z. 27 *Schon in der Kabine kam ich mir jämmerlich vor, und zwar nicht nur vor Dir, sondern vor der ganzen Welt …*

Z. 30 *… ich an Deiner Hand, ein kleines Gerippe, unsicher, bloßfüßig auf den Planken, in Angst vor dem Wasser, unfähig, Deine Schwimmbewegungen nachzumachen …*

Z. 33 *… dann war ich sehr verzweifelt …*

– **Nahm der Vater die Gefühle des Kindes wahr?**

Er scheint sie überhaupt nicht wahrgenommen zu haben:

Z. 31 *Deine Schwimmbewegungen […], die Du mir in guter Absicht, aber tatsächlich zu meiner tiefen Beschämung immerfort vormachtest …*

7 Lesen Sie die Zeilen 36 bis 45.

– **Wird ein besonderes Ereignis erzählt?**

In diesem Absatz wird kein besonderes Ereignis erzählt. Der Autor beschreibt, wie sein Vater auf ihn wirkte, wie er sein Verhalten empfand.

– **Wie drückte sich *die geistige Oberherrschaft* des Vaters aus?**

Z. 37 *… infolgedessen hattest Du unbeschränktes Vertrauen zu Deiner Meinung.*

Z. 40 *Deine Meinung war richtig, jede andere war verrückt, überspannt, meschugge, nicht normal.*

Z. 41 *Dabei war Dein Selbstvertrauen so groß, dass Du gar nicht konsequent sein musstest und doch nicht aufhörtest, Recht zu haben.*

– **Wie wirkte er durch sein Verhalten auf seinen Sohn?**

Z. 44 *Du bekamst für mich das Rätselhafte, das alle Tyrannen haben, deren Recht auf ihrer Person, nicht auf dem Denken begründet ist.*

8 Welches Bild des Vaters zeichnet sich ab?

– **Suchen Sie im Text nach allen Wörtern, die den Vater bezeichnen. Zu welchem Wortfeld gehören sie?**

Z. 20 *der riesige Mann, mein Vater, die letzte Instanz*

Z. 27 *Du stark, groß, breit.*

Z. 29 *Du warst für mich das Maß aller Dinge.*

Z. 44 *Du bekamst für mich das Rätselhafte, das alle Tyrannen haben, deren Recht auf ihrer Person, nicht auf dem Denken begründet ist.*

Alle Wörter, die der Verfasser benutzt, um den Vater zu bezeichnen, zeugen davon, dass der Vater für ihn tatsächlich das Maß aller Dinge, die für alles maßgebende Person ist.

– **War sich der Vater seiner Wirkung auf seinen Sohn bewusst?**

Er war sich seiner Wirkung auf seinen Sohn nicht

bewusst und ist es anscheinend auch später nicht geworden.

Z. 1 *Du hast mich letzthin einmal gefragt, warum ich behaupte, ich hätte Furcht vor Dir.*

Er beruft sich auf die „Behauptung" seines Sohnes, nicht auf dessen Verhalten, das er wahrscheinlich einfach missbilligt hat, ohne sich nach den Gründen dieses Verhaltens zu fragen.

– **Macht Kafka seinem Vater Vorwürfe?**

In diesen Auszügen macht er ihm keinen einzigen Vorwurf. Er versucht sogar, sein Verhalten zu erklären und dadurch beinahe zu rechtfertigen.

Z. 13 *Ich will nicht sagen, dass das unrichtig war, vielleicht war damals die Nachtruhe auf andere Weise wirklich nicht zu verschaffen …*

Z. 31 *… Deine Schwimmbewegungen […], die Du mir in guter Absicht […] immerfort vormachtest …*

9 Was erfahren wir über die Gefühle des Autors seinem Vater gegenüber?

– **als Kind**

Er fürchtete sich vor seinem Vater, den er als übermächtig empfand und dem er völlig ausgeliefert war. Er fühlte sich völlig niedergedrückt *(Ich war ja schon niedergedrückt durch Deine bloße Körperlichkeit)* und wertlos *(dass ich also ein solches Nichts für ihn war).*

– **als junger Mann**

Er war vor allem durch die geistige Oberherrschaft des Vaters niedergedrückt.

– **als Erwachsener**

Als er diesen Brief schreibt, hat er immer noch Angst vor seinem Vater:

Z. 3 *… zum Teil eben aus der Furcht, die ich vor Dir habe …*

10 Was hätte sich das Kind von seinem Vater gewünscht?

Z. 24 *Damals und damals überall hätte ich die Aufmunterung gebraucht.*

Das Kind sehnte sich nach Zuspruch und Bestätigung. Es wünschte sich, dass sein Vater auf seine Persönlichkeit, auf sein Anderssein eingeht, dass er seine Bedürfnisse anerkennt und versteht und dass er seinen Sohn unterstützt.

11 Welchen Einfluss hatte das Verhalten seines Vaters auf ihn?

Er hatte kein Selbstvertrauen und fühlte sich sein ganzes Leben lang von permanenten Schuldgefühlen und Ängsten gequält. Die Tatsache, dass er nie das Gefühl hatte, von seinem Vater anerkannt zu werden, führte ihn zu ständigen Selbstzweifeln, wie er es in folgenden Auszügen erklärt:

Dieses mich oft beherrschende Gefühl der Nichtigkeit […] stammt vielfach von deinem Einfluss. Ich hätte ein wenig Aufmunterung, ein wenig Freundlichkeit, ein wenig Offenhalten meines Weges gebraucht, statt dessen verstelltest du ihn mir, in der guten Absicht freilich, dass ich einen anderen Weg gehen sollte. Aber dazu taugte ich nicht.

Wenn ich etwas zu tun anfing, was Dir nicht gefiel, und Du drohtest mir mit dem Misserfolg, so war die Ehrfurcht vor Deiner Meinung so groß, dass damit der Misserfolg, wenn auch vielleicht erst für eine spätere Zeit, unaufhaltsam war. Ich verlor das Vertrauen zu eigenem Tun. Ich war unbeständig, zweifelhaft.

Je älter ich wurde, desto größer war das Material, das Du mir zum Beweis meiner Wertlosigkeit entgegenhalten konntest, allmählich bekamst Du in gewisser Hinsicht wirklich Recht. Wieder hüte ich mich zu behaupten, dass ich nur durch Dich so wurde; Du verstärktest nur, was war, aber Du verstärktest es sehr, weil Du mir gegenüber sehr mächtig warst und alle Macht dazu verwendetest.

12 Diesen Brief hat Kafka seinem Vater nie gegeben. Warum wohl?

Er wusste ja, dass jeder Dialog unmöglich war, wie er es in dem Brief erklärt. Vor allem liegt es aber wahrscheinlich daran, dass er auch als Erwachsener immer noch das völlig verunsicherte Kind war, das nicht weiß, wie es sich seinem Vater gegenüber behaupten soll. Vielleicht hätte er das Gefühl gehabt, dem Vater völlig ausgeliefert zu sein, wenn er ihm den Brief gegeben hätte, und wollte sich selbst schützen.

Entraînement à l'oral du bac

Résumer

Franz Kafka will die ***Frage*** des Vaters beantworten, warum er behaupte, er habe ***Angst*** vor ihm. Er kann diese ***Frage*** nur schriftlich beantworten, einerseits weil er immer noch ***Angst*** vor ihm hat und ***andererseits*** weil er nur durch sehr viele konkrete ***Einzelheiten*** diese ***Angst*** erklären kann.

Der Text besteht aus einer ***Einleitung*** und aus ***drei*** Teilen.

Im ersten Auszug erzählt Kafka eine Szene aus der frühen Kindheit: Eines Nachts wurde er von seinem Vater aus dem ***Bett*** geholt und nach draußen auf die ***Pawlatsche*** getragen, weil er nicht ***schlafen*** wollte und um Wasser ***winselte.***

Im zweiten Auszug schildert er, wie schmerzlich für ihn im ***Schwimmbad*** der Gegensatz zwischen der körperlichen ***Stärke*** des Vaters und der eigenen ***Schwäche*** war.

Im dritten Auszug beschreibt er die ***geistige*** Oberherrschaft des Vaters, der grundsätzlich immer ***Recht*** hatte und den er daher als einen ***Tyrannen*** empfand.

TEXT 2
MANUEL 120-122

Beim Abendessen

ENTRAÎNEMENT À L'ÉCRIT DU BAC

Type de texte : *extrait de roman*
Thème : *l'adieu à l'enfance*
Objectif linguistique : *la comparaison irréelle (manuel p.125)*
L'auteur : *Bernhard Schlink est né en 1944. Il vit à Bonn et Berlin et exerce la profession de juge. Il est l'auteur de plusieurs romans policiers couronnés de grands prix. Son roman* Der Vorleser *(titre français :* Le Liseur*) a été traduit en 26 langues et est devenu un bestseller international.*

Ce texte se prête bien à un entraînement à l'écrit du bac. Sur le plan linguistique, il n'est pas très difficile, mais il exige, pour être compris, une lecture très attentive. Il est en particulier indispensable de bien distinguer récit et dialogue, et de repérer à chaque fois qui parle, pour saisir les rapports entre les différentes personnes présentes. Il est en outre riche en implicite, et peut donc servir de point de départ à des exercices d'expression écrite particulièrement intéressants.

1 Wählen Sie einen anderen passenden Titel für diesen Text.

– Abschied von der Kindheit

2 Richtig oder falsch? Begründen Sie Ihre Antwort mit einem Zitat aus dem Text.

	R	F
1. Die Szene spielt zu Hause in der Familie.	✔	
2. Der Erzähler hat vier Geschwister.		✔
3. Der Erzähler kommt kurz vor dem Abendessen nach Hause.		✔
4. Er erzählt, er habe die Straßenbahn verpasst.		✔
5. Er will nicht wieder in die Schule gehen.		✔
6. Der Arzt hat gesagt, er dürfe erst in drei Wochen wieder in die Schule gehen.	✔	
7. Die Mutter fragt den Vater nach seiner Meinung.	✔	
8. Der Vater sagt sofort, was er davon hält.		✔
9. Er ist nicht damit einverstanden, dass sein Sohn schon am nächsten Tag wieder in die Schule geht.		✔
10. Der Erzähler entscheidet selbst, wieder in die Schule zu gehen.	✔	

3 Erklären Sie, warum der Erzähler das Gefühl hat, dass für ihn an diesem Abend etwas Entscheidendes passiert ist.

Der Erzähler hat das Gefühl, an diesem Abend Abschied vom Familienleben zu nehmen. Es ist ihm, als würde er zum letzten Mal mit seinen Eltern und Geschwistern bei Tisch sitzen, als würde er die vertraute Szene des gemeinsamen Abendessens zum letzten Mal erleben. In Wirklichkeit nimmt er Abschied von der Rolle, die er als Kind in der Familie gespielt hat. Durch seine mehrmonatige Krankheit und vor allem durch die Begegnung mit der Frau, in die er sich verliebt hat, hat sich in ihm eine innere Verwandlung vollzogen. Aus dem Kind ist ein junger Mann geworden.

4 *Wenn* oder *als*? Ergänzen Sie.

1. ***Als*** ich ein Kind war, hatte ich wenig Kontakt zu meinem Vater.
2. ***Wenn*** ich meinem Vater eine Frage stellte, hatte ich immer das Gefühl, ihn in seinen Gedanken zu stören.
3. ***Wenn*** ich später selbst Kinder habe, werde ich ihnen mehr Aufmerksamkeit schenken.
4. ***Als*** ich an jenem Abend nach einem langen Spaziergang nach Hause kam, saßen alle schon beim Abendessen.
5. ***Als*** ich sagte, dass ich mich verirrt hatte, wurden sie misstrauisch.
6. Mein Bruder machte sich über mich lustig, wie er es immer tat, ***wenn*** ich irgendwas sagte, was ihm nicht gefiel.
7. Wie immer tat mein Vater, ***als*** hätte er nichts gehört.

5 Setzen Sie die richtige Präposition ein.

1. Mein Vater kümmerte sich wenig ***um*** uns Kinder.
2. Er antwortete kaum ***auf*** unsere Fragen.
3. Er erzählte nie etwas ***von*** sich.
4. Wir konnten nie mit ihm ***über*** unsere Sorgen sprechen.
5. Wir hatten uns alle ***an*** sein Schweigen gewöhnt.
6. Ich habe aber sehr ***unter*** seiner Schweigsamkeit gelitten.

7. Wir wussten, dass er sich eigentlich nur ***für*** seine Arbeit wirklich interessierte.
8. ***An*** unseren Gesprächen nahm er nie teil.
9. Wenn ich ihn ***mit*** anderen Vätern verglich, war ich sehr traurig.
10. Ich sehnte mich so sehr ***nach*** einem Vater, für den wir Kinder das Wichtigste gewesen wären.

6 Ersetzen Sie *als* durch *als ob.*

Mir war, als ob wir das letzte Mal gemeinsam um den runden Tisch säßen, als ob wir das letzte Mal von den alten Tellern mit den grünen Ranken am Rand äßen, als ob wir das letzte Mal so vertraut miteinander redeten.

7 Ergänzen Sie folgenden Text.

Wenn wir Kinder unser***en*** Vater sprechen wollten, gab ***er*** uns Termine wie sein***en*** Studenten. Er arbeitete ***zu*** Hause und ging in ***die*** Universität nur, um seine Kollegs und Seminare ***zu*** halten. Die Kollegen und Studenten, ***die*** ihn sprechen wollten, kamen ***zu*** ihm nach Hause. Ich erinnere m***ich*** an Reihen von Studenten, die im Korridor an d***er*** Wand lehnten und warteten, bis sie an ***die*** Reihe kamen, manche lesend, andere die Stadtansichten betracht***end***, ***die*** im Korridor hingen, andere ins Leere starrend, alle stumm, bis auf einen verlegenen Gruß, ***wenn*** wir Kinder grüßend durch den Flur gingen. Wir selbst warteten nicht im Flur, wenn unser**Ø** Vater uns einen Termin gegeb***en*** hatte. Aber auch wir klopften zum festgesetzt***en*** Zeitpunkt ***an*** die Tür sein***es*** Arbeitszimmers und wurden herein***ge***rufen.

8 Übersetzen Sie den Text von *Ich fühlte mich …* (Zeile 35) bis zum Ende.

J'avais le sentiment qu'il s'agissait d'une scène d'adieux. J'étais encore là, et j'étais déjà parti. J'avais la nostalgie de ma mère, de mon père, de mon frère et de mes sœurs, et j'avais envie d'être avec cette femme.

Mon père me jeta un coup d'œil. « Demain, je retourne au lycée – c'est bien cela que tu as dit, n'est-ce pas ? »

« Oui. » Il avait donc remarqué que c'était à lui et non à ma mère que je m'étais adressé et que je n'avais pas dit non plus : « Je me demande si je dois retourner ou non au lycée. »

Il hocha la tête. « Eh bien, retourne au lycée. Si c'est trop dur, tu resteras de nouveau à la maison, c'est tout. »

J'étais content. Et en même temps, j'avais l'impression que cette fois les adieux étaient faits.

TEXT 3
MANUEL 123

Keine Sorge, liebe Mutter!

Type de texte : *chronique parue dans le magazine féminin* Brigitte

Thème : *dialogue imaginaire au téléphone entre une femme et sa mère*

L'auteur : *Elke Heidenreich est née en 1943. Elle s'est d'abord fait connaître comme journaliste, à la fois à la radio, à la télévision, et dans la presse. Elle a en particulier tenu, durant dix-sept ans (de 1983 à 1999) une chronique hebdomadaire dans le magazine* Brigitte, *intitulée* Also…, *dans laquelle elle traite avec un sens aigu de l'observation et un humour souvent ravageur des mille et un problèmes de la vie quotidienne. Elle a écrit aussi de nombreux livres pour enfants (*Am Südpol – denkt man – ist es heiß, *1988), et plusieurs recueils de nouvelles, comme* Kolonien der Liebe *(1992), et* Der Welt den Rücken *(2001).*

Ce texte, écrit d'une plume enlevée et plein d'humour, est très représentatif du style d'Elke Heidenreich. Nous vous conseillons d'en faire écouter l'enregistrement à vos élèves. En effet, il s'agit d'un dialogue imaginaire, et donc d'une langue parlée, plus facile à comprendre à l'audition qu'à la simple lecture.
Ce texte est en outre un bon levier de parole. Il permet de nombreux exercices d'expression, puisque les propos de la mère restent entièrement à imaginer.

1 Wer spricht hier? Handelt es sich um ein Telefongespräch oder um einen Brief?

Eine erwachsene Tochter spricht mit ihrer Mutter am Telefon.

2 Stellen Sie eine Liste der Themen auf, die hier angesprochen werden.

Essen, Gesundheit, Kleidung, Partnerschaft, Mutter-Tochter-Beziehung, Beruf, Leben.

3 Versuchen Sie, sich vorzustellen, was die Mutter wohl sagen mag.

Il peut être intéressant de diviser le texte en trois parties et de confier chaque partie à un groupe d'élèves.

Les élèves essaieront d'imaginer ce que peut dire la mère à chaque pause repérable dans les propos de la fille, et élaboreront ainsi en commun un texte qui pourra éventuellement être lu sous forme de dialogue, voire joué par des élèves volontaires.

4 Was würde ein Achtzehnjähriger/eine Achtzehnjährige seiner/ihrer Mutter in einem ähnlichen Gespräch zu sagen haben?

Vous pourrez noter au tableau les différentes idées qui viennent aux élèves. Ce travail collectif pourra déboucher sur un exercice de rédaction individuel, à faire éventuellement à la maison.

SPRACHE
MANUEL 124 • MEMENTO 188/204

Le groupe infinitif (TEXT 1)

Les groupes infinitifs sont très nombreux dans le texte de Kafka. Ils contribuent à la complexité de la syntaxe de cet auteur.
En tout état de cause, la fréquence des groupes infinitifs est assez élevée dans n'importe quel texte, d'où la nécessité de les réviser régulièrement.

Le groupe infinitif pose essentiellement des problèmes de syntaxe aux élèves francophones :
- la place finale du verbe à l'infinitif (ordre de base),
- la présence ou l'absence de ***zu*** et, le cas échéant, sa place.

En ce qui concerne le sujet logique du groupe infinitif, les faits de langue sont identiques en allemand et en français.

1 Relevez les groupes infinitifs dans le texte page 116.

l. 2	*Ich wusste Dir … nichts **zu antworten**.*
l. 8	*Ich winselte … um Wasser, … teils **um zu ärgern**, teils **um mich zu unterhalten**.*
l. 13	*Ich will nicht **sagen**, dass das unrichtig war, …*
l. 13	*…, vielleicht war damals die Nachtruhe auf andere Weise wirklich nicht **zu verschaffen**, …*
l. 14	*…, ich will aber damit Deine Erziehungsmittel … **charakterisieren**.*
l. 17	*Das für mich Selbstverständliche … konnte ich … niemals in die richtige Verbindung **bringen**.*
l. 20	*…, dass der riesige Mann … **kommen** und mich … auf die Pawlatsche **tragen** konnte.*
l. 31	*… unfähig, Deine Schwimmbewegungen **nachzumachen**.*
l. 42	*…, dass Du gar nicht konsequent **sein** musstest …*
l. 42	*… und doch nicht aufhörtest, **Recht zu haben**.*

2 La syntaxe du groupe infinitif

a. À l'inverse du français, dans le groupe infinitif, l'infinitif occupe la ***dernière*** place.

b. Le cas échéant, la préposition qui introduit le groupe infinitif occupe la ***première*** place.

3 L'emploi de *zu*

a. Après quel type de verbes le groupe infinitif est-il employé sans *zu* ?

Le groupe infinitif est employé sans ***zu*** après :
- les verbes de modalité
- les verbes *bleiben, helfen, lassen, lehren, lernen*
- les verbes de perception : *sehen, hören, fühlen*
- les verbes de déplacement : *fahren, gehen, kommen*

b. Dans le groupe infinitif avec ***zu***, ***zu*** se place ***juste avant l'infinitif.***

c. Lorsque l'infinitif est un verbe à préverbe séparable, ***zu*** se place entre ***le préverbe*** et ***le lexème verbal***.

4 Le groupe infinitif introduit par une préposition

Donnez le sens de :

- ***um … zu*** + infinitif — ***pour*** + infinitif
- ***ohne … zu*** + infinitif — ***sans*** + infinitif
- ***anstatt … zu*** + infinitif — ***au lieu de*** + infinitif

5 Cas particuliers

a. *sein + zu*

Traduisez les deux exemples suivants et comparez.

- l. 13 *Vielleicht war damals die Nachtruhe auf andere Weise wirklich nicht zu verschaffen.*
Peut-être n'était-il vraiment pas possible de faire autrement, cette nuit là, pour obtenir le calme.

– *Dieser Text ist für morgen zu übersetzen.*
Le texte doit être traduit pour demain. / Le texte est à traduire pour demain.

Sein + zu peut exprimer la modalité de la **possibilité** ou la modalité de la **nécessité**. Il n'y a aucun signe formel qui permette de choisir entre les deux sens, seul le contexte permet de trancher.

En français, ***être à*** n'exprime que la nécessité.

b. L'infinitif substantivé

Analysez les formes suivantes, et traduisez-les.

– l. 17 *das Ums-Wasser-Bitten*

Il s'agit de la nominalisation d'un complexe verbal composé de l'infinitif + groupe prépositionnel, résultant de la rection du verbe *bitten um* + ACC.

Traduction : *le fait de réclamer à boire*

– l. 18 *das Hinausgetragenwerden*

Il s'agit de la nominalisation de l'infinitif passif du verbe *hinaustragen.*

Traduction : *le fait d'être transporté dehors*

Kafka und sein Vater

6 Intégrez les groupes infinitifs entre parenthèses dans les énoncés.

1. Kafka behauptet, Angst vor dem Vater zu haben.
2. Er weiß seinem Vater nichts zu antworten.
3. Er kann sich an einen Vorfall aus den ersten Jahren erinnern.
4. Er hatte wahrscheinlich die Absicht, seinen Vater zu ärgern.
5. Sein Vater sah nur die Möglichkeit, ihn aus dem Bett zu nehmen.
6. Sein Vater ließ ihn im Hemd auf der Pawlatsche stehen.

7 Intégrez les énoncés entre parenthèses dans les groupes d'accueil.

1. Kafka will die Erziehung seines Vaters charakterisieren.
2. Kafka gibt zu, noch nach Jahren unter Ängsten gelitten zu haben.
3. Kafka hat das Gefühl, seinem Vater ausgeliefert zu sein.
4. Aber Kafka scheint seinen Vater nicht wirklich zu kritisieren.

8 Transformez le deuxième des deux énoncés en groupe infinitif introduit par *anstatt, ohne* ou *um.*

1. Kafka hat einen Brief an den Vater geschrieben, ***um*** ihm zu erklären, warum er Furcht vor ihm hatte.
2. Kafka erzählt seine Kindheitserlebnisse aus seiner Perspektive, ***um*** seinen Vater dazu zu bringen, ihn zu verstehen.
3. So war für Kafka der Besuch des Schwimmbads mit seinem Vater eine Tortur, ***anstatt*** für ihn ein Vergnügen sein.
4. Kafka versuchte, die Schwimmbewegungen seines Vaters nachzumachen, ***ohne*** es zu schaffen.
5. Der Vater beschämte dadurch seinen Sohn, ***anstatt*** ihm zu helfen.

SPRACHE
MANUEL 125 • MEMENTO 191/205

La comparaison irréelle (TEXT 2)

Dans le texte *Beim Abendessen*, le narrateur décrit le moment où il se détache de sa famille. Il a l'impression à la fois d'en faire partie et de s'en éloigner : *Ich war noch da und schon weg.*

Ce sentiment d'irréalité s'exprime dans trois comparatives irréelles introduites par *Mir war, ...*

1 Relevez les comparaisons irréelles dans le texte page 120.

l. 33	*Mir war,* ***als säßen wir das letzte Mal gemeinsam um den runden Tisch,***
l. 33	***als äßen wir das letzte Mal von den alten Tellern mit den grünen Ranken am Rand,***
l. 35	***als redeten wir das letzte Mal so vertraut miteinander.***

2 La syntaxe de la comparaison irréelle

Les deux énoncés suivants sont équivalents sur le plan du sens. Quelles différences constatez-vous entre eux ?

Mir war, ***als*** *säßen wir das letzte Mal gemeinsam um den runden Tisch.*

Mir war, ***als ob*** *wir das letzte Mal gemeinsam um den runden Tisch säßen.*

– Dans la comparative irréelle introduite par ***als***, le verbe se trouve en première position.

– Dans la comparative irréelle introduite par ***als ob***, le verbe se trouve à la place finale.

3 Le mode verbal dans la comparaison irréelle

Quel est le mode verbal utilisé dans les comparatives irréelles qui apparaissent dans le texte ?

Le mode verbal utilisé est le subjonctif II.

On peut préciser aux élèves que les formes du subjonctif I peuvent aussi être utilisées, surtout lorsqu'elles se distinguent des formes de l'indicatif :

Ihm war, als ***rede*** *er das letzte Mal so vertraut mit den anderen.*

4 La forme de remplacement *würde* + infinitif

l. 33 *Mir war, … als* ***redeten*** *wir das letzte Mal so vertraut miteinander.*

- **À quel mode et à quel temps est ici le verbe *reden* ?**

  Le verbe *reden* est au subjonctif II présent.

- **Avec quel autre forme verbale cette forme peut-elle être confondue ?**

  Elle peut être confondue avec le prétérit.

- **À quelle forme de remplacement fait-on alors généralement appel ?**

  On fait appel à la forme de remplacement ***würde*** + infinitif.

- **Expliquez pourquoi l'auteur ne l'a pas fait ici.**

  Dans la série des trois comparatives introduites par *Mir war, als…* les deux premières formes verbales *äßen und säßen* sont suffisamment marquées pour que l'on puisse identifier la forme verbale *redeten* comme une forme du présent du subjonctif II.

5 Transformez les énoncés.

Michael lügt

Michael hat sich angeblich verirrt

→ *Michael tut, als hätte er sich verirrt.*

1. Michael tut, als ***wäre*** er in Nussloch gewesen.
2. Michael tut, als ***hätte*** er kein Geld für die Straßenbahn gehabt.
3. Michael tut, als ***wäre*** er zu Fuß nach Hause gelaufen.
4. Michael tut, als ***wäre*** er nicht mehr krank.
5. Michael tut, als ***könnte*** er wieder in die Schule gehen.

6 Intégrez les groupes entre parenthèses sous forme de comparatives irréelles.

Abschied von der Kindheit

1. Nach dem Abendessen saß Michael in seinem Zimmer und betrachtete seine Poster mit den Popsängern, als ***sähe*** er sie zum ersten Mal. Ihm war, als ob er nicht mehr ***verstände***, was er an ihnen gut gefunden hatte. Es schien ihm, als ***hätten*** sie für ihn keine Bedeutung mehr.
2. Michael legte eine CD seines Lieblingssängers auf, als ob er sich selbst beweisen ***wolle/wollte***, dass die Musik doch interessant war. Es schien ihm, als ***höre/hörte*** er eine Musik, die ihm vertraut und fremd zugleich war.
3. Er hatte plötzlich das Gefühl, als ob er Sehnsucht nach seiner Kindheit ***hätte***, aber von ihr Abschied nehmen ***müsste***. Er stellte die Musik ab und riss die Poster von den Wänden. Der Abschied war vollzogen.

7 Transformez les énoncés selon le modèle.

Vorwürfe

Ich weiß, dass es dir nicht gut geht.

→ *Du tust nur so, als ob es dir gut* ***ginge****/als* ***ginge*** *es dir gut.*

1. Du tust nur so, als ob du mit deinem Leben zufrieden ***wärest***/als ***wärest*** du mit deinem Leben zufrieden.
2. Du tust nur so, als ob du keine Geldprobleme ***hättest***/als ***hättest*** du keine Geldprobleme.
3. Du tust nur so, als ob du meine Hilfe nicht ***brauchtest/brauchen würdest***/als ***brauchtest*** du meine Hilfe nicht/als ***würdest*** du meine Hilfe nicht ***brauchen.***
4. Du tust nur so, als ob du meinen Brief nicht bekommen ***hättest***/als ***hättest*** du meinen Brief nicht bekommen.
5. Du tust nur so, als ob meine Meinung dich ***interessierte/interessieren würde***/als ***interessierte*** dich meine Meinung/als ***würde*** dich meine Meinung ***interessieren.***
6. Du tust nur so, als ob du mir ***zuhörest/zuhörtest***/als ***hörest/hörtest*** du mir ***zu.***
7. Du tust nur so, als ob du gern mit mir ***sprächest***/als ***sprächest*** du gern mit mir.
8. Du tust nur so, als ob du mich besuchen ***wollest/wolltest***/als ***wollest/wolltest*** du mich besuchen.
9. Du tust nur so, als ob ich mich auf dich verlassen ***könnte***/als ***könnte*** ich mich auf dich verlassen.
10. Du tust nur so, als ob du mich ***liebtest/lieben würdest***/als ***liebtest*** du mich/als ***würdest*** du mich ***lieben.***

SPRACHE
MANUEL 126

Connaître les mots

1 À l'aide du schéma ci-dessous, formez le plus de mots possible et donnez leur équivalent français.

das Fabrikations-geheimnis	le secret de fabrication
das Staatsgeheimnis	le secret d'État
geheim	secret
unheimlich	étrange
verheimlichen	cacher, garder secret
das Altersheim	la maison de retraite
heimisch	qui est chez soi, indigène, familier
die Heimat	le pays natal
heimatlos	apatride
die Heimatlosigkeit	le fait d'être sans patrie
geheimnisvoll	mystérieux
heimgehen	rentrer à la maison
die Heimkehr	le retour à la maison
heimkehren	rentrer chez soi
der Heimkehrer	celui qui revient
der Heimweg	le chemin du retour

2 Tous les mots suivants sont dérivés de *bieten*. Complétez.

anbieten	offrir
das Angeb**o**t	***l'offre***
verb***ieten***	interdire
das ***Verbot***	l'interdiction
das Park***verbot***	l'interdiction de stationner
die Botschaft	le message, l'ambassade
der B***otschafter***	l'ambassadeur
das Geb***ot***	le commandement

3 Trouvez le verbe qui manque, et traduisez les expressions ainsi obtenues.

Abschied nehmen	prendre congé
in Kauf nehmen	prendre en compte
Platz nehmen	prendre place
ein Gespräch führen	avoir une conversation
einen Kampf führen	mener un combat
sein Leben führen	mener sa vie
zum Ausdruck bringen	exprimer
zum Lachen bringen	faire rire
zum Vorschein bringen	faire apparaître
außer Acht lassen	ne pas prendre en considération
in Ruhe lassen	laisser tranquille
im Stich lassen	abandonner, laisser tomber

4 *Legen*, *setzen* ou *stellen*? Choisissez le verbe qui convient, et traduisez.

in Bewegung setzen	mettre en mouvement
unter Druck setzen	mettre sous pression
in Frage stellen	mettre en question
in Gang setzen	mettre en marche
Grenzen setzen	poser des limites
auf etwas Nachdruck legen	mettre l'accent sur
aufs Spiel setzen	mettre en jeu
in Verbindung setzen	mettre en relation
zur Verfügung stellen	mettre à disposition
in Szene setzen	mettre en scène
auf etwas Wert legen	attacher de l'importance à qc
sich ein Ziel setzen	se fixer un but

5 Identifiez bien le sens de *nach* dans les phrases suivantes et traduisez.

1. Ich muss jetzt unbedingt nach Hause.
   Maintenant, il faut absolument que je rentre à la maison.
2. Ich habe dreimal nach dem Weg fragen müssen.
   J'ai été obligé de demander trois fois mon chemin.
3. Er kann keine Noten lesen. Er spielt immer nur nach dem Gehör.
   Il ne sait pas lire la musique. Il joue uniquement d'oreille.
4. Das war im Jahre 800 nach Christi Geburt.
   C'était en 800 après Jésus-Christ.
5. Ich habe Lust auf Spaghetti nach Mailänder Art.
   J'ai envie de spaghetti à la Milanaise.
6. Nach dem Grundgesetz darf kein Mensch wegen seiner Herkunft diskriminiert werden.
   Selon la Loi Fondamentale, personne ne doit être discriminé en raison de son origine.
7. Er kam erst nach drei Stunden zurück.
   Il ne revint qu'au bout de trois heures.
8. Was er auch getan haben mag, sie ist nach wie vor in ihn verliebt.
   Quoi qu'il puisse avoir fait, elle est toujours aussi amoureuse de lui.
9. Ich kenne ihn nur dem Namen nach.
   Je ne le connais que de nom.
10. Was? Schon Viertel nach drei!
    Quoi ? Déjà trois heures et quart !
11. Meiner Meinung nach solltest du lieber hier bleiben.
    À mon avis, tu ferais mieux de rester ici.
12. Nach und nach wurde ihm klar, dass er sie nicht mehr liebte.
    Peu à peu, il se rendit compte qu'il ne l'aimait plus.

SPRACHE
MANUEL 127

Apprendre à traduire

La fureur de lire

Quelques mois après mon entrée à l'école survint un événement solennel et exaltant qui détermina le restant de mon existence. Mon père rapporta pour moi un livre à la maison. Il me prit à part dans une pièce du fond où nous dormions, nous, les enfants, et m'expliqua ce que c'était. C'était *The Arabian Nights, Les Mille et une nuits*, dans une édition pour enfants. Sur la couverture, il y avait une image en couleurs, qui représentait, je crois, Aladin et sa lampe merveilleuse. Il me parla avec beaucoup de gravité et m'incita à me mettre à lire en me disant quel plaisir c'était. Il me lut une histoire et me dit que toutes les autres histoires du livre étaient aussi belles que celle-ci. Il me demanda d'essayer désormais de les lire et de lui raconter tous les soirs ce que j'aurais lu. Quand j'aurais terminé ce livre, il m'en apporterait un autre. Je ne me le fis pas dire deux fois, et même si je venais tout juste d'apprendre à lire à l'école, je me jetai sur le livre merveilleux et j'eus chaque soir quelque chose à lui raconter. Il tint sa promesse, il y eut toujours un nouveau livre pour moi, pas un seul jour je ne fus obligé d'interrompre ma lecture.

Elias CANETTI, *La langue sauvée*, 1977

ZUR DEBATTE
MANUEL 128-129

1 Erwachsensein

***Type de document :** jeu radiophonique*

***Thème :** Qu'est-ce qu'être adulte ? Six jeunes essayent de faire deviner un adjectif donné à leur partenaire.*

Transcription

Durée : 4'34"

Bei einem Radioquiz müssen sechs Jugendliche von ihrem Spielpartner ein Wort erraten lassen, das ihnen vorgegeben wird, das sie aber nicht aussprechen dürfen. Wer das jeweilige Wort am schnellsten findet, hat gewonnen. Thema des Abends: Erwachsensein.

1 Erwachsensein? Tja ... dazu gehört, dass man eine gewisse intellektuelle oder geistige Reife hat, um *hmhmhm* zu handeln. Ein Erwachsener sollte in seinem Berufsleben oder Privatleben *hmhmhm* sein, das bedeutet, an andere zu denken, sich für die anderen wie für sich selbst *hmhmhm* zu fühlen. Verstehst du? Nein? Dann eben noch mal. Anders gesagt: Man handelt *hmhmhm*, wenn man Pflichten übernimmt, wenn man für sich selbst oder für andere Entscheidungen trifft, deren Konsequenzen man absehen und akzeptieren kann. Ah! Endlich!

2 Also, das Wort, das du finden sollst, ist für mich wie ein Synonym von Erwachsensein. Es bedeutet, dass man eben nicht mehr in der Pubertät steckt, kein Kind mehr ist, sondern dass man seine Entwicklung abgeschlossen hat. Wie ein Apfel, der vom Baum fällt, weil er *hmhmhm* ist. Gefunden? Wunderbar! Du bist ein As.

3 Erwachsensein? Das heißt, kein Kind mehr sein. Kinder sind oft un*hmhmhm*. Ein Erwachsener ist dagegen *hmhmhm*. Er handelt nicht mehr einfach so spontan drauf los, ohne an die Konsequenzen zu denken. Nein, er versucht eben ganz *hmhmhm* zu handeln, verstehst du? Er denkt vorher nach, er überlegt sich alles genau, bevor er etwas tut. Er ist *hmhmhm*. Er will kein Risiko eingehen. Hast du es immer noch nicht gefunden? Also, *hmhmhm* sein heißt, mit dem Kopf reagieren, sich nicht von seinen Gefühlen leiten zu lassen. Hast du es gefunden? Nein! Das gibt's doch nicht!

4 Erwachsensein? Ja, also, warte mal ... Zuallererst bedeutet das für mich *hmhmhm* sein. Ich bin zwar selbst finanziell noch nicht *hmhmhm* von meinen Eltern, aber ich glaube, dass ich auf allen anderen Gebieten ohne meine Eltern auskomme, also, dass ich ganz frei, *hmhmhm* entscheide, was für mich wichtig ist. Hast du's? Ja prima!

5 Also, das Wort, das du finden sollst, ist bestimmt nicht das erste, was einem bei dem Begriff „erwachsen" einfällt. Und es trifft auch nicht auf alle Erwachsenen zu. Es wäre schön, wenn es das würde. Ach ja, wenn alle Erwachsenen *hmhmhm* leben würden! *Hmhmhm* sein bedeutet, ein Modell für die anderen sein. Verstehst du? Ihnen als Beispiel dienen. Ein Vater oder eine Mutter sollte vor den Kindern immer *hmhmhm* handeln. Aber Erwachsene sind keine Engel und es gelingt ihnen nicht immer, so *hmhmhm* zu reagieren, wie man es von ihnen verlangen könnte. Du findest es nicht. Schau mich an. Vor dir steht ein *hmhmhm* Erwachsener ... Wenn alle so ... Ah, du hast es gefunden. Schade, es ist zu spät.

6 Erwachsen sein bedeutet, *hmhmhm* zu sein. Jedenfalls sehen Kinder und Jugendliche das so. Für die sind die Erwachsenen *hmhmhm*. Können tun, was sie wollen, ohne dass jemand was sagt. Wenn man *hmhmhm* ist, denken sie, kann man vom Leben profitieren, ohne Eltern oder andere Autoritätspersonen um Erlaubnis zu

bitten, weil man eben *hmhmhm* ist. Kapiert? Man kann *hmhmhm* leben, so, wie man selbst es will. Nein, nicht „unabhängig" ein, ein kürzeres Wort. Los, mach schon. Ja? Ja? Ahhh! Gefunden!

Préparation de l'écoute

Les élèves sont invités à définir ce que signifie pour eux « être adulte ». Donnez-leur deux minutes pour le faire par écrit. Rassemblez ensuite toutes les idées au tableau. Travaillez livres fermés.

Compréhension

Pour pouvoir faire l'exercice 1, il est indispensable que les élèves connaissent les six adjectifs à deviner. Ils en auront sûrement trouvé plusieurs lors de l'exercice de préparation de l'écoute.

1 Welches Adjektiv musste jeweils erraten werden?

1 verantwortlich
2 reif
3 vernünftig
4 unabhängig
5 vorbildlich
6 frei

Expression

2 Hören Sie sich die Aufnahme erneut an und machen Sie sich für jeden Begriff ein paar Notizen. Spielen Sie dann dieses Spiel mit den oben genannten Adjektiven in Ihrer Klasse.

Activité assez difficile. Faites réécouter au préalable le jeu radiophonique une deuxième fois. Chaque élève sélectionne alors un adjectif et prend quelques notes avant de le faire deviner à la classe.

2 Der Aufsatz

Type de document : *dialogue*

Thème : *Deux camarades de classe parlent de la rédaction qu'ils doivent préparer à la maison et qui a comme sujet : Que signifie pour vous « être adulte » ?*

Transcription

Durée : 3'33"

SASCHA Hast du die Hausarbeit für Ethik schon fertig?
LORE Nein, du?
SASCHA Ich habe bis jetzt schon viele Ideen gesammelt.
LORE Mir fällt zu dem Thema nicht viel ein. „Was bedeutet für Sie Erwachsensein?" So ein Blödsinn!
SASCHA Du, ich finde das Thema gar nicht so schlecht.
LORE Nee, ehrlich? Was soll man von Erwachsenen schon sagen?
SASCHA Mir ist dazu eine Menge eingefallen.
LORE Erwachsene sind doch so traurige Leute, die keine Fantasie und keine Träume mehr haben. Die nur noch das Realitätsprinzip sehen. Und meist stinklangweilig sind.
SASCHA Ist das nicht ein bisschen zu unqualifiziert, was du da sagst, zu provokativ?
LORE Was willst du denn hören? Ein Erwachsener ist unabhängig, reif und frei. Und er ist natürlich ein Vorbild für die lieben kleinen Kinderlein, damit sie genauso vernünftig und verantwortlich werden wie er.
SASCHA Mensch, nicht schlecht. Vorbild. Das kann ich für meine zweite These gebrauchen.
LORE Wie sieht denn deine Gliederung aus?
SASCHA Für den ersten Teil habe ich noch keine Überschrift, aber da will ich von dem Erwachsenen als Individuum sprechen, also davon, was einen Erwachsenen vom Kind unterscheidet in Bezug auf seine Persönlichkeitsentwicklung.
LORE Erklär das mal genauer.
SASCHA Ich stelle da eine These auf, dass man erst wirklich erwachsen ist, wenn man versucht, sich selbst zu verwirklichen und seine Fähigkeiten und Begabungen voll zu entwickeln. Außerdem bilden sich Erwachsene eine eigene Meinung zu den Grundfragen des Lebens.
LORE Aber dabei vergessen sie ihre Träume.
SASCHA Ich meine, dass ein echter Erwachsener immer noch Träume hat, aber er versucht sie zu verwirklichen.
LORE Aha.
SASCHA Und er kann eben zwischen Traum und Wirklichkeit unterscheiden. Aber das muss er ja auch können. Im zweiten Teil spreche ich vom Erwachsenen als sozialer Person, als einem Mitglied der Gesellschaft.
LORE Der sich der Gesellschaft und den geltenden Normen viel zu sehr anpasst.
SASCHA Nicht unbedingt. Ich spreche natürlich weiterhin vom idealen Ewachsenen. Was ihn in Bezug auf die Gesellschaft charakterisiert, ist, dass er Verantwortung übernimmt.
LORE Für sich und seine Familie. Indem er fleißig arbeitet und Geld verdient.
SASCHA Warum denn so ironisch? Ist das etwa nicht richtig?
LORE Doch …
SASCHA Und er übernimmt Pflichten in der Gesellschaft, engagiert sich als mündiger Bürger.
LORE Mündiger Bürger. Kritiker der Gesellschaft. Daran hatte ich bei dem Thema gar nicht gedacht.

SASCHA	Siehst du?
LORE	Du, langsam finde ich das Thema gar nicht mehr so dumm.
SASCHA	Weißt du eigentlich, was wir gerade machen?
LORE	Wir reden.
SASCHA	Reden. Okay. Aber wir machen noch mehr.
LORE	So?
SASCHA	Ja, wir versuchen, uns eine eigene Meinung zu bilden, kritisch zu denken. Wir sind gerade dabei, ein bisschen erwachsener zu werden …

Préparation de l'écoute

1 „Was bedeutet für Sie Erwachsensein?" Versuchen Sie zu zweit, zu diesem Thema Ideen zu sammeln und schreiben Sie sie an die Tafel.

Le travail avec l'enregistrement N° 1 *Erwachsensein* peut être une bonne préparation à cette activité. Gardez les traces de ce travail pour l'exercice 4 !

2 Hören Sie sich das Gespräch zwischen Sascha und Lore an. Sascha spricht vom „idealen Erwachsenen", Lore hingegen kritisiert die Erwachsenen. Wer sagt was?

L'enregistrement est assez difficile. Il est important que les élèves aient pris connaissance au préalable de l'exercice qui sera une aide utile à la compréhension.

1.	Lore	Erwachsene haben keine Fantasie und keine Träume mehr.
2.	Lore	Sie sehen nur das Realitätsprinzip und sind langweilig.
3.	Lore	Sie sind reif und vernünftig und ein Vorbild für die Kinder.
4.	Sascha	Sie versuchen, sich selbst zu verwirklichen.
5.	Sascha	Sie versuchen, ihre Fähigkeiten und Begabungen voll zu entwickeln.
6	Sascha	Sie bilden sich eine eigene Meinung zu den Grundfragen des Lebens.
7.	Sascha	Sie versuchen, ihre Träume zu verwirklichen.
8.	Sascha	Sie können zwischen Traum und Wirklichkeit unterscheiden.
9.	Lore	Sie passen sich der Gesellschaft und den geltenden Normen an.
10.	Sascha/Lore	Sie übernehmen Verantwortung für sich und ihre Familie.
11.	Sascha	Sie übernehmen Pflichten in der Gesellschaft und engagieren sich als mündige Bürger.

Compréhension détaillée

3 Hören Sie sich den Dialog erneut an und ergänzen Sie.

a. Wovon will Sascha im ersten Teil seines Aufsatzes sprechen und wovon im zweiten Teil?

Im ersten Teil will ich vom Erwachsenen als ***Individuum*** sprechen und im zweiten Teil vom Erwachsenen als ***sozialer*** Person, als einem Mitglied der ***Gesellschaft***.

b. Was sagt Sascha am Ende des Gespräches?

„Wir versuchen, uns eine eigene ***Meinung*** zu bilden, kritisch zu denken. Wir sind also gerade dabei ein bisschen ***erwachsener*** zu werden, auch wenn es dir vielleicht nicht gefällt."

5 Schreiben Sie einen kurzen Aufsatz zu diesem Thema.

Il s'agit d'un sujet classique pour le baccalauréat et il peut être très utile que les élèves aient revu le vocabulaire pour pouvoir s'exprimer avec plus de facilité.

3 Eigene Wege gehen

Welcher der folgenden Aphorismen passt Ihrer Meinung nach am ehesten zu der Karikatur?

Chaque aphorisme peut être mis en rapport avec cette caricature. L'exercice a surtout pour but de déclencher une discussion entre les élèves.

Projektarbeit

1 Überlegen Sie zu zweit für jedes der drei Bilder, was der Vater und der Sohn wohl jeweils denken könnten.

Cet exercice peut être assez rapide si les élèves inventent des phrases courtes pouvant aller dans des bulles.

2 Ist die dritte Etappe Ihrer Meinung nach unbedingt notwendig, um erwachsen zu werden?

Les réponses à cette question seront plus approfondies si vous avez travaillé au préalable avec un des textes de ce dossier.

3 Überlegen Sie in Gruppenarbeit, wie die Bildgeschichte wohl weitergehen könnte.

Ce travail est prévu à la fois pour donner aux élèves l'occasion de faire preuve de créativité et pour favoriser les échanges entre les élèves. Lors de la phase de l'échange, vous pouvez demander aux groupes qui écoutent de réaliser le dessin décrit par leurs camarades. C'est un bon moyen de tester à la fois la compréhension et la précision de l'expression.

4 Welcher der oben zitierten Aphorismen scheint Ihnen für Ihre spätere Rolle als Mutter oder Vater am hilfreichsten?

Le débat peut être une préparation active à la partie expression du baccalauréat.

KULTUR
MANUEL 130-131

Franz Kafka

Cette double page est conçue pour préparer et prolonger la lecture de l'extrait de Brief an den Vater *proposé en texte 1 dans ce dossier. Elle est donc centrée sur le rapport au père et il était inévitable de laisser de côté d'autres aspects essentiels de l'œuvre de Kafka.*

Si certains élèves se montrent désireux de lire la Lettre au père *dans son intégralité, recommandez-leur l'édition des Éditions Ombres (Petite bibliothèque). La traduction de Marthe Robert qui se trouve en Folio et Folio bilingue est devenue aujourd'hui quasiment illisible.*

De nombreuses nouvelles sont accessibles dans la collection Garnier Flammarion avec introduction et notes de Bernard Lortholary. Nous ne saurions trop les recommander.

Das Urteil (Le verdict) *reste l'une des nouvelles les plus accessibles (outre* Die Verwandlung, *que beaucoup d'élèves ont déjà lue). L'idéal serait que les élèves la lisent en français comme complément à cette page. À défaut, vous pouvez leur proposer les deux extraits reproduits ci-dessous qui permettent de s'en faire une idée assez juste.*

Georg staunte darüber, wie dunkel das Zimmer des Vaters selbst an diesem sonnigen Vormittag war. Einen solchen Schatten warf also die hohe Mauer, die sich jenseits des schmalen Hofes erhob. Der Vater saß beim Fenster in einer Ecke, die mit verschiedenen Andenken an die selige Mutter ausgeschmückt war, und las die Zeitung, die er seitlich vor die Augen hielt, wodurch er irgend eine Augenschwäche auszugleichen suchte. Auf dem Tisch standen die Reste des Frühstücks, von dem nicht viel verzehrt zu sein schien. „Ah, Georg!" sagte der Vater und ging ihm gleich entgegen. Sein schwerer Schlafrock öffnete sich im Gehen, die Enden umflatterten ihn – „mein Vater ist noch immer ein Riese", dachte sich Georg.

„Hier ist es ja unerträglich dunkel", sagte er dann.

„Ja, dunkel ist es schon", antwortete der Vater.

„Das Fenster hast du auch geschlossen?"

„Ich habe es lieber so."

„Es ist ja ganz warm draußen", sagte Georg, wie im Nachhang zu dem Früheren, und setzte sich.

Der Vater räumte das Frühstücksgeschirr ab und stellte es auf einen Kasten.

„Ich wollte dir eigentlich nur sagen", fuhr Georg fort, der den Bewegungen des alten Mannes ganz verloren folgte, „dass ich nun doch nach Petersburg meine Verlobung angezeigt habe". Er zog den Brief ein wenig aus der Tasche und ließ ihn wieder zurückfallen.

„Nach Petersburg?" fragte der Vater.

„Meinem Freunde doch", sagte Georg und suchte des Vaters Augen. – „Im Geschäft ist er doch ganz anders", dachte er, „wie er hier breit sitzt und die Arme über der Brust kreuzt".

„Ja. Deinem Freunde", sagte der Vater mit Betonung.

„Du weißt doch, Vater, dass ich ihm meine Verlobung zuerst verschweigen wollte. Aus Rücksichtnahme, aus keinem anderen Grunde sonst. Du weißt selbst, er ist ein schwieriger Mensch. Ich sagte mir, von anderer Seite kann er von meiner Verlobung wohl erfahren, wenn das auch bei seiner einsamen Lebensweise kaum wahrscheinlich ist – das kann ich nicht hindern –, aber von mir selbst soll er es nun einmal nicht erfahren."

„Und jetzt hast du es dir wieder anders überlegt?" fragte der Vater, legte die große Zeitung auf den Fensterbord und auf die Zeitung die Brille, die er mit der Hand bedeckte.

„Ja, jetzt habe ich es mir wieder überlegt. Wenn er mein guter Freund ist, sagte ich mir, dann ist meine glückliche Verlobung auch für ihn ein Glück. Und deshalb habe ich nicht mehr gezögert, es ihm anzuzeigen. Ehe ich jedoch den Brief einwarf, wollte ich es dir sagen."

„Georg", sagte der Vater und zog den zahnlosen Mund in die Breite, „hör' einmal! Du bist wegen dieser Sache zu mir gekommen, um dich mit mir zu beraten. Das ehrt dich ohne Zweifel. Aber es ist nichts, es ist ärger als nichts, wenn du mir jetzt nicht die volle Wahrheit sagst. Ich will nicht Dinge aufrühren, die nicht hierher gehören. Seit dem Tode unserer teuren Mutter sind gewisse unschöne Dinge vorgegangen. Vielleicht kommt auch für sie die Zeit und vielleicht kommt sie früher, als wir denken. Im Geschäft entgeht mir manches, es wird mir vielleicht nicht verborgen – ich will jetzt gar nicht die Annahme machen, dass es mir verborgen wird –, ich bin nicht mehr kräftig genug, mein Gedächtnis lässt nach. Ich habe nicht mehr den Blick für alle die vielen Sachen. Das ist erstens der Ablauf der Natur, und zweitens hat mich der Tod unseres Mütterchens viel mehr niedergeschlagen als dich. – Aber weil wir gerade bei dieser Sache sind, bei diesem Brief, so bitte ich dich Georg, täusche mich nicht. Es ist eine Kleinigkeit, es ist nicht des Atems wert, also täusche mich nicht. Hast du wirklich diesen Freund in Petersburg?"

* * *

„Wie hast du mich doch heute unterhalten, als du kamst und fragtest, ob du deinem Freund von der Verlobung schreiben sollst. Er weiß doch alles, dummer Junge, er weiß doch alles! Ich schrieb ihm doch, weil du vergessen hast, mir das Schreibzeug wegzunehmen. Darum kommt er schon seit Jahren nicht, er weiß ja alles hundertmal besser als du selbst. Deine Briefe zerknüllt er ungelesen in der linken Hand, während er in der Rechten meine Briefe zum Lesen sich vorhält!"

Seinen Arm schwang er vor Begeisterung über dem Kopf. „Er weiß alles tausendmal besser!" rief er.

„Zehntausendmal!" sagte Georg, um den Vater zu verlachen, aber noch in seinem Munde bekam das Wort einen todernsten Klang.

„Seit Jahren passe ich schon auf, dass du mit dieser Frage kämest! Glaubst du, mich kümmert etwas anderes? Glaubst du, ich lese Zeitungen? Da!" und er warf Georg ein Zeitungsblatt, das irgendwie mit ins Bett getragen worden war, zu. Eine alte Zeitung, mit einem Georg schon ganz unbekannten Namen.

„Wie lange hast du gezögert, ehe du reif geworden bist! Die Mutter musste sterben, sie konnte den Freudentag nicht erleben, der Freund geht zugrunde in seinem Russland, schon vor drei Jahren war er gelb zum Wegwerfen, und ich, du siehst ja, wie es mit mir steht. Dafür hast du doch Augen!"

„Du hast mir also aufgelauert!" rief Georg.

Mitleidig sagte der Vater nebenbei: „Das wolltest du wahrscheinlich früher sagen. Jetzt passt es ja gar nicht mehr."

Und lauter: „Jetzt weißt du also, was es noch außer dir gab, bisher wusstest du nur von dir! Ein unschuldiges Kind warst du ja eigentlich, aber noch eigentlicher warst du ein teuflischer Mensch! – Und darum wisse: Ich verurteile dich jetzt zum Tode des Ertrinkens!"

Georg fühlte sich aus dem Zimmer gejagt, den Schlag, mit dem der Vater hinter ihm aufs Bett stürzte, trug er noch in den Ohren davon. Auf der Treppe, über deren Stufen er wie über eine schiefe Fläche eilte, überrumpelte er seine Bedienerin, die im Begriffe war heraufzugehen, um die Wohnung nach der Nacht aufzuräumen. „Jesus!" rief sie und verdeckte mit der Schürze das Gesicht, aber er war schon davon. Aus dem Tor sprang er, über die Fahrbahn zum Wasser trieb es ihn. Schon hielt er das Geländer fest, wie ein Hungriger die Nahrung. Er schwang sich über, als der ausgezeichnete Turner, der er in seinen Jugendjahren zum Stolz seiner Eltern gewesen war. Noch hielt er sich mit schwächer werdenden Händen fest, erspähte zwischen den Geländerstangen einen Autoomnibus, der mit Leichtigkeit seinen Fall übertönen würde, rief leise: „Liebe Eltern, ich habe euch doch immer geliebt", und ließ sich hinabfallen.

In diesem Augenblick ging über die Brücke ein geradezu unendlicher Verkehr.

Franz KAFKA, 1912

IN DER FREMDE

Ce dossier présente différents aspects de la situation dans laquelle se trouvent ceux qui sont amenés à quitter leur pays pour vivre en exil.

- Le TEXTE 1, extrait du beau livre de Marion Gräfin Dönhoff, *Namen, die keiner mehr nennt*, évoque un épisode de l'histoire allemande peu connu des Français. Il montre de manière très émouvante ce que peut représenter le fait de quitter à jamais le lieu où on est né et où on a passé sa vie.
- Le TEXTE 2, extrait d'une nouvelle de Maxim Biller, nous montre un homme qui revient précisément sur les lieux de son enfance qu'il pensait avoir quittés à jamais. Il retrouve intacts les souvenirs qu'il croyait totalement disparus.
- Le TEXTE 3 est un poème de Brecht qui évoque le moment de l'exil lui-même, que l'on veut croire de courte durée et dans lequel on finit par être bien obligé de s'installer.
- La double page ZUR DEBATTE présente un dialogue consacré à la situation des *Russlanddeutsche*, et un autre à un tout autre aspect du thème *In der Fremde*, celui du départ volontaire loin de chez soi pour participer à l'aide humanitaire. Ce deuxième dialogue est complété par une brève documentation et quelques pistes de recherches sur les organisations humanitaires.
- Enfin la double page LANDESKUNDE, intitulée *Fremde Heimat Deutschland* présente un aperçu de la situation des étrangers venus s'installer en Allemagne.

TEXT 1

Manuel 134-137

Abschied

Type de texte : *récit*
Thème : *la fin d'un monde*
Objectif linguistique : *la relative (manuel p. 142)*
L'auteur : *Marion Gräfin Dönhoff, voir manuel p. 137*

L'image présentée p.135 et les rêveries qu'elle peut susciter sont une bonne introduction à la lecture de ce texte qui, assurément, demande aux élèves une certaine maturité. Il est indispensable de commencer par bien repérer la situation et les événements qui sont racontés avant de passer à l'analyse de ce que peut éprouver la vieille comtesse, et de la fascination qu'elle exerce sur la narratrice.

1 Suchen Sie im Text nach den verschiedenen Orts- und Zeitangaben.

- **Ortsangaben**

Einleitung *in Pommern*

Z. 2 *in Varzin [...], einem großen Besitz im Kreise Rummelsburg*

Z. 12 *Draußen zogen die Flüchtlinge* ***langsam*** *durch das Land*

Z. 21 *Sie wollte in Varzin bleiben*

- **Zeitangaben**

Einleitung *im Januar 1945, am Ende des Zweiten Weltkriegs*

Z. 1 *Wir waren seit etwa vierzehn Tagen unterwegs ...*

Z. 1 *da kamen wir eines Abends in Varzin an ...*

Z. 9 *dass ich mich nicht entschließen konnte [...], am nächsten Tag weiterzuziehen.*

Z. 11 *Also blieben wir zwei Tage.*

Z. 14 *Auch hier war man gerade an diesem Wendepunkt angelangt.*

Z. 21 *Sie wollte [...] sich bis zum letzten Moment an der Heimat freuen.*

2 In welcher Situation befindet sich die Erzählerin?

Sie hat vor *etwa vierzehn Tagen* ihre Heimat verlassen müssen und ist auf der Flucht.

3 Fassen Sie das, was im Text erzählt wird, kurz zusammen.

Voir manuel p.137, *Résumer*.

4 Was erfahren wir über die alte Gräfin?

– **ihre Familie**

Z. 5 *Damals lebte noch die Schwiegertochter des Kanzlers*

Z. 28 *von der Zeit, da ihr Mann, Bill Bismarck, Oberpräsident von Ostpreußen gewesen war.*

– **ihr Alter**

Z. 6 *eine uralte Dame*

– **ihr Aussehen**

Z. 5 *eine kleine, feingliedrige [...] Dame*

– **ihre Persönlichkeit**

Z. 6 *eine höchst amüsante [...] Dame, die in ihrer Jugend oft Anlass zu mancherlei Stirnrunzeln gewesen war: Sie hatte Jagden geritten, Zigarren geraucht und sich durch Witz und Schlagfertigkeit ausgezeichnet.*

Z. 9 *Und sie war auch jetzt ungemein fesselnd*

5 Was erfahren wir über die äußeren Umstände?

Z. 12 *Draußen zogen die Flüchtlinge durch das Land, und immer, wenn die letzten vorüber waren, schlossen sich Einheimische an und wurden selbst zu Flüchtlingen.*

Z. 15 *Der Trecker, den wir hatten stehen sehen,war bereits ohne die alte Gräfin losgefahren*

6 Was hat die alte Gräfin beschlossen?

Z. 16 *die nicht dazu zu bewegen war, Varzin zu verlassen.*

Z. 17 *Sie war sich ganz klar darüber, dass sie den Einmarsch der Russen nicht überleben würde. Sie wollte ihn auch nicht erleben.*

Z. 21 *Sie wollte in Varzin bleiben und sich bis zum letzten Moment an der Heimat freuen.*

7 Wovon wird bei Tisch gesprochen?

Z. 25 *Mit keinem Wort wurde das, was draußen geschah und was noch bevorstand, erwähnt.*

Z. 26 *Sie erzählte lebhaft und nuanciert von alten Zeiten, von ihrem Schwiegervater, vom kaiserlichen Hof und von der Zeit, da ihr Mann, Bill Bismarck, Oberpräsident von Ostpreußen gewesen war.*

8 Warum will die alte Gräfin den Einmarsch der Russen nicht überleben?

Weil der Einmarsch der Russen das Ende ihrer Welt bedeutet.

9 *Sie wollte ihn auch nicht erleben ...* Was hat sie wohl beschlossen?

Man kann sich denken, dass sie beschlossen hat, Selbstmord zu begehen, um die schrecklichen Ereignisse, die bevorstehen, nicht erleben zu müssen.

10 *Sie stand gedankenverloren in der Haustür ...* Was denkt sie wohl?

Sie denkt wohl an ihr ganzes vergangenes Leben zurück und an das, was kommen wird.

11 Wie kann man erklären, dass der alte Diener auch nicht wegwill?

Der Einmarsch der Russen bedeutet auch für den alten Diener, der wahrscheinlich immer in Varzin gelebt hat, das Ende seiner Welt. Er kann sich nicht vorstellen, ein anderes Leben zu führen, und bleibt der alten Gräfin bis zum Ende treu.

12 Was empfindet die Erzählerin der alten Gräfin gegenüber? Warum waren es für sie *zwei denkwürdige Tage*?

Sie ist von der alten Gräfin fasziniert:

Z. 9 *sie war [...] so fesselnd, dass ich mich nicht entschließen konnte – was durchaus geboten schien –, am nächsten Tag weiterzuziehen.*

Die zwei Tage, die sie bei der alten Gräfin verbringt, sind auch für sie eine Möglichkeit, Abschied von ihrem bisherigen Leben zu nehmen.

13 Suchen Sie nach Informationen über den genauen historischen Hintergrund der Geschichte.

Cette question peut faire l'objet d'un travail interdisciplinaire avec le professeur d'histoire et prendre la forme d'un exposé en classe.

Entraînement à l'oral du bac

Résumer

In ihrem ***Buch*** *Namen, die keiner mehr nennt* erzählt Marion Gräfin Dönhoff, wie sie 1945 im Winter beim Einmarsch der sowjetischen ***Armee*** ihre ***Heimat*** verlassen musste und nach wochenlangem ***Reisen*** durch das ***Land*** im Westen ankam. Ihre Flucht führt sie durch viele ***Orte*** und sie begegnet vielen ***Menschen***. So kommt sie eines ***Abends*** in Varzin bei der ***Schwiegertochter*** des ehemaligen Kanzlers Bismarck an. Die alte ***Gräfin*** will nicht ***weg*** und hat beschlossen, bis zum ***Ende*** auf ihrem Gutshof zu ***bleiben*** und sich an der ***Heimat*** zu freuen. Die Erzählerin verbringt zwei ***„denkwürdige"*** Tage bei ihr.

TEXT 2
MANUEL 138-140

Heimkehr

ENTRAÎNEMENT À L'ÉCRIT DU BAC

Type de texte : *extrait d'une nouvelle*

Thème : *le retour d'un homme né à Prague dans sa ville natale après des années d'exil*

Objectif linguistique : *le parfait et le plus-que-parfait (manuel p.143)*

L'auteur : *Maxim Biller, né en 1960 à Prague, vit en Allemagne depuis 1970. Il a publié plusieurs recueils de nouvelles, comme* Wenn ich einmal reich und tot bin *(1990),* Land der Väter und Verräter *(1994),* Harlem Holocaust *(1998). Son roman* Die Tochter *(2000) et son recueil d'essais* Deutschbuch *(2001) ont remporté un grand succès.*

Pour bien comprendre ce texte, il est indispensable de le lire très attentivement, et de bien relever en particulier les compléments circonstanciels de lieu et de temps qui permettent de situer les unes par rapport aux autres les différentes phases évoquées par le narrateur. Il se prête donc bien à la fois au travail de compréhension de l'écrit demandé au bac, et à des exercices sur l'expression du temps et de lieu, qu'il est indispensable de réviser sans cesse, même en Terminale.

1 Richtig oder falsch? Begründen Sie Ihre Antwort mit einem Zitat aus dem Text.

	R	F
1. Der Erzähler hat die ersten Jahre seines Lebens in Prag verbracht.	✔	
2. In Deutschland hat er sich immer fremd gefühlt.		✔
3. Er hat dort nur wenige Jahre verbracht.		✔
4. Solange er in Deutschland war, sehnte er sich nach Prag.		✔
5. Als er in Deutschland lebte, dachte er nicht, dass er jemals nach Prag zurückkehren würde.	✔	
6. Er hatte sein früheres Leben in Prag vergessen, um nicht zu leiden.	✔	
7. Heute ist er wieder in Prag.	✔	
8. Er hat Deutschland vor ein paar Jahren wieder verlassen.		✔
9. Er lebt wieder in der Wohnung, wo er als Kind gelebt hat.	✔	
10. Er erinnert sich nur ungern an Erlebnisse aus der Kindheit.		✔

2 Erklären Sie und kommentieren Sie den Ausdruck: *die selbst verordnete Amnesie* (Zeile 18).

Solange er in Deutschland lebte, hatte er alle Erinnerungen an sein früheres Leben in Prag verdrängt, um nicht darunter zu leiden, dass er alles verloren hatte. In Wirklichkeit aber glaubte er nur, alles vergessen zu haben. Seitdem er wieder in Prag ist, tauchen alle Erinnerungen wieder auf.

3 Übersetzen Sie folgende Textstelle ins Französische: *Ein paar Monate, nachdem …* (Zeile 1) bis *… auf Deutsch geträumt* (Zeile 8).

Quelques mois après avoir quitté l'Allemagne, je découvris un vieux film dans mon bureau. Je vivais alors de nouveau à Prague que j'avais quitté enfant, et soudain, alors que tout était passé, mes années d'émigration m'apparurent comme un temps perdu, gaspillé. J'étais allé à l'école en Allemagne et y avais fait des études, mon allemand avait été l'allemand d'un Allemand et j'avais rêvé en allemand.

4 Setzen Sie die richtige Präposition ein.

1. Der Erzähler erinnert sich an den riesigen Menschenzug, den er ***im*** Jahre 1969 vom Fenster aus beobachtet hatte, als Jan Palach zu Grabe getragen wurde.
2. Der Student Jan Palach hatte sich ***am*** Nachmittag des 16. Januar 1969 aus Protest gegen die Besatzung des Landes durch Truppen des Warschauer Pakts auf dem Wenzelsplatz verbrannt.
3. Das Begräbnis des Studenten ***am*** 25. Januar verwandelte sich in eine Massendemonstration für Freiheit und Demokratie.
4. ***Im*** Januar 1989 wurde zu einer Demonstration zum 20. Todestag Jan Palachs auf dem Wenzelsplatz aufgerufen.
5. **Ø** 1991 erhielt Jan Palach posthum die höchste tschechoslowakische Staatsauszeichnung.

5 Setzen Sie die richtige Präposition ein.

1. Ich war noch ein Kind, als meine Eltern beschlossen ***nach*** Deutschland auszuwandern.
2. Ich habe viele Jahre ***in*** Deutschland gelebt.
3. Ich fühlte mich dort ***zu*** Hause.
4. Ich dachte, dass ich nie ***nach*** Prag zurückkehren würde.
5. Als ich aber ***in*** Prag ankam, spürte ich, dass es

mein richtiges Zuhause war.

6 *Wenn* oder *als*? Setzen Sie die richtige Konjunktion ein.

1. ***Als*** wir Prag verließen, war ich noch ein Kind.
2. ***Wenn*** ich ab und zu an mein altes Zuhause dachte, kam es mir sehr weit entfernt vor.
3. ***Als*** ich vor ein paar Monaten zum ersten Mal unsere alte Wohnung wieder betrat, kamen mir die Tränen.
4. ***Wenn*** ich aus dem Fenster sehe, kommen mir Erinnerungen aus der Kindheit wieder.
5. ***Wenn*** ich in meiner Kindheit versuchte, die Gipskugel des kleinen Atlas' mit einem Fußball zu treffen, war ich immer auf der Hut vor Erwachsenen.

7 Ergänzen Sie mit dem passenden Wort.

a. *danach, nach, nachdem*

1. Einige Zeit, ***nachdem*** sich Jan Palach auf dem Prager Wenzelsplatz verbrannt hatte, beschlossen meine Eltern, das Land zu verlassen.
2. Der Student verbrannte sich aus Protest gegen die Besatzung des Landes durch Truppen des Warschauer Pakts. ***Danach*** wurde er zum Symbol des Widerstands gegen das kommunistische Regime.
3. Zwanzig Jahre ***nach*** Palachs Tod wurde zu einer Demonstration auf dem Wenzelsplatz aufgerufen.

b. *bevor, vor, vorher*

4. Ich bin ***vor*** einigen Monaten nach Prag zurückgekehrt.
5. ***Vorher*** dachte ich selten an meine Kindheit.
6. ***Bevor*** ich nach Prag zurückkam, fühlte ich mich in Deutschland zu Hause.

c. *seit, seitdem, seither*

7. ***Seitdem*** ich wieder in Prag bin, denke ich nur selten an Deutschland.
8. ***Seit*** meiner Rückkehr nach Prag denke ich nur selten an Deutschland.
9. Ich bin vor ein paar Monaten nach Prag zurückgekommen, ***seither*** denke ich nur selten an Deutschland.

8 Was hat wohl die Eltern des Erzählers dazu bewogen, ihre Heimat zu verlassen und nach Deutschland zu emigrieren?

Die Anspielung auf Jan Palach am Ende des Textes deutet darauf hin, dass die Eltern Prag aus politischen

TEXT 3
MANUEL 141

Gedanken über die Dauer des Exils

Type de texte : *poème*

Thème : *réflexion sur la situation d'exilé*

L'auteur : *Bertolt Brecht est né en 1898 à Augsbourg et mort en 1956 à Berlin. Fondateur du Berliner Ensemble, il est célèbre en France surtout pour ses pièces de théâtre, parmi lesquelles on peut citer* Mutter Courage und ihre Kinder *(1938),* Leben des Galilei *(1939),* Der kaukasische Kreidekreis *(1944). On oublie trop souvent qu'il est aussi l'auteur d'un grand nombre de poèmes dans lesquels il se laisse parfois aller à un lyrisme plus personnel que dans son théâtre. Il a écrit plusieurs poèmes sur le thème de l'exil. Rappelons qu'ayant dû quitter l'Allemagne au moment où les nazis sont arrivés au pouvoir, il a vécu lui-même en exil de 1933 à 1949.*

Ce poème n'est pas d'un abord très facile à la première lecture. Il contient beaucoup de vocabulaire concret inconnu des élèves qu'il faudra leur donner pour qu'il ne fasse pas obstacle à la compréhension. En suivant pas à pas la démarche de lecture proposée, qui s'attache à faire d'abord repérer les images utilisées par le poète, puis la manière dont s'articulent les deux parties du texte, ils découvriront finalement sans trop de mal le sens du poème.

1 Lesen Sie den ersten Teil des Gedichts.

a. Welcher Gedanke über die Dauer des Exils kommt hier zum Ausdruck?

Die Rückkehr in die Heimat scheint nur eine Frage von Tagen und jeder Versuch, im Exilland Fuß zu fassen, überflüssig.

Z. 4 *Du kehrst morgen zurück.*

Z. 7 *Bevor er so hoch wie eine Stufe ist,*
Gehst du froh weg von hier.

Z. 11 *Die Nachricht, die dich heimruft ...*

b. Wodurch wird er versinnbildlicht?

Z. 1 *Schlage keinen Nagel in die Wand*

Z. 2 *Wirf den Rock auf den Stuhl*

Z. 5 *Lass den kleinen Baum ohne Wasser*

Z. 9 *Zieh die Mütze ins Gesicht, wenn Leute vorbeigehn!*

c. Welche Fragen werden gestellt?

Z. 3 *Warum vorsorgen für vier Tage?*

Z. 6 *Wozu noch einen Baum pflanzen?*

Z. 10 *Wozu in einer fremden Grammatik blättern?*

d. Erklären Sie die Bedeutung der vierten Strophe.

Z. 13 *So wie der Kalk vom Gebälk blättert*

Z. 15 *Wird der Zaun der Gewalt zermorschen*

In diesem Bild kommt die trügerische Hoffnung des Flüchtlings zum Ausdruck, dass der Zusammenbruch des Regimes, vor dem er fliehen musste, einem Naturvorgang gleicht, der sich ohne menschliches Zutun von selbst und unausweichlich vollziehen wird.

2 Lesen Sie den zweiten Teil des Gedichts.

a. Welche Motive aus dem ersten Teil werden wieder aufgenommen?

Z. 18 *Sieh den Nagel in der Wand, den du eingeschlagen hast.*

Z. 25 *Sieh den kleinen Kastanienbaum im Eck des Hofs,*
Zu dem du die Kanne voll Wasser schlepptest!

b. Mit welchen Unterschieden?

Der Flüchtling, der keinen Nagel in die Wand einschlagen wollte, hat ihn schließlich doch eingeschlagen. Den kleinen Baum, den er nicht gießen wollte, hat er schließlich doch gegossen.

c. Welcher Gedanke über die Dauer des Exils wird dadurch ausgedrückt?

Es wird klar, dass das Exil wesentlich länger dauern wird, als es der Flüchtling ursprünglich glaubte und hoffte.

d. Was symbolisiert der Baum?

Der Baum symbolisiert die Hoffnung des Dichters, dass seine Arbeit in der Zukunft Früchte tragen wird.

e. Welche Rolle hat der Dichter zu spielen?

Der Dichter soll an den politischen Veränderungen aktiv mitwirken und mit seinem Schreiben zur Befreiung seines Heimatlandes beitragen.

Z. 21 *Tag um Tag*
Arbeitest du an der Befreiung

SPRACHE
MANUEL 142 • MEMENTO 203-204

La relative (TEXT 1)

Le titre même du livre de Marion Gräfin Dönhoff contient une relative : *Namen, die keiner mehr nennt.* Dans l'extrait proposé, nous en trouvons un certain nombre, permettant de repérer deux types de pronoms relatifs :

– Le pronom relatif ***der, das, die, die*** dont les antécédents sont des noms et qui peuvent exercer dans la relative les mêmes fonctions que le groupe nominal :
  - dans un énoncé : sujet, complément d'objet à l'accusatif, au datif ou au génitif (rare),
  - dans un autre groupe nominal : complément de nom,
  - dans un groupe prépositionnel : il exerce avec la préposition une fonction d'objet prépositionnel ou une fonction circonstancielle.

– Le pronom relatif ***was*** qui reprend un antécédent non déterminé et ne fonctionne qu'au nominatif et à l'accusatif, et les composés ***wo(r)*** + préposition.

Nous y avons ajouté les pronoms ***wo, wohin, woher*** qui exercent dans la relative la fonction de complément circonstanciel de lieu.

Tous les pronoms relatifs exercent une fonction anaphorique.

1 Dans le texte page 134, relevez les relatives, ainsi que leur antécédent.

l. 2	*... einem großen Besitz ..., den der Kanzler Bismarck nach 1866 erworben hatte, ...*
l. 5	*... eine ... uralte Dame, die in ihrer Jugend oft Anlass zu mancherlei Stirnrunzeln gewesen war, ...*
l. 15	*Der Trecker, den wir hatten stehen sehen, ...*
l. 15	*... die alte Gräfin ..., die nicht dazu zu bewegen war, Varzin zu verlassen.*
l. 23	*Der alte Diener, der auch nicht wegwollte, ...*
l. 24	*Jahrgänge, von denen man sonst nur in Ehrfurcht träumt.*
l. 25	*Mit keinem Wort wurde das, was draußen geschah und was noch bevorstand, erwähnt.*

2 Le pronom relatif *der, das, die, die*

a. Identifiez le genre et le nombre, ainsi que le cas de chaque pronom relatif.

l. 3	***den :***	masculin, singulier, accusatif
l. 6	***die :***	féminin, singulier, nominatif
l. 15	***den :***	masculin, singulier, accusatif
l. 16	***die :***	féminin, singulier, nominatif
l. 23	***der :***	masculin, singulier, nominatif
l. 24	***denen :***	pluriel, datif *(von)*
l. 25	***was :***	neutre, singulier, nominatif

b. Expliquez ce qui détermine :

– **le genre et le nombre**

Le genre et le nombre sont déterminés par l'antécédent du pronom relatif.

– **le cas**

Le cas est déterminé par la fonction que le pronom relatif exerce dans la relative, ou, s'il est membre d'un groupe prépositionnel, par le régime de la préposition.

Pour les neuf prépositions régissant soit l'accusatif, soit le datif, le choix entre les deux se fait en fonction de la relation établie entre le groupe prépositionnel et le verbe de la relative :
– relation locative → datif
– relation directive → accusatif

c. Citez les formes du pronom relatif qui se distinguent de celles de l'article défini.

Il s'agit des formes du :
– datif pluriel → ***denen***
– génitif masculin et neutre : ***dessen***
– génitif féminin et pluriel : ***deren***

3 Le pronom relatif *was* et les composés *wo(r)* + préposition

l. 25 *Mit keinem Wort wurde **das**, **was** draußen geschah und **was** noch bevorstand, erwähnt.*

a. Quel type d'antécédent reprend le pronom relatif *was* ?

L'antécédent du pronom relatif ***was*** est un neutre indéterminé : ***das, alles, etwas, nichts, das Einzige, das Beste, das Schönste*** etc. C'est justement la relative qui en précise le contenu.

b. Quelles sont les fonctions possibles de *was* dans la relative ?

Les deux fonctions possibles de ***was*** sont sujet et objet à l'accusatif.

c. Que devient le pronom relatif *was* quand il est accompagné d'une préposition ?

Quand le pronom relatif ***was*** est accompagné d'une préposition, il se présente sous la forme ***wo(r)*** + préposition : ***womit, woran, worüber***, etc.

4 Le pronom relatif *wo, wohin, woher*

– *wo* → marque la relation locative
– *wohin* → marque la relation directive
– *woher* → marque la relation de provenance

5 La syntaxe de la relative

a. Observez la place du pronom relatif et celle du verbe conjugué dans la relative.

Le pronom relatif occupe la première place, le verbe conjugué est en position finale.

b. Quelle sorte de groupe syntaxique la relative détermine-t-elle ?

La relative détermine un groupe nominal.

6 Complétez par le pronom relatif qui convient.

Auf der Flucht

1. Die Landstraße, ***die*** wir erreichten, war mit Wagen, auf ***denen*** Frauen und Kinder saßen, verstopft. Die Männer, ***die*** neben den Wagen hergingen, versanken tief im Schnee. Ein Trecker, ***dessen*** Motor nicht mehr lief, blockierte die Straße.
2. Mehrere Männer versuchten, den Trecker, zu ***dessen*** Reparatur keine Zeit mehr war, auf die Seite zu schieben. Vergebens. Der Trecker blieb dort, ***wo*** er stehen geblieben war. Die Flüchtlinge, ***die*** weiterkommen wollten, mussten sich rechts und links an dem Hindernis, ***das*** ihnen den Weg versperrte, vorbeischieben.
3. Am Abend kamen wir in ein Dorf, in ***dem*** alle Häuser leer standen. Die Einwohner, von ***denen*** wir Hilfe erwartet hatten, waren schon geflohen. Wir richteten uns in den Häusern, ***deren*** Türen nicht verschlossen waren, ein. Alles, ***was*** die Besitzer nicht hatten mitnehmen können, wurde verteilt.
4. Wir machten in dem Raum, in ***dem*** wir schlafen wollten, Feuer im Kamin. Das Einzige, ***wovon*** wir träumten, war, einmal eine Nacht in einem warmen Bett zu liegen. Aber der Boden, auf ***dem*** wir lagen, war hart und kalt, und das Feuer, ***das*** im Kamin brannte, gab nur wenig Wärme.
5. In der Nacht, in ***der*** wir nur schlecht schliefen, hörten wir den Kanonendonner der Russen, ***die*** nicht mehr sehr weit entfernt sein konnten. Aber der Zustand der Erschöpfung, in ***dem*** wir uns befanden, machte uns der Gefahr gegenüber gleichgültig. Das, ***was*** morgen kommen würde, lag in weiter Ferne.

7 Transformez l'énoncé entre parenthèses en relative.

Grandezza

1. Die Gräfin wollte den Einmarsch der Russen, ***deren*** Rachegefühle sie kannte und verstand, nicht überleben.
2. Sie hatte sich im Park, ***wo*** schon ihr Mann begraben lag, ein Grab ausheben lassen.
3. Sie ließ herrliche Rotweine servieren, ***die*** ihr Diener einen nach dem anderen aus dem Keller holte.

SPRACHE
MANUEL 143 • MEMENTO 188/190

Le (plus-que-)parfait (TEXT 2)

Le texte *Heimkehr* est un récit au prétérit. Le narrateur, de retour dans sa ville natale, se remémore les souvenirs de son enfance à Prague et de ses années d'émigration en Allemagne. Ces événements antérieurs au temps du récit sont rapportés au plus-que-parfait.

L'emploi de ce temps étant le même en français, il s'agit essentiellement de réactiver la morphologie et la syntaxe des deux temps composé du passé, le parfait et le plus-que-parfait.

1 Dans la page 138, relevez les énoncés comportant des formes verbales au plus-que-parfait.

l. 1	*Ein paar Monate, nachdem ich aus Deutschland* ***weggegangen war****, entdeckte ich …*
l. 3	*Ich lebte nun wieder in Prag, das ich als Kind* ***verlassen hatte****, …*
l. 6	*Ich* ***war*** *in Deutschland zur Schule* ***gegangen*** *und* ***hatte*** *dort* ***studiert****, …*
l. 7	*…, mein Deutsch* ***war*** *das eines Deutschen* ***gewesen****, und ich* ***hatte*** *auf Deutsch* ***geträumt****.*
l. 9	*…, ich* ***hatte*** *deutsche Frauen und Mädchen verführt,* ***hatte*** *ihnen ewige Treue …* ***versprochen****.*
l. 15	*… von Beginn an* ***hatte*** *ich sämtliche Erinnerungen an früher aus dem Gedächtnis* ***gestrichen****, ich* ***war*** *traurig* ***gewesen*** *und wütend, weil die Flucht von meinen Eltern ganz allein* ***beschlossen worden war****, …*
l. 20	*Ich ahnte, dass es einst etwas anderes* ***gegeben hatte****, …*
l. 25	*… an dem langen Olivetti-Schreibtisch, den ich aus München* ***mitgebracht hatte****, …*
l. 31	*…, wie ich früher immer diese schwere graue Gipskugel … zu treffen* ***versucht hatte****, …*
l. 34	*… in diesem leicht erhöhten Erker, wohin ich mich früher immer zum Lesen* ***verkrochen hatte****, …*
l. 37	*… an jenem Tag, als Jan Palach von der halben Stadt zu Grabe* ***getragen worden war****, …*
l. 37	*… wo wir … auf einer … Holzbank* ***gesessen*** *und den vorbeiziehenden Menschenzug* ***beobachtet hatten****.*
l. 40	*Ich* ***war*** *… damals schnell müde* ***geworden****, und nachdem ich den zweihundertsten Demonstranten* ***gezählt hatte****, …*

2 La formation des temps composés du passé

a. Le plus-que-parfait est formé avec l'auxiliaire ***haben*** ou l'auxiliaire ***sein*** au **prétérit** et le **participe II** du verbe conjugué.

b. Au parfait, l'auxiliaire est au **présent**.

3 Le choix de l'auxiliaire

a. La plupart des verbes forment leurs temps composés du passé avec l'auxiliaire ***haben***.

b. Pour se conjuguer avec l'auxiliaire ***sein***, le verbe doit à la fois être **intransitif** et exprimer un changement de **lieu ou de position**, un changement **d'état (passage d'un état à un autre)** ou un **événement**.

Les verbes ***sein***, ***werden*** et ***bleiben*** ont aussi ***sein*** comme auxiliaire des temps composés du passé.

4 La syntaxe

a. Dans le groupe verbal dépendant, l'auxiliaire occupe la ***dernière*** place.

b. Dans la déclarative et dans l'interrogative partielle, il occupe la ***deuxième*** place.

c. Dans l'interrogative globale, il occupe la ***première*** place.

5 Complétez par les auxiliaires *haben* ou *sein* à la forme qui convient.

Zwischen den Sprachen

1. Er saß an seinem Schreibtisch und dachte nach. Damals, in Deutschland, ***war*** für ihn die deutsche Sprache selbstverständlich gewesen. Er ***hatte*** sie fließend gesprochen, denn er ***war*** in Deutschland zur Schule gegangen und ***hatte*** dort auch studiert.
2. An der Uni ***hatte*** er viele Studenten aus England und Frankreich getroffen. Er ***hatte*** sich problemlos mit ihnen verständigen können, denn er ***hatte*** in der Schule begeistert Fremdsprachen gelernt. So ***war*** ihm über die Sprache die Kultur dieser Länder näher gekommen und er ***hatte*** sich dort zu Hause gefühlt.
3. Nachdem er die Uni verlassen ***hatte***, ***war*** er ins Ausland gegangen und ***hatte*** dort gearbeitet. Das Deutsche ***war*** ihm plötzlich fremder geworden und

er ***hatte*** festgestellt, dass er immer mehr in seiner Muttersprache, dem Tschechischen, dachte. So ***hatte*** er beschlossen, in sein Heimatland zurückzukehren. Er bereute es nicht.

6 Complétez par le participe II du verbe donné entre parenthèses.

Emigrantenschicksal

1. Als er Deutschland ***verlassen*** hatte und nach Amerika ***emigriert*** war, hatte er ***geglaubt***, dass er sehr schnell in die Heimat zurückkehren würde. Vor dem Exil hatte er lange ***gezögert*** und sich die Frage ***gestellt***, wohin er gehen sollte.
2. Freunde hatten ihm ***geraten***, nach Frankreich zu gehen, aber er hatte ***befürchtet***, dass es dort auch bald Krieg geben würde. So hatte er ***sich*** für Amerika ***entschieden***. Jetzt war er sicher, dass er die richtige Entscheidung ***getroffen*** hatte.
3. Die Deutschen waren in Polen ***einmarschiert***, hatten Frankreich ***besetzt*** und Russland ***angegriffen***. Ihm wurde klar, dass er ***sich getäuscht*** hatte: Es würde sehr lange dauern, bis er in die Heimat würde zurückkehren können.

7 Mettez les verbes en gras au parfait.

Überall Fremde

Das Schicksal der Russlanddeutschen ***ist*** nicht einfach ***gewesen***. Als die deutschen Truppen in Russland ***einmarschiert sind***, ***sind*** sie nach Kasachstan ***deportiert worden***. Dort ***haben*** sie unter Russen ***gelebt***, die sie als Deutsche nie ***akzeptiert haben***. Nach dem Fall der Berliner Mauer ***sind*** sie nach Deutschland ***gekommen*** und ***haben*** feststellen ***müssen***, dass sie für die Deutschen Russen waren.

SPRACHE
MANUEL 144

Connaître les mots

1 À l'aide du schéma ci-dessous, formez le plus de mots possible et donnez leur équivalent français.

auswandern	émigrer
der Auswanderer	l'émigrant
die Auswanderung	l'émigration
einwandern	immigrer
der Einwanderer	l'immigrant
die Einwanderungspolitik	la politique d'immigration
die Völkerwanderung	la migration des peuples, les grandes invasions
zuwandern	immigrer
der Zuwanderer	l'immigrant
wandern	faire de la randonnée
die Wanderschaft	le voyage à pied
die Wanderschuhe	les chaussures de randonnée
der Wandertag	la journée de randonnée
der Wandervogel	l'oiseau migrateur
der Wanderweg	le sentier de randonnée

2 Associez à chaque nom le verbe qui convient et traduisez les expressions ainsi obtenues.

eine Entscheidung treffen	prendre une décision
die Initiative ergreifen	prendre l'initiative
eine Maßnahme ergreifen	prendre une mesure
Partei ergreifen	prendre parti
eine Rede halten	faire un discours
Vorbereitungen treffen	faire des préparatifs
einen Vortrag halten	faire un exposé
eine Wahl treffen	faire un choix
das Wort ergreifen	prendre la parole

3 Les adverbes suivants sont formés avec *-weise* à partir d'un adjectif + *er*, ou à partir d'un nom. Complétez le tableau.

	FORMÉ SUR		TRADUCTION
ausnahmsweise	die Ausnahme, n	l'exception	exceptionnellement
bedauerlicherweise	bedauerlich	regrettable	malheureusement
beispielsweise	das Beispiel, e	l'exemple	par exemple
freundlicherweise	freundlich	aimable	aimablement
glücklicherweise	glücklich	heureux	heureusement
literweise	der Liter, -	le litre	par litre
logischerweise	logisch	logique	logiquement

	FORMÉ SUR		TRADUCTION
merkwürdigerweise	merkwürdig	curieux, bizarre	curieusement
stellenweise	die Stelle, n	l'endroit	par endroits
stufenweise	die Stufe, n	la marche	graduellement
teilweise	der Teil, e	la partie	en partie
zentimeterweise	der Zentimeter, -	le centimètre	centimètre par centimètre

4 Cherchez l'équivalent en français du verbe *laufen* pour chacune des phrases suivantes.

1. Mein Sohn kann noch nicht laufen.
   Mon fils ne sait pas encore marcher.
2. Läufst du gern Ski?
   Est-ce que tu aimes faire du ski ?
3. Die Tränen liefen ihm über die Wangen.
   Les larmes coulaient sur ses joues.
4. Der Film läuft in allen Kinos der Stadt.
   Le film passe dans tous les cinémas de la ville.
5. Vom Bahnhof aus sind es nur fünf Minuten zu laufen.
   Ce n'est qu'à cinq minutes à pied de la gare.
6. Die Sendung soll demnächst wieder im dritten Programm laufen.
   L'émission doit repasser prochainement sur la troisième chaîne.
7. Man soll den Motor zwei Minuten laufen lassen, bevor man losfährt.
   Il faut laisser tourner le moteur deux minutes avant de démarrer.
8. Du läufst Gefahr, dich lächerlich zu machen.
   Tu cours le risque de te couvrir de ridicule.
9. Der Vertrag läuft noch zwei Jahre.
   Le contrat court encore deux ans.
10. Bei unseren Nachbarn läuft das Radio immer auf voller Lautstärke.
    Chez nos voisins, la radio marche toujours à fond.

SPRACHE
MANUEL 145

Apprendre à traduire

Langue et réalité

Le mot n'est pas l'idée, l'expression linguistique de l'idée n'est pas l'idée elle-même. Notre langue nous conduit à prendre le mot pour l'idée. Ce n'est que trop compréhensible : c'est dans les mots et les phrases de notre langue maternelle que nous avons d'abord appris à nommer le monde autour de nous et le monde en nous, et à en parler. C'est pourquoi nous sommes profondément convaincus que le monde, en réalité, est tel et uniquement tel qu'il se dit dans notre langue maternelle, que nous possédons le monde dans notre langue maternelle, que notre langue est notre monde. Cette erreur est pardonnable ; elle est même nécessaire : comment pourrions-nous jamais parler avec sérieux et conviction si nous n'avions la certitude – fallacieuse – de posséder, dans les mots, le monde lui-même ?

Ce n'est qu'en nous familiarisant avec des langues étrangères que nous apprenons à manier des formes et des formules pour lesquelles il est clair qu'il n'y a pas d'équivalents exacts dans notre langue maternelle. Ce n'est qu'en faisant cette expérience que nous sommes libérés de la croyance que le monde autour de nous et en nous est, et ne peut être, que tel qu'on le dit dans notre langue maternelle.

Mario WANDRUSZKA, *Les langues : comparer l'incomparable*, 1969

ZUR DEBATTE
MANUEL 146-147

1 Irgendwie dazwischen

Type de document : *dialogue entre une jeune germano-russe et un ami allemand*

Thème : *La jeune femme parle des ses origines allemandes, de son enfance en Union soviétique et de sa nouvelle vie en Allemagne.*

Transcription

Durée : 3'45"

Larissa (17) ist Mitglied einer Gruppe von Spätaussiedlern und von einheimischen Jugendlichen, die im städtischen Jugendzentrum einmal pro Monat über „Radio Z" Magazinbeiträge und Musik für russlanddeutsche Hörer sendet. Heute trifft sie sich mit Andreas, um die nächste Sendung vorzubereiten.

LARISSA Du meinst, wir sollten ein Interview über meine Erfahrungen bringen. Nee, das gefällt mir nicht besonders …

ANDREAS Aber du hast doch wirklich genug zu erzählen und …

LARISSA Das stimmt, aber ich spreche nicht gern davon.

ANDREAS Komm, wir versuchen es. Zuerst einmal ohne Mikrofon.

LARISSA Wenn du unbedingt willst …

ANDREAS Also, wann bist du nach Deutschland gekommen?

LARISSA Vor elf Jahren. Aber warte. Ich will nicht mit Deutschland anfangen, sondern mit meinem Leben in Kasachstan.

ANDREAS Okay.

LARISSA Meine Großeltern sind 1941 von Stalin nach Kasachstan deportiert worden. Meine Eltern sind dort geboren, meine Geschwister und ich auch.

ANDREAS Welche Sprache habt ihr denn gesprochen?

LARISSA Russisch außerhalb des Hauses und Deutsch nur in der Familie.

ANDREAS Wenn du jetzt an Kasachstan denkst, was empfindest du dann?

LARISSA Sehnsucht. Heimweh. Aber auch Wut.

ANDREAS Wut?

LARISSA Ja. Wir Deutschen lebten dort wie Fremde. In den Augen der Einheimischen waren wir nur die „Nemets", ein Schimpfwort: „Deutsche". Die anderen Einwohner mochten uns nicht.

ANDREAS Deshalb seid ihr nach Deutschland gekommen?

LARISSA Ja. Wir hatten nichts zu verlieren. Es gab wenig Zukunftsperspektiven. Du musst wissen, wir waren sehr arm und träumten vom Wohlstand, von voll gefüllten Supermärkten. Deutschland erschien uns wie ein Schlaraffenland.

ANDREAS Ihr wart also glücklich, als ihr schließlich nach Deutschland ausreisen durftet.

LARISSA Wir Kinder ja. Die Eltern weniger. Meine Großeltern wollten absolut nicht mitkommen. Auch hatte Mutter etwas beunruhigende Briefe von einer Freundin bekommen. Die war schon in Deutschland. Anscheinend war dort nicht alles so rosig, wie wir das glaubten. Sie sprach von Schwierigkeiten mit der Bevölkerung und von Arbeitslosigkeit.

ANDREAS Und wie war es dann, als du hier ankamst?

LARISSA Schrecklich. Glaub mir, Andreas, die ersten Jahre waren die Hölle. Lass mich bitte nicht davon sprechen. Ich habe damals einen Bruder verloren, der es hier nicht ausgehalten hat.

ANDREAS Ja, ich weiß. Tut mir Leid.

LARISSA Das Dilemma für uns Russlanddeutsche ist, dass wir überall Fremde sind. Drüben waren wir die Deutschen, hier sind wir die Russen.

ANDREAS Für uns bist du Larissa.

LARISSA Für euch vielleicht. Ich selbst weiß dennoch nicht, was ich bin. Das zerreißt mich eben. Irgendwie bin ich dazwischen.

ANDREAS Du hast hier deinen Platz …

LARISSA Ja, seit ich in der Gruppe mitarbeite, geht es mir besser. Weißt du auch, wie ich euch kennen gelernt habe?

ANDREAS Nein.

LARISSA Als das mit meinem Bruder passiert war, habe ich in einer Werbung einen Satz gelesen, der mein Leben verändert hat.

ANDREAS In der Werbung?

LARISSA Ja. Er hieß: „Fremde sind Freunde, die man noch nicht kennt." Das hat mir Mut gemacht. Da habe ich mir gesagt, dass ich nicht ewig eine Fremde bleiben will. Dass ich den ersten Schritt machen muss. Deshalb bin ich in dieses Jugendzentrum gegangen und habe euch kennen gelernt.

■ Préparation de l'écoute

Pour que les élèves comprennent mieux de quoi il s'agit dans le dialogue, vous pouvez leur faire écouter seulement l'introduction et leur donner quelques précisions sur les *Spätaussiedler* (voir *Projektarbeit*).

Ce dialogue est né de multiples recherches sur la question dans les médias et sur le net et s'appuie, entre autres, sur l'information suivante que vous pouvez donner aux élèves :

Russisch-deutsches Bürgerradio in Nürnberg

Gelungene Beispiele von Integration hat auch Nürnberg zu bieten. Im städtischen Kinder- und Jugendzentrum „Geiza" haben russlanddeutsche und einheimische Jugendliche gemeinsam ein Online-Projekt realisiert: die Internetsite www.russenkids.de *mit Informationen über junge Aussiedler. Eine andere Gruppe russlanddeutscher Jugendlicher sendet über „Radio Z" einmal pro Monat Magazinbeiträge und Musik.*

Vous leur ferez ensuite écouter le dialogue sans qu'ils aient sous les yeux les exercices proposés dans le manuel. Dans les classes d'un niveau plus faible, vous procéderez plutôt dans l'autre sens : lecture et élucidation des exercices d'abord, une ou deux écoutes dans un deuxième temps. (Vorentlastung: die Einheimischen; das Schlaraffenland, das Paradies ≠ die Hölle)

1 Hören Sie sich das Gespräch an und sagen Sie, was richtig ist.

a. Das Leben von Larissa und ihrer Familie in Kasachstan

Ihre Großeltern sind 1941 von Stalin nach Kasachstan deportiert worden.

Sie ist dort geboren und ihre Geschwister auch.

Wenn sie an ihr Leben dort zurückdenkt, empfindet sie Wut.

Die Einheimischen mochten die Deutschen nicht.

Ihre Eltern waren arm.

In Kasachstan träumte sie von Deutschland als einem Schlaraffenland.

b. Das Leben von Larissa und ihrer Familie in Deutschland.

Ihre Großeltern sind in Kasachstan geblieben.

Sie wussten schon vor der Abreise, dass sie in Deutschland viele Schwierigkeiten erwarteten.

Larissa und ihre Familie werden auch in Deutschland als Fremde betrachtet.

2 Was meint Larissa, wenn sie sagt, sie sei „irgendwie dazwischen"?

Larissa hat ein Identitätsproblem. Einerseits ist Kasachstan, wo sie ihre Kindheit verbracht hat und wo ihre Großeltern leben, ihre Heimat. Andererseits fühlt sie sich auch in Deutschland zu Hause, da sie jetzt schon seit einiger Zeit dort lebt und es die Heimat ihrer Vorfahren war. Die Einheimischen betrachten sie und ihre Familie jedoch in beiden Ländern als Fremde: In Kasachstan gehörte sie zu den „Nemets", den Deutschen, und in Deutschland gilt sie als Russin.

3 Welcher Satz hat ihr Mut gemacht, in Deutschland Freunde zu suchen? Ergänzen Sie.

Fremde sind ***Freunde***, die man noch nicht ***kennt***.

@ Projektarbeit

Suchen Sie im Internet nach Informationen über den historischen Hintergrund von Larissas Erzählung unter dem Stichwort „Russlanddeutsche".

Ce travail peut être intéressant dans le cadre d'une recherche interdisciplinaire (histoire-géographie ; russe ; ES).

a. In welchem Jahrhundert sind sie nach Osteuropa ausgewandert?

Bereits unter Iwan dem Schrecklichen (16. Jh.) und Peter dem Großen (17. Jh.) hatten sich zahlreiche Deutschstämmige in Russland angesiedelt. Die planmäßige Ansiedlung von Deutschen im Süden des Zarenreiches begann aber erst im 18. Jahrhundert mit dem Manifest von Katharina der Großen (22.7.1763: Aufruf an alle Ausländer zur Einwanderung nach Russland).

b. Was ist mit ihnen während des Zweiten Weltkrieges geschehen?

Die Deutschen aus den westlichen Teilen der Sowjetunion wurden ab Juli 1941 deportiert. Die sogenannten „Wolgadeutschen" wurden ab August 1941 bis nach Sibirien und Mittelasien verschleppt.

c. Wann und wie sind sie als so genannte Spätaussiedler nach Deutschland zurückgekehrt?

Vereinzelte Familienzusammenführungen gibt es seit 1958. Nach Abschluss des Moskauer Vertrages 1970 über gegenseitigen Gewaltverzicht und nach den KSZE-Vereinbarungen von Helsinki im Jahre 1975 stiegen die Zahlen der Aussiedler. Seit 1987 sind die Aussiedlerzahlen erneut stark angestiegen.

d. Wie sieht das Leben dieser Menschen heute in Deutschland aus?

Larissa spricht davon, dass die Integration nur langsam vorangeht. Viele Russlanddeutsche leben in Gettos oder isolieren sich freiwillig wegen ihrer Religion und ihrer oft sehr konservativ-traditionnellen Auffassung von der Rolle der Frau, der Familie und der Kindererziehung.

e. Wie heißen die Organisationen, die sich um ihre Integration in die deutsche Gesellschaft kümmern?

- staatliche Organisationen (z. B. Bundesarbeitsgemeinschaft Jugendsozialarbeit – BAG JAW)
- religiöse Einrichtungen (z. B. Aussiedler-Betreuungsdienst Mennonitischer Gemeinden in Deutschland e.V., Bund Evangelisch-Freikirchlicher Gemeinden in Deutschland, Deutscher Caritasverband e. V., Seelsorge für die katholischen Russlanddeutschen, Diakonisches Werk der Evangelischen Kirche in Deutschland, Evangelische Frauenarbeit Deutschland e.V., evangelische Kirche in Deutschland, Zentralwohlfahrtsstelle der Juden in Deutschland e.V.)
- unabhängige Organisationen (z.B. Arbeiterwohlfahrt e.V., Der Paritätische Wohlfahrtsverband, Deutsche Jugend in Europa, Deutsches Rotes Kreuz, IB – Internationaler Bund)
- spezifische Vereine (z.B. Landsmannschaft der Deutschen aus Russland e.V., ZMO - Zusammenarbeit mit Osteuropa e.V., Zentralverband Deutscher und Osteuropäer)

2 Einsatz in der Fremde

Type de document : *dialogue entre une jeune infirmière et un collègue*

Thème : *La jeune femme parle des ses expériences dans un pays étranger dans le cadre d'une mission effectuée pour Médecins sans frontières.*

Transcription

Durée : 2'58"

PHILIPP Wie lange hast du in Angola für „Ärzte ohne Grenzen" gearbeitet?

ANDREA Sechs Monate lang. Das war eine sehr interessante, aber auch eine schwierige Zeit.

PHILIPP Wie waren denn die Arbeitsbedingungen dort? Die sind doch bestimmt nicht vergleichbar mit dem, was wir hier, in einem deutschen Krankenhaus, gewohnt sind.

ANDREA Da hast du Recht! Es gab zum Beispiel oft nur drei Stunden Elektrizität pro Tag.

PHILIPP Da muss man also improvisieren können.

ANDREA Man muss sich anpassen, klar.

PHILIPP Ist bestimmt nicht leicht, mit einfachen Mitteln zurechtzukommen.

ANDREA Ja, die westlichen Standards kannst du dabei vergessen!

PHILIPP Ob ich das könnte?

ANDREA Du musst es eben versuchen.

PHILIPP Was für andere Probleme gab's?

ANDREA Kein fließendes Wasser. Nur Pumpstellen, wo man das Wasser in Eimern holte.

PHILIPP Wie war es da mit der Hygiene?

ANDREA Das Krankenhaus war so sauber, dass es kaum zu Wundinfektionen kam und das allein durch die Leistungen des Personals vor Ort.

PHILIPP Wie schaffen die das bloß – bei so miserablen Bedingungen?

ANDREA Sie sind hochmotiviert. Auch im Unterricht. Du kannst dir nicht vorstellen, wie fleißig die sind.

PHILIPP Du hast als Anästhesieschwester auch Unterricht geben müssen? Oh je, ich weiß nicht, ob ich das könnte.

ANDREA Das habe ich auch erst gedacht. Aber es war im Endeffekt die Arbeit, die mir am meisten Spaß gemacht hat.

PHILIPP Warum?

ANDREA Weil ich dadurch intensiven Kontakt zu den einheimischen Kollegen bekommen habe. Und die haben mir auch viel beigebracht.

PHILIPP Was denn zum Beispiel?

ANDREA Unsere westliche „Hightech-Medizin" zu relativieren.

PHILIPP Aha.

ANDREA Und wie wichtig es ist, ihnen so viel wie möglich beizubringen, damit sie unabhängig werden und auf die Dauer eigenverantwortlich handeln können.

PHILIPP Ja, das kann ich verstehen. Sie wollen ohne die Hilfe von Fremden auskommen können. Sag mal und wie war das mit der Arbeitszeit?

ANDREA Auch da darf man keine westlichen Maßstäbe anlegen. Man muss bereit sein, Tag und Nacht zu arbeiten. In Extremsituationen jedenfalls.

PHILIPP Gab es die denn oft?

ANDREA Oh ja, ich habe immer wieder bis an die Grenzen meiner eigenen Leistungsfähigkeit arbeiten müssen.

Philipp Das habe ich von anderen auch gehört. Aber das macht mir keine Angst. Ich bin ja jung.

Andrea Wenn du diese Einstellung hast, wirst du es schaffen. Man merkt vor Ort, dass man viel mehr von sich verlangen kann, als man vorher dachte.

Philipp Und was hat dir dieser Aufenthalt persönlich gebracht?

Andrea Ich habe in der Fremde gelernt, das Wesentliche vom Unwesentlichen zu unterscheiden.

Philipp Genau das erwarte ich von so einem Einsatz in der Fremde. Dass man wieder einen Blick für die wahren Probleme bekommt.

Andrea Irgendwie kommt man als anderer Mensch von solch einem Einsatz zurück.

Philipp Ich hoffe, dass ich auch einmal mitmachen kann. Hilfst du mir, meine Papiere für „Ärzte ohne Grenzen" auszufüllen? Vielleicht kann ich ja in ein paar Monaten auch die Koffer packen!

Compréhension

Avant de découvrir le document sonore les élèves doivent comprendre les exercices 1 à 3 (élucidation détaillée).

1 Finden Sie folgende Informationen heraus:

- Organisation, für die Andrea gearbeitet hat: Ärzte ohne Grenzen
- Andreas Beruf: Sie ist Anästhesieschwester.
- Land, in dem sie gearbeitet hat: Angola
- Dauer ihres Aufenthaltes in diesem Land: 6 Monate

2 Was hat Philipp vor?

Er möchte sich auch bei „Ärzte ohne Grenzen" bewerben, um an einem Einsatz im Ausland mitzumachen.

3 Die Mitarbeiter bei einem humanitären Einsatz müssen vieles können. Suchen Sie in der folgenden Liste, was nicht zutrifft.

- westliche Maßstäbe anlegen

Expression

4 Andrea meint, sie sei als „anderer Mensch" von diesem Einsatz zurückgekommen. Was meint sie wohl damit?

Sie hat in Angola zahlreiche Erfahrungen gemacht:

Sie hat gelernt, die westliche „Hightech-Medizin" zu relativieren.

Sie hat gemerkt, dass man viel mehr von sich verlangen kann, als man denkt.

Sie war von dem Mut und der Motivation ihrer Kollegen vor Ort beeindruckt.

Sie hat entdeckt, dass sie sehr viel Spaß am Unterrichten hat.

Sie hat gelernt, das Wesentliche vom Unwesentlichen zu unterscheiden, und so wieder einen Blick für die wahren Probleme zu bekommen.

5 **Was für Motivationen können junge Menschen haben, die sich für eine humanitäre Organisation engagieren?**

Hilfsbereitschaft, Nächstenliebe, Mitleid, Empörung über Unrecht, Abenteuerlust, Reiselust, Neugierde auf andere Kulturen, neue Arbeitsformen, Wunsch nach einem Lebenslauf „mit Profil" ...

6 **Erfinden Sie ein Gespräch zwischen einem Einstellungsgremium von *Ärzte ohne Grenzen* und einem Kandidaten / einer Kandidatin.**

Pour préparer ce dialogue les élèves peuvent réécouter l'enregistrement, étudier les documents de la page 147 et faire le *Projektarbeit* de la même page.

7 **Beschreiben und kommentieren Sie die beiden Bilder.**

N.B. Sur l'affiche publicitaire de droite se trouve le texte suivant :

17 Millionen Menschen sterben jährlich an behandelbaren Infektionskrankheiten, weil Medikamente fehlen oder unbezahlbar sind. Helfen Sie uns, das zu ändern. Spendenkonto 97 0 97, SPK (= Sparkasse) Berlin, BLZ (= Bankleitzahl) 100 500 00, www. aerzte-ohne-grenzen.de

@ Projektarbeit

1 **Suchen Sie im Internet unter dem Stichwort „Ärzte ohne Grenzen" folgende Informationen:**

- Gründungsjahr: 1977
- Die Organisation entstand in Frankreich.
- 2.500 internationale und 13.000 einheimische Mitarbeiter
- *Ärzte ohne Grenzen* arbeiten in mehr als 80 Ländern.
- Die Organisation *Ärzte ohne Grenzen* hat 1999 den Friedensnobelpreis erhalten.

2 **Die Organisation *Ärzte ohne Grenzen* braucht nicht nur Ärzte. Wer kann sich noch bei dieser Organisation bewerben?**

Krankenschwestern und -pfleger, Hebammen, Finanzexperten und Logistiker (Logistiker bauen Behandlungszelte auf und sorgen dafür, dass es genügend Medikamente und Hilfsgüter gibt).

3 **Bei welchen der Aufgaben, die *Ärzte ohne Grenzen* sich gestellt hat, kann es zu Konflikten mit einer örtlichen Regierung kommen? Nennen Sie konkrete Beispiele.**

- Bei der Aus- und Weiterbildung einheimischer Ärzte und Gesundheitshelfer
- Bei der Ausbildung von Frauen in Ländern, in denen es Frauen untersagt ist, außerhalb des Hauses zu arbeiten oder einen Beruf zu erlernen
- Bei der Aufklärung der Öffentlichkeit über schlechte Lebensbedingungen oder über die Verletzung der Menschenrechte in bestimmten Ländern und bei den Einsätzen zur Verteidigung dieser Rechte vor Ort (immer wieder wird die Organisation *Ärzte ohne Grenzen* aus den entsprechenden Ländern ausgewiesen wie z.B. aus Afghanistan zur Zeit der Taliban)

LANDESKUNDE

MANUEL 148-149

Fremde Heimat Deutschland

Cette double page traite un problème d'actualité complexe en tentant de le replacer dans son contexte historique. Il s'agit surtout de donner quelques éléments qui permettent de mieux suivre l'actualité et préparent les élèves - en particulier ceux qui auront à travailler sur des articles de presse – à mieux lire des textes sur ce sujet.

La nouvelle loi sur la nationalité est résumée de façon extrêmement succinte dans le manuel. On en trouve le texte complet sur internet. Le site http://www.einbuergerung.de/home.html est particulièrement intéressant. Nous vous proposons ci-dessous un extrait de la présentation des grandes lignes de cette loi, qui vous permettra de préciser un peu les choses si les élèves s'y intéressent.

Das Gesetz ab 1. Januar 2000

Deutsche/r durch Geburt

Wie bisher gilt der Grundsatz: Ein Kind wird mit der Geburt Deutsche oder Deutscher, wenn zumindest ein Elternteil deutscher Staatsbürger ist.

Ab 1. Januar 2000 gilt zusätzlich das Geburtsrecht.

Ab diesem Zeitpunkt werden in Deutschland geborene Kinder von ausländischen Eltern mit der Geburt automatisch Deutsche, wenn ein Elternteil sich bei der Geburt seit mindestens acht Jahren dauerhaft und rechtmäßig in Deutschland aufhält und seit mindestens drei Jahren eine unbefristete Aufenthaltsgenehmigung hat.

Diese Kinder werden mit Geburt deutsche Staatsangehörige mit allen Rechten und Pflichten.

Deutsche/r durch Einbürgerung

Der Weg zur deutschen Staatsangehörigkeit ist für die dauerhaft in Deutschland lebenden Ausländer die Einbürgerung. Im Unterschied zum Geburtsrecht erfolgt die Einbürgerung nicht automatisch, sie muss beantragt werden.

Der Anspruch auf Einbürgerung ist ab dem 1. Januar 2000 an folgende Voraussetzungen gebunden:

* acht Jahre rechtmäßiger Aufenthalt in Deutschland
* Besitz einer Aufenthaltserlaubnis oder Aufenthaltsberechtigung
* Bekenntnis zum Grundgesetz
* keine verfassungsfeindlichen Betätigungen
* in der Regel Sicherung des Lebensunterhaltes ohne Sozial- oder Arbeitslosenhilfe
* Straflosigkeit, ausgenommen Bagatelldelikte
* ausreichende deutsche Sprachkenntnisse

ZWISCHEN ZWEI WELTEN

Ce dossier est assez ambitieux, mais il comporte des entrées possibles qui sont accessibles à tous les élèves et peuvent leur permettre de découvrir le thème avant d'en aborder des aspects plus difficiles.

- Le TEXTE 1 est un extrait de *Der Sandmann* de E.T.A. Hoffmann. Même si le texte de Hoffmann reste linguistiquement ardu, il ne faut pas en exclure a priori les classes non littéraires, car les jeunes sont souvent très sensibles au fantastique. Ce peut être l'occasion de leur faire découvrir une œuvre qu'ils auront plaisir à lire dans son intégralité en français.
- Le TEXTE 2, *Eine Reise nach Sibirien*, est extrait d'une nouvelle d'un auteur suisse contemporain, E.Y. Meyer. On y retrouve, dans un cadre beaucoup plus contemporain, le même effacement des limites entre rêve et réalité. Il pourra être le point de départ d'intéressants travaux d'écriture.
- Le TEXTE 3 est *Die Lorelei* de Heine. C'est à la fois l'occasion de réfléchir sur la fascination qu'exerce sur nous l'autre monde, quel qu'il soit, les risques que peut représenter cette fascination, et de retrouver un poète que les élèves ont déjà pu découvrir avec *Warum* en classe de Première.
- La page ZUR DEBATTE présente deux enregistrements un peu atypiques, puisqu'il s'agit non de dialogues mais plutôt de récits : *Auf der Suche* et *Der Alptraum*. Sous le titre *Künstliche Träume*, nous avons ensuite voulu amener les élèves à amorcer une réflexion sur les drogues.
- La page KULTUR aborde un sujet assez difficile, mais qui convient bien à des élèves de Terminale parce qu'il peut venir en prolongement du cours de philosophie : Freud et la psychanalyse.

TEXT 1

Manuel 152-155

Der Sandmann

Type de texte : *extrait de la nouvelle* Der Sandmann
Thème : *Nathanael raconte l'histoire du marchand de sable qui le hante depuis l'enfance.*
Objectif linguistique : *l'interrogative (voir manuel p.160)*
L'auteur : *Ernst Theodor Amadeus Hoffmann (voir manuel p.155)*

Nous avons voulu donner aux élèves la possibilité de découvrir une œuvre majeure de la littérature allemande : *Der Sandmann* de E.T.A. Hoffmann. L'extrait que nous vous proposons se trouve au début de la nouvelle. Il raconte l'épisode de l'homme au sable, épisode déterminant pour comprendre la personnalité de Nathanael et tout ce qui lui arrive ensuite.

Il prend place dans la lettre de Nathanael à son ami Lothar par laquelle commence l'œuvre. Nathanael raconte à son ami un événement en apparence anodin, mais qui l'a bouleversé : il a reçu la visite d'un marchand de baromètres et a cru reconnaître en lui une figure terrifiante de son passé, l'avocat Coppelius. Il raconte alors ce que représente pour lui ce personnage, associé à jamais à la figure du marchand de sable dont il avait si peur enfant.

Vous trouverez dans le commentaire du texte quelques allusions à la suite de l'histoire. Nous espérons que certains élèves auront envie de lire – en traduction bien sûr – l'ensemble de l'œuvre. En effet, ils sont tous déjà plus ou moins familiarisés avec le fantastique et ils reconnaîtront aisément ce qui caractérise ce genre : l'impossibilité d'établir une frontière nette entre l'imaginaire et le réel. Ainsi, Nathanael pense être le jeu de puissances maléfiques. Est-il effectivement victime de forces démoniaques qui cherchent à le détruire, ou est-il seulement psychiquement malade ? Le lecteur est sans cesse entraîné d'une vision à l'autre, pris entre des perspectives narratives qui se contredisent et l'empêchent de jamais savoir où est la vérité. Hoffmann s'amuse à brouiller les pistes et à mettre ainsi radicalement en question les certitudes de ceux qui, sûrs de leur bon sens, croient pouvoir établir la frontière entre raison et folie, entre réalité et imaginaire.

Freud s'est intéressé à ce texte dont il parle longuement dans *Das Unheimliche* (1919). Nous en citons ci-dessous quelques passages qui pourront prolonger l'étude de la double page KULTUR consacrée à Sigmund Freud (manuel p.166-167).

1 Die Personen

a. Wer ist der Erzähler?

Der Erzähler ist Nathanael.

b. Nennen Sie die verschiedenen Personen, die zitiert werden.

Die Personen, die im Text zitiert werden, sind: der Vater, die Mutter, die Geschwister, die Kinderfrau.

2 Die Zeit

a. Aus welcher Zeit berichtet der Erzähler Nathanael?

Nathanael erzählt aus seiner Kindheit.

b. Wann spielt die Szene, die er schildert?

Die Szene, die er schildert, spielt am Abend.

c. Handelt es sich um eine einmalige Szene oder hat sie mehrmals stattgefunden?

Die Szene hat mehrmals stattgefunden, wie aus folgenden Ausdrücken hervorgeht:

Z. 6 ***Oft*** *erzählte er uns viele wunderbare Geschichten*

Z. 10 ***Oft*** *gab er uns aber Bilderbücher in die Hände*

Z. 12 ***An solchen Abenden*** *war die Mutter sehr traurig*

Z. 14 *Wirklich hörte ich dann* ***jedes Mal*** *etwas schweren, langsamen Tritts die Treppe heraufpoltern*

Z. 36 *sowie es* ***abends*** *die Treppe heraufpolterte*

Z. 44 *Entsetzen ergriff mich,* ***wenn*** *ich*

3 Die Familienidylle (Zeilen 1-9)

a. Wer war die zentrale Gestalt in der Familie?

Das war eindeutig der Vater. Seine Laune, die davon abhing, ob der Sandmann kommen sollte oder nicht, war für die Stimmung der ganzen Familie ausschlaggebend.

b. Wie war der Kontakt zum Vater am Abend?

An normalen Abenden, das heißt, wenn der Sandmann nicht kam, war die Stimmung in der Familie sehr gut, weil der Vater heiter und gesprächig war.

c. Nennen Sie Ausdrücke, die zeigen, dass der Erzähler eine schöne Erinnerung an diese Abende hat.

Der Erzähler genoss die Geborgenheit im Kreis der Familie, wie aus den unterstrichenen Wörtern hervorgeht:

Z. 6 *Oft erzählte er uns viele* ***wunderbare*** *Geschichten, und geriet darüber so in Eifer, dass ihm die Pfeife ausging, die ich ihm, brennend Papier hinhaltend, wieder anzünden musste, welches mir ein* ***Hauptspaß*** *war.*

4 Das Auftauchen des Sandmanns (Zeilen 10-15)

a. Wie verhielt sich der Vater an den „nicht normalen" Abenden?

Der Vater erzählte nichts und sprach nicht mit den Kindern. Stattdessen gab er ihnen Bilderbücher:

Z. 10 *Er […] saß stumm und starr in seinem Lehnstuhl und blies starke Dampfwolken von sich, dass wir alle wie im Nebel schwammen.*

b. Wie reagierte die Mutter?

Die Mutter wurde sehr traurig und schickte die Kinder schon um neun Uhr ins Bett.

c. Was mussten die Kinder machen?

Sie mussten den Vater alleine lassen und sich in ihre Schlafzimmer zurückziehen.

d. Was sagte die Mutter, wenn sie die Kinder früh ins Bett schicken wollte.

Sie sprach vom Sandmann:

Z. 13 *„Nun Kinder! – Zu Bette! Zu Bette! Der Sandmann kommt, ich merk' es schon."*

e. Was hörte Nathanael dann? Wie interpretierte er das, was er hörte?

Dann hörte das Kind *etwas schweren, langsamen Tritts die Treppe heraufpoltern* (Z. 14). Für ihn konnte es sich nur um den Sandmann handeln, dessen Ankunft die Mutter angekündigt hatte.

5 Die wachsende Macht des Sandmanns über Nathanael (Zeilen 16-40)

a. Was antwortete die Mutter, als Nathanael sie nach einer Erklärung fragte?

Als das Kind die Mutter fragte: *„Ei, Mama! Wer ist denn der böse Sandmann, der uns immer von Papa forttreibt?"*, antwortete sie, dass es keinen Sandmann gebe. Sie erklärte, sie wolle damit nur sagen, dass die Kinder ins Bett gehen müssten, weil sie schläfrig seien und die Augen nicht offen halten könnten, *„als hätte man (ihnen) Sand hineingestreut"*.

b. Gab er sich mit dieser Erklärung zufrieden?

Nein, das Kind dachte, die Mutter wolle ihn nur beschwichtigen, und blieb davon überzeugt, dass der Sandmann existierte, da er ihn immer *die Treppe heraufkommen* hörte.

c. Wen fragte er dann? Was für eine Antwort bekam er?

Er fragte die Kinderfrau, die sich um seine jüngere Schwester kümmerte. Sie erzählte ihm ein schreckliches Märchen über den Sandmann, der den Kindern Sand in die Augen streue, wenn sie nicht schlafen wollten. Die Kinder des Sandmanns hätten Schnäbel wie Eulen und pickten damit die Augen unartiger Kinder aus. Diesem Märchen nach werden also Kinder, die Verbote übertreten, Opfer des Sandmanns.

d. Welche Folgen hatte diese Antwort für das Kind?

Von diesem Tag an fürchtete sich Nathanael noch mehr vor dem Sandmann, dessen Bild sich ihm zutiefst eingeprägt hatte: *sowie es abends die Treppe heraufpolterte, zitterte ich vor Angst und Entsetzen.*

6 Die Verinnerlichung der Gestalt des Sandmanns (Zeilen 41-46)

a. Glaubte er immer noch an das Märchen vom Sandmann, als er älter wurde?

Er wusste, dass es sich um ein Märchen handelte und *wohl nicht ganz seine Richtigkeit haben* konnte.

b. Hatte er weniger Angst vor ihm?

Angst hatte er immer noch: *indessen blieb mir der Sandmann ein fürchterliches Gespenst und Grauen.* Auch wenn er den Glauben an das Märchen verloren hatte, blieb die grausige Gestalt in seiner Fantasie lebendig.

c. Mit wem stand die Gestalt des Sandmanns immer in Verbindung?

Mit dem Vater: *Sein Umgang mit dem Vater fing an, meine Phantasie immer mehr und mehr zu beschäftigen.* Den Sandmann zu sehen bedeutete folglich für ihn, in die verbotene Welt des Vaters einzudringen. Er war deshalb von dieser Gestalt fasziniert und wünschte immer mehr, *das Geheimnis zu erforschen, den fabelhaften Sandmann zu sehen.*

7 Zeigen Sie die verschiedenen realen Vorgänge auf, aus denen sich das Bild des Sandmanns in der Vorstellung des Kindes entwickelte.

Ausgangspunkt sind wohl die Verhaltensveränderungen der Eltern an den Abenden, an denen der Sandmann erschien. Der Vater zog sich in sich zurück und sprach kein Wort. Er entzog sich im Tabaksqualm den Blicken seiner Familie, was von den Kindern wahrscheinlich als unheimliche Entfernung von der überschaubaren Wirklichkeit empfunden wurde. Das Verhalten des Vaters machte die Mutter traurig und bedeutete für die Kinder die Trennung von den Eltern. Nathanael blieb an jenen Abenden mit seinen Ängsten allein. Der Sandmann zerstörte also die Harmonie in der Familie und niemand war in der Lage, dieser Gewalt Einhalt zu gebieten.

Dazu kommen die Bemerkungen der Mutter über den Sandmann, die durch die unmittelbar darauffolgenden akustischen Warnehmungen bestätigt wurden. Tatsächlich hörte Nathanael *etwas schweren, langsamen Tritts die Treppe heraufpoltern.* Für Nathanael, der die Metapher des Sandmanns wörtlich nahm, wie Kinder es oft tun, war dieses Poltern sowie das Aufreißen der Tür des väterlichen Arbeitszimmers der Beweis für die Wahrheit der mütterlichen Worte.

Z. 44 *Entsetzen ergriff mich, wenn ich ihn nicht allein die Treppe heraufkommen, sondern auch meines Vaters Stubentür heftig aufreißen und hineintreten hörte.*

Vor allem aber beeinflusst das Märchen, das die Kinderfrau erzählt, die Vorstellung Nathanaels vom Sandmann: *Grässlich malte sich nun im Innern mir das Bild des grausamen Sandmanns aus* (Z. 35).

Dieses Bild vom Sandmann tritt an die Stelle dessen, was Nathanael nicht sehen und nicht wissen darf. Nathanael ist den Hirngespinsten seiner Fantasie völlig ausgeliefert, weil er die Vorgänge, die er als bedrohlich empfindet, nicht aufklären und in der Realität festmachen kann und sie sich deshalb um so grauenvoller ausmalt.

8 Analysieren Sie:

a. wie das Kind reale Vorgänge als Beweise einer fantasierten Wirklichkeit interpretiert.

Die unterstrichenen Wörter in den folgenden Sätzen zeigen, wie das Kind das, was es in der Wirklichkeit wahrnimmt, immer wieder als Bestätigung seiner Vorstellungen deutet.

Z. 14 ***Wirklich*** *hörte ich dann jedes Mal etwas schweren, langsamen Tritts die Treppe heraufpoltern; das musste der Sandmann sein.*

Z. 24 *... ich hörte ihn **ja** immer die Treppe heraufkommen.*

b. wie die subjektiven Wahrnehmungen und deren Interpretation für das Kind schließlich überzeugender werden als die Argumente der Vernunft.

Den Erklärungen der Mutter, dass der Sandmann nicht existiere, glaubt er nicht, weil das Poltern auf der Treppe ihre Worte widerlegt.

Z. 22 *Der Mutter Antwort befriedigte mich nicht, ja in meinem kindischen Gemüt entfaltete sich deutlich der Gedanke, dass die Mutter den Sandmann nur verleugne, damit wir uns vor ihm nicht fürchten sollten, ich hörte ihn ja immer dieTreppe heraufkommen.*

Auch als er so alt geworden ist, dass er an das Märchen nicht mehr glaubt, wird er die Furcht vor dem Sandmann nicht los:

Z. 41 *Schon alt genug war ich geworden, um einzusehen, dass das mit dem Sandmann und seinem Kindernest im Halbmonde, so wie es mir die Wartefrau erzählt hatte, wohl nicht ganz seine Richtigkeit haben könne; indessen blieb mir der Sandmann ein füchterliches Gespenst und Grauen.*

Es scheint fast so, als wolle er diese Angst gar nicht loswerden und lehne systematisch alles ab, was sie beschwichtigen könnte.

9 Welches sind die Gefühle Nathanaels dem Sandmann gegenüber? Handelt es sich nur um Angst?

Die Beschreibungen der Angst Nathanaels vor dem Sandmann sind so zahlreich, dass man fast den Verdacht hat, Nathanael genieße dieses Grauen:

Z. 16 *Einmal war mir jenes dumpfe Treten und Poltern besonders* ***graulich*** *...*

Z. 35 ***Grässlich*** *malte sich nun im Innern mir das Bild des grausamen Sandmanns aus; so wie es abends die Treppe heraufpolterte,* ***zitterte ich vor Angst und Entsetzen****.*

Z. 39 *... und wohl die ganze Nacht über* ***quälte*** *mich die* ***fürchterliche*** *Erscheinung des Sandmanns.*

Z. 43 *... indessen blieb mir der Sandmann ein* ***fürchterliches Gespenst*** *und* ***Grauen****.*

Z. 44 ***Entsetzen*** *ergriff mich ...*

Seine Faszination für den Sandmann ist genauso groß wie seine Furcht vor ihm:

Z. 26 *Voll Neugierde, Näheres von diesem Sandmann und seiner Beziehung auf uns Kinder zu erfahren, fragte ich endlich die alte Frau ...*

Die Figur des Sandmanns ruft in ihm also zugleich Schrecken und Faszination hervor. Die Faszination wird sogar mit den Jahren wachsen, sodass sie zum beherrschenden Element in Nathanaels Geschichte wird. Immer unwiderstehlicher wird nämlich der Drang, endlich mit eigenen Augen zu sehen, was bisher nur als inneres Bild existierte. Dies führt schließlich zu der Lauschszene hinter der Gardine und dem daraus entstehenden traumatischen Erlebnis, das etwas später im Text erzählt wird.

10 Was sagt dieser Text über die Persönlichkeit des Erzählers aus?

Nathanael ist ein sensibles Kind, das für die Stimmung in der Familie besonders empfänglich ist. Sein sensibles Gemüt macht ihn auch für das Wunderbare und Geheimnisvolle besonders aufgeschlossen, dem er zum ersten Mal im Märchen vom Sandmann begegnet.

Seine Einbildungskraft ist groß, Fantasiebilder sind für ihn immer wichtiger als die Argumente der Vernunft. Er hält für wirklich, was seiner Einbildung entstammt, leugnet, was seinen Vorstellungen widerspricht, und deutet immer wieder seine Sinneswahrnehmungen als Bestätigung seiner inneren Welt. So verfließen für ihn die Grenzen zwischen Wirklichkeit und Fantasie, das Risiko der Entfremdung von der Realität steigt. Das zeigen seine spätere Entwicklung und sein unaufhaltsames Gleiten in den Wahnsinn im weiteren Verlauf der Geschichte.

11 Was ist am Märchen vom Sandmann besonders erschreckend für ein Kind?

Der Sandmann ist ein böser Mann, der unartige Kinder grausam bestraft, indem er ihnen die Sehkraft raubt, die dazu dient, die Wirklichkeit zu erfassen.

Für das Kind ist diese Gestalt daher besonders grauenerregend. Freud deutet die Angst vor dem Sandmann, der den Kindern das Augenlicht raubt, als die Angst des Kindes vor der Kastration. Wenn Nathanael im Zimmer seines Vaters lauscht, tut er etwas Verbotenes. Die Strafe dafür kann nur die Kastration sein. Das erklärt die zerstörerische Kraft der Szene, in der Nathanael von Coppelius entdeckt und bestraft wird.

Die psychoanalytische Erfahrung mahnt uns daran, dass es eine schreckliche Kinderangst ist, die Augen zu beschädigen oder zu verlieren. Vielen Erwachsenen ist diese Ängstlichkeit verblieben und sie fürchten keine andere Organverletzung so sehr, wie die des Auges. Ist man auch doch gewohnt zu sagen, dass man etwas behüten werde wie seinen Augapfel. Das Studium der Träume, der Phantasien und Mythen hat uns dann gelehrt, dass die Angst um die Augen, die Angst zu erblinden, häufig genug ein Ersatz für die Kastrationsangst ist. Auch die Selbstblendung des mythischen Verbrechers Ödipus ist nur eine Ermäßigung für die Strafe der Kastration, die ihm nach der Regel der Talion allein angemessen wäre (Sigmund FREUD, *Das Unheimliche*, 1919).

Dieser Auszug, der das unbewältigte Kindheitstrauma schildert, liefert uns also den Schlüssel zur ganzen Geschichte. In diesem traumatischen Erlebnis wurzelt Nathanaels Gefühl, er sei das Opfer finsterer, dämonischer Mächte und könne seinem grauenvollen Schicksal nicht entrinnen. Sein gesamtes weiteres Erleben wird in den unterschiedlichsten Formen eine Wiederholung dieses prägenden Erlebnisses sein:

Das Unheimliche des Erlebens kommt zustande, wenn verdrängte infantile Komplexe durch einen Eindruck wieder belebt werden, oder wenn überwundene primitive Überzeugungen wieder bestätigt scheinen (Sigmund FREUD, s.o.).

Entraînement à l'oral du bac

Résumer

In diesem Text, der am Anfang der Erzählung *Der Sandmann* steht, erzählt Nathanael, wie seit seiner ***Kindheit*** die böse Gestalt des ***Sandmanns*** von ihm Besitz ergriffen hat. Abends saßen alle, Eltern und Kinder, zusammen um einen ***runden*** Tisch und der Vater ***erzählte*** Geschichten. Manchmal aber blieb der Vater ***stumm***, die Mutter war ***traurig***, und die ***Kinder*** wurden schon um neun Uhr ins ***Bett*** geschickt. An diesen ***Abenden*** wusste Nathanael, dass der ***Sandmann*** kommen würde. Tatsächlich hörte er ihn jedes Mal die ***Treppe*** heraufpoltern.

TEXT 2
MANUEL 156-158

Eine Reise nach Sibirien

ENTRAÎNEMENT À L'ÉCRIT DU BAC

Type de texte : *début d'une nouvelle*

Thème : *une rencontre inhabituelle*

Objectif linguistique : *le groupe participe épithète (manuel p. 161)*

L'auteur : *E.Y. Meyer est un auteur suisse, né en 1946 à Liestal. Après avoir fait des études de germanistique, d'histoire et de philosophie, il a enseigné jusqu'en 1974 dans une petite école de campagne. Il vit aujourd'hui de sa plume et est installé à Berne. Parmi ses œuvres, on peut citer :* In Trubschachen *(1975),* Das System des Doktor Maillard oder die Welt der Maschinen *(1994),* Venezianisches Zwischenspiel *(1997).*

Ce texte est beaucoup plus facile à lire que l'extrait du *Sandmann* proposé en texte 1. On y retrouve toutes les caractéristiques du fantastique, et dans une classe particulièrement motivée, il pourra être intéressant d'amener les élèves à établir des rapprochements entre les deux textes. Vous pouvez aussi les inciter à lire en français *Der blonde Eckbert* ou *Der Runenberg* de Tieck et à repérer comment E.Y. Meyer reprend, en les transposant dans le monde d'aujourd'hui, de nombreux ingrédients du conte romantique allemand.

1 Richtig oder falsch? Begründen Sie Ihre Antwort mit einem Zitat aus dem Text.

	R	F
1. Die Szene spielt in einem Restaurant, das fast leer ist.		✔
2. Der junge Mann ist mit einem alten Mann verabredet, den er schon lange kennt.		✔
3. Der junge Mann setzt sich neben den alten Mann, weil da noch ein Platz frei ist.	✔	
4. Der junge Mann setzt sich neben den alten Mann, weil dieser ihn an seinen Tisch eingeladen hat.		✔
5. Der alte Mann erinnert ihn an einen Menschen, den er mag.	✔	
6. Er weiß aber nicht genau, an wen der alte Mann ihn erinnert.	✔	
7. Er fürchtet sich vor dem alten Mann.		✔
8. Er findet ihn sofort sympathisch.	✔	
9. Er spricht den alten Mann zuerst an.		✔
10. Sie trinken zusammen mehrere Gläser Whisky.		✔
11. Sie haben einander viel zu erzählen.		✔
12. Der alte Mann sagt ihm, dass sie eine Reise nach Sibirien machen werden.	✔	
13. Sie sollen schon am nächsten Tag zurückkommen.		✔
14. Die Sache kommt dem jungen Mann so seltsam vor, dass er Angst bekommt.		✔
15. Er findet es ganz normal, mit dem alten Mann nach Sibirien zu fahren.		✔
16. Er hat Vertrauen zu dem alten Mann und folgt ihm.	✔	
17. Im Zug schläft er bald ein.	✔	
18. Er erwacht in der Transsibirischen Eisenbahn.	✔	
19. Draußen ist es so kalt, dass er nicht bezweifeln kann, dass sie sich tatsächlich in Sibirien befinden.	✔	
20. Er glaubt nicht, dass sie in Sibirien sind.		✔

2 Worauf beziehen sich folgende Wörter?

Z. 8	*dies*	*Gegen Ende des Nachmittags, vielleicht so um sechs, gedachte er, wieder zu Hause zu sein, spätestens aber um halb zwölf, wenn die Wirtshäuser schlossen.*
Z. 8	*denen*	*seine Eltern*
Z. 10	*ihm*	*er (der junge Mann)*
Z. 12	*dessen*	*des alten Mannes*
Z. 17	*den*	*jemand(em), den er sehr mochte*
Z. 21	*die*	*von derjenigen (Zuneigung)*
Z. 24	*die beiden*	*der Alte, die andere Person*
Z. 28	*ihm*	*er (der junge Mann)*
Z. 28	*sie beide*	*der junge Mann und der alte Mann*
Z. 38	*sie*	*der junge Mann und der alte Mann*

3 Zitieren Sie alle Wörter, die auf eine gewisse Undeutlichkeit hinweisen.

Z. 17 *Er **schien** jemandem zu gleichen, den er sehr mochte, aber er **hätte nicht sagen können**, wer das sei.*

Z. 19 *eine immer stärker werdende Zuneigung zu dem Mann, die er schon bald **nicht mehr** von derjenigen **unterscheiden konnte**, die er für die Person zu empfinden **glaubte**, an die er sich erinnerte.*

Z. 22 *Und als der Alte, der bemerkt zu haben **schien***

Z. 23 ***vermischte sich** dessen Gestalt so stark mit der anderen Person*

Z. 24 *dass er die beiden **nicht mehr auseinander halten konnte***

Z. 25 *und jemanden vor sich zu haben **glaubte***

Z. 46 *noch **nicht ganz wach***

Z. 47 ***glaubte** aber erst*

4 Handelt der junge Mann völlig bewusst und aus freiem Entschluss? Belegen Sie Ihre Antwort mit Zitaten aus dem Text.

An mehreren Stellen im Text wird betont, dass er nicht völlig bewusst und aus freiem Willen handelt, sondern ahnungslos und irrational. Er ist an dem Geschehen kaum beteiligt und scheint wie von einer fremden Kraft getrieben zu sein.

Z. 11 *ließ er sich ohne viel Nachdenken neben einem alten Mann nieder*

Z. 19 *Trotzdem spürte er eine immer stärker werdende Zuneigung zu dem Mann*

Z. 35 *Im Zug befiel ihn, wahrscheinlich weil er doch etwas zu viel getrunken hatte, schon bald eine große Müdigkeit*

Z. 37 *ließ er sich schließlich vom Schlaf überwältigen.*

5 Übersetzen Sie folgende Textstelle: *Und als der Alte* … (Zeile 22) bis … *noch hätte beunruhigen können* (Zeile 34).

Et lorsque le vieil homme, qui semblait avoir remarqué qu'on l'observait depuis un moment, se mit soudain à sourire, sa personne se mélangea si fortement avec l'autre personne, qu'il ne pouvait plus les distinguer l'une de l'autre et qu'il avait l'impression d'avoir devant lui quelqu'un qu'il aimait beaucoup, bien qu'il ne le connût point.

Et alors qu'il commandait le septième ou huitième verre, l'homme ouvrit tout à fait inopinément la bouche, pour lui annoncer comme en passant qu'ils allaient tous les deux se rendre en Sibérie l'après-midi et qu'il seraient rentrés d'ici le soir.

6 Ergänzen Sie.

1. Er ging in das erste Restaurant hinein, ***das*** er auf seinem Weg fand.
2. Er hoffte, Bekannte zu treffen, mit ***denen*** er sich würde unterhalten können.
3. Unter den Menschen, ***die*** sich im Restaurant befanden, sah er kein bekanntes Gesicht.
4. Er setzte sich an einen Tisch, an ***dem*** schon fast alle Plätze besetzt waren.
5. Er saß neben einem alten Mann, ***dessen*** Gesicht ihm seltsam vertraut vorkam.
6. Die anderen Menschen, an ***deren*** Tisch sie saßen, nahm er kaum wahr.
7. Der alte Mann teilte ihm etwas mit, ***wor***über er sich hätte wundern können.
8. Aber alles, ***was*** passierte, schien ihm ziemlich selbstverständlich.
9. Der alte Mann, ***dem*** er bedenkenlos folgte, hatte sein Vertrauen erweckt.
10. Die Eisenbahn, in ***der*** er etwas später erwachte, war tatsächlich die Transsibirische Eisenbahn.

TEXT 3
MANUEL 159

Die Lorelei

Type de texte : *poème*

Thème : *la légende de la Lorelei, blonde sirène qui, par son chant, attire les bateliers et les conduit à leur perte*

L'auteur : *Heinrich Heine, né à Düsseldorf en 1797, est mort à Paris en 1856 après y avoir vécu 25 années en exil. C'est l'un des plus grands poètes allemands, mais il resta longtemps méconnu dans son pays. Sans doute parce qu'il fut toujours très critique vis-à-vis de ce pays, et parce que, étant tout à la fois juif, démocrate, artiste et émigré, il resta toute sa vie un marginal (voir* Warum de Première *p. 24-25).*

Il eût été dommage que les élèves germanistes achèvent leur scolarité sans connaître ce qui reste l'un des poèmes allemands les plus célèbres non seulement de Heine, mais de toute la littérature allemande. On est même souvent allé jusqu'à le prendre pour un véritable chant populaire. Et pourtant, derrière son apparente simplicité, on retrouve bien toute la problématique de Heine.

1 Lesen Sie das ganze Gedicht.

a. Wer spricht in der ersten und in der letzten Strophe?

Das lyrische Ich, der Dichter.

b. Was wird in den Strophen 2 bis 5 geschildert?

Die Geschichte der Lorelei.

c. Wie viele Zeitebenen gibt es im Gedicht?

Es gibt zwei Zeitebenen: die Zeit, in der das lyrische Ich spricht, und die Zeit, in der das Märchen spielt, eine lange vergangene Zeit. Das Präsens als Tempus wird allerdings im ganzen Gedicht beibehalten, sodass der Eindruck der Gegenwärtigkeit entsteht. Erst am Ende taucht das Perfekt auf, das die Abgeschlossenheit des Vorgangs betont.

d. Wer sind die Personen?

Das lyrische Ich als außenstehender Beobachter, die Lorelei, der Schiffer.

2 Kommentieren Sie die Strophen 2 bis 5.

a. Wo spielt die Szene? Charakterisieren Sie die Stimmung, die Landschaft, das Licht.

Die Szene spielt am Rhein. Verschiedene Elemente charakterisieren diese rheinische Landschaft:

Z. 6 *Und ruhig fließt der Rhein;*

Z. 7 *Der Gipfel des Berges …*

Z. 19 *Er schaut nicht die Felsenriffe …*

Es ist Abend:

Z. 5 *Die Luft ist kühl und es dunkelt …*

Z. 8 *Im Abendsonnenschein …*

b. Welche Stellung nimmt die Lorelei in der Landschaft ein? Und im Gedicht?

Sie sitzt auf dem Gipfel des Berges.

Z. 9 *Die schönste Jungfrau sitzet*
Dort oben wunderbar

Während es unten dunkel ist, befindet sie sich im Abendsonnenschein und *blitzet*, sodass der Blick des Schiffers unwiderstehlich auf sie gelenkt wird. Der Reim *dunkelt/funkelt* betont den Kontrast zwischen unten und oben.

Die zwei folgenden Verse, die sie beschreiben, befinden sich in der Mitte des Gedichts, so wie sie der Mittelpunkt der Szene ist.

Z. 12 *Sie kämmt ihr goldenes Haar.*

Z. 13 *Sie kämmt es mit goldenem Kamme ...*

c. Wie verführt sie den Schiffer?

Durch das Gold, das im Abendsonnenschein glitzert und ihn blendet und durch ihren Gesang:

Z. 11 *Ihr goldnes Geschmeide blitzet,*

Z. 12 *Sie kämmt ihr goldenes Haar.*

Z. 13 *Sie kämmt es mit goldenem Kamme*

Z. 14 *Und singt ein Lied dabei;*
Das hat eine wundersame,
Gewaltige Melodei.

Z. 23 *Und das hat mit ihrem Singen*
Die Lorelei getan.

d. Wie drückt sich die Faszination des Schiffers aus? Was passiert am Ende mit ihm?

Z. 17 *Den Schiffer im kleinen Schiffe*
Ergreift es mit wildem Weh;
Er schaut nicht die Felsenriffe,
Er schaut nur hinauf in die Höh'.

Diese Faszination führt ihn in den Tod:

Z. 21 *Ich glaube, die Wellen verschlingen*
Am Ende Schiffer und Kahn

e. Was repräsentiert wohl die Lorelei?

Sie repräsentiert zunächst eine ideale, ja übernatürliche Schönheit. Die Schönheit und der Gesang der unerreichbaren Frau locken den Mann und stürzen ihn in den Tod. Darüber hinaus kann sie das Ideal überhaupt repräsentieren, das den Menschen von der wirklichen Welt entfernt.

3 Kommentieren Sie die Strophen 1 und 6.

a. Wie drückt sich die Faszination des lyrischen Ichs aus und wie seine Distanz?

Die Faszination zeigt sich in der Tatsache, dass er das Märchen nicht vergessen kann:

Z. 4 *Das kommt mir nicht aus dem Sinn.*

Das lyrische Ich ist genauso von dem Märchen fasziniert, wie der Schiffer von der Lorelei fasziniert ist.

Der Dichter wehrt sich gleichzeitig gegen diese Faszination und bemüht sich, eine innere Distanz zu bewahren, die sich in einer gewissen Unbestimmtheit ausdrückt.

Z. 1 *Ich weiß nicht, was soll es bedeuten …*

Z. 21 *Ich glaube …*

Es handelt sich um ein Märchen, und dieses Märchen spielt in sehr entfernten Zeiten:

Z. 3 *Ein Märchen aus alten Zeiten,*

Durch die Rahmenkonstruktion, die das Geschehen als unwirklich darstellt, wird eine gewisse Distanz hergestellt.

b. Wie kann man diese Distanz interpretieren?

Heine wurde einmal von einem französischen Kritiker « romantique défroqué » genannt. Er war immer von der Romantik fasziniert, wehrte sich aber gegen diese Faszination, indem er sich ironisch davon distanzierte. Das Schicksal des Schiffers kann also die Gefahr dieser Faszination, deren er sich wohl bewusst war, repräsentieren.

Darüber hinaus kann das Gedicht als Spiegelung der Außenseitersituation Heines in Deutschland verstanden werden. Er fühlte sich von der deutschen Kultur angezogen, wurde jedoch von ihr nicht akzeptiert. Die blonde Jungfrau könnte also auch

Deutschland und die deutsche Gesellschaft verkörpern, die ihn zugleich abstieß und anzog, die ihn aber vor allem nie akzeptieren wollte.

In diesem Falle verkörpert die Lorelei all das, wonach er sich gesehnt, wogegen er sich gleichzeitig aber auch gewehrt hat. Das Gedicht beschreibt die Faszination durch eine Verlockung ebenso wie das Bemühen um Distanzierung durch das Aufzeigen der Gefahr, die dieser Verlockung innewohnt.

4 Kommentieren Sie die Form des Gedichts (siehe Seiten 60-61).

Das Gedicht besteht aus sechs vierzeiligen Strophen mit dreihebigen, unregelmäßig gefüllten Versen und abwechselnd weiblichen und männlichen Kreuzreimen.

SPRACHE
MANUEL 160 • MEMENTO 184-185/190-192

L'interrogative (TEXT 1)

Dans le texte *Der Sandmann*, Nathanael est très curieux de savoir qui est le Sandmann, et pose donc des questions à sa mère et à la nourrice de sa petite sœur.

L'interrogative pose deux sortes de problèmes, l'un d'ordre syntaxique – la place du verbe dans les différents types d'interrogatives –, l'autre lexical – le choix du pronom interrogatif dans l'interrogative partielle.

1 Dans le texte page 152, relevez les interrogatives directes, globales et partielles.

INTERROGATIVE DIRECTE GLOBALE		INTERROGATIVE DIRECTE PARTIELLE	
l. 29	***Weißt*** *du das noch nicht?*	l. 17	***Wer*** *ist denn der böse Sandmann?*
		l. 18	***Wie*** *sieht er denn aus?*

2 L'interrogative directe

a. Quelle place occupe le verbe conjugué dans l'interrogative directe globale ?

Dans l'interrogative directe globale, le verbe conjugué occupe la première place.

b. Et dans l'interrogative directe partielle ?

Dans l'interrogative directe partielle, le verbe conjugué occupe la deuxième place.

– Par quel groupe syntaxique est alors occupée la première place ?

La première place est occupée par le pronom interrogatif.

3 L'interrogative indirecte

(1) *Er fragte die alte Frau,* ***was für*** *ein Mann der Sandmann denn* ***sei.***

(2) *Sie fragte ihn,* ***ob*** *er das noch nicht* ***wisse.***

a. Quel mot introduit l'interrogative indirecte partielle ? Et l'interrogative indirecte globale ?

– L'interrogative indirecte partielle est introduite par le pronom interrogatif.
– L'interrogative indirecte globale est introduite par la conjonction ***ob***.

b. Quelle place occupe le verbe conjugué :
– dans l'interrogative indirecte partielle (1) ?
– dans l'interrogative indirecte globale (2) ?

Dans les deux types d'interrogatives, le verbe conjugué occupe la dernière place, car il s'agit de groupes verbaux dépendants.

c. À quel mode est le verbe ici ? Pourquoi ?

– Le verbe est au subjonctif I, car il s'agit de discours indirect.
– Lorsque les formes du subjonctif I ne se distinguent pas de celles de l'indicatif, on a recours aux formes du subjonctif II :
sie müssen → sie müssten.
– Toutefois, en langue parlée, on emploie surtout les formes de l'indicatif.

4 Faites porter l'interrogation sur ce qui est en gras.

Ein wunderbarer Abend

1. Nach dem Abendessen gingen die Kinder **in Vaters Arbeitszimmer.**
   Wohin gingen die Kinder nach dem Abendessen?
2. **Der Vater** rauchte Tabak.
   Wer rauchte Tabak?
3. *Sie saßen* **um den kleinen runden Tisch.**
   Wo saßen sie?
4. Der Vater erzählte ihnen **wunderbare Geschichten.**
   Was erzählte er ihnen?
5. Die Kinder hörten **dem Vater** aufmerksam zu.
   Wem hörten die Kinder aufmerksam zu?
6. Alle freuten sich **an dem Abend.**
   Wann freuten sich alle?

5 Faites porter l'interrogation sur ce qui est en gras.

Ein angstvoller Abend

1. Der Vater saß stumm **in seinem Lehnstuhl.**
   Wo saß der Vater stumm?

2. Er blies **starke Rauchwolken** von sich.
   Was blies er von sich?
3. An diesem Abend war die Mutter **sehr traurig**.
   Wie war die Mutter an diesem Abend?
4. **Die Kinder** sollten schnell zu Bett gehen.
   Wer sollte schnell zu Bett gehen?
5. Die Mutter schickte sie **in ihr Zimmer**.
   Wohin schickte sie die Mutter?
6. Nathanael hörte **den Sandmann** die Treppe heraufpoltern.
   Wen hörte Nathanael die Treppe heraufpoltern?

6 Transformez les interrogatives directes en interrogatives indirectes.

Nathanael stellt Fragen

Wer ist denn der böse Sandmann?
→ *Nathanael fragt, wer denn der böse Sandmann sei.*

1. Gibt es den Sandmann wirklich?
   Nathanael fragt, ob es den Sandmann wirklich gebe.
2. Wie sieht der Sandmann aus?
   Nathanael fragt, wie der Sandmann aussehe.
3. Ist der Sandmann wirklich böse?
   Nathanael fragt, ob der Sandmann wirklich böse sei.
4. Müssen sich Kinder vor dem Sandmann fürchten?
   Nathanael fragt, ob Kinder sich vor dem Sandmann fürchten müssten.
5. Wo wohnt der Sandmann?
   Nathanael fragt, wo der Sandmann wohne.
6. Was wirft er den Kindern in die Augen?
   Nathanael fragt, was er den Kindern in die Augen werfe.
7. Warum tut er das?
   Nathanael fragt, warum er das tue.
8. Hat er selbst keine Kinder?
   Nathanael fragt, ob er selbst keine Kinder habe.

SPRACHE

MANUEL 161 • MEMENTO 188/199

Le groupe participe épithète (TEXT 2)

Le texte *Eine Reise nach Sibirien* est écrit dans un allemand syntaxiquement très élaboré. On y trouve en particulier bon nombre de groupes participes épithètes, chers aux auteurs allemands.
Le groupe participe épithète, l'ancienne « phrase qualificative », exige de la part des élèves des efforts acrobatiques, car il reflète ce qui caractérise la structure allemande, à savoir le fait que le déterminant précède le déterminé, tandis qu'en français, c'est plutôt le contraire.
S'y ajoutent des difficultés morphologiques : la formation du participe II et les marques du participe épithète.
Enfin, le groupe participe II recouvre du point de vue du sens deux types différents (d'ailleurs les mêmes qu'en français dans le groupe participe passé apposé), l'un de sens passif, l'autre de sens actif accompli.

1 Dans le texte page 156, relevez les groupes nominaux comportant un groupe participe épithète.

l. 14	*das **erfrischend prickelnde** Bier*
l. 19	*eine **immer stärker werdende** Zuneigung zu dem Mann*
l. 39	*in einem der hocheleganten, **mit Holz und Messing ausgekleideten** weiten Abteile der Transsibirischen Eisenbahn*
l. 45	*vor einem **einsam dastehenden**, hölzernen Stationsgebäude*

2 La formation des participes I et II
Expliquez la formation des participes I et II.

- Le participe I de tous les verbes se forme avec le radical de l'infinitif + ***end***.
- Le participe II :

AUXILIAIRES	sein haben werden		***gewesen*** ***gehabt*** ***geworden***
VERBES FAIBLES	lernen arbeiten	*ge* + radical de l'infinitif + *(e)t*	***gelernt*** ***gearbeitet***
VERBES FORTS	fahren bleiben	*ge* + radical (modifié) + *en*	***gefahren*** ***geblieben***

VERBES MIXTES	nennen	*ge* + radical modifié + *t*	***genannt***
VERBES DE MODALITÉ	können	*ge* + radical de l'infinitif sans Umlaut + *t*	***gekonnt***

1. Les verbes à préverbe séparable : on intercale ***ge*** entre le préverbe et le radical *(auf**ge**macht).*
2. Les participes II sans ***ge.*** Deux catégories de verbes ne prennent pas ***ge*** au participe II, parce que leur première syllabe est inaccentuée :
   - les verbes à préverbe inséparable *(erzählt – verstanden)*
   - les verbes faibles en ***-ieren*** et leurs composés *(probiert – ausprobiert)*

3 La syntaxe

a. Où se place le groupe participe dans le groupe nominal ?

Le groupe participe se place entre le déterminant et le nom, base du groupe nominal dont il est membre.

b. Quelles marques le participe épithète porte-t-il ?

Le participe épithète porte les mêmes marques que l'adjectif épithète.

4 Le sens

a. Le groupe participe I

1 a *Er trank das **erfrischend prickelnde** Bier.*

b *Er trank das Bier, das **erfrischend prickelte.***

– Traduisez en français et précisez si le verbe dans la relative, et donc le participe I, a un sens actif ou passif.

Il buvait la bière au pétillement rafraîchissant (qui pétillait de façon rafraîchissante).
Le verbe a un sens actif.

b. Le groupe participe II

1 a *Sie befanden sich in einem der **mit Holz und Messing ausgekleideten** Abteile.*

b *Sie befanden sich in einem der Abteile, die **mit Holz und Messing ausgekleidet worden waren.***

2 a *Sie stiegen aus dem **unglaublich schnell in Sibirien angekommenen** Zug.*

b *Sie stiegen aus dem Zug, der **unglaublich schnell in Sibirien angekommen war.***

– Le participe II de ces verbes a-t-il un sens actif ou passif ?
(1) *auskleiden* → sens **passif**
(2) *ankommen* → sens **actif**

– S'agit-il d'un verbe transitif ou intransitif ?
(1) *auskleiden* → verbe **transitif**
(2) *ankommen* → verbe **intransitif**

– Avec quel auxiliaire se conjugue-t-il aux parfait et plus-que-parfait ?
(1) *auskleiden* → auxiliaire ***haben***
(2) *ankommen* → auxiliaire ***sein***

Il y a donc deux types de groupes participes II :

– Lorsque le verbe est transitif et se conjugue aux temps composés du passé avec l'auxiliaire *haben*, le participe II a un sens passif.

– Lorsque le verbe est intransitif et se conjugue aux temps composés du passé avec l'auxiliaire *sein*, le participe II a un sens actif accompli.

5 Lexicalisation du participe

Comme en français, beaucoup de participes sont devenus des adjectifs ou adverbes à part entière :

l. 10 *vertrautes :* participe II de *vertrauen*, épithète de *Gesicht*

l. 14 *erfrischend :* participe I de *erfrischen*, invariable en tant qu'adverbe de *prickeln*

– On peut ajouter à cette liste les deux épithètes à la ligne 41 : *gefroren* et *schneeverweht.*

Seltsame Eindrücke

6 Transformez les relatives en groupes participes I.

*das erste Wirtshaus, das **auf seinem Weg liegt***
→ *das erste **auf seinem Weg liegende** Wirtshaus*

1. das Wirtshaus, das spätestens um halb zwölf schließt
das spätestens um halb zwölf schließende Wirtshaus
2. das Gesicht des Mannes, das ihm seltsam vertraut vorkommt
das ihm seltsam vertraut vorkommende Gesicht des Mannes
3. der Mann, der ihm schräg gegenüber sitzt
der ihm schräg gegenüber sitzende Mann
4. der Zug, der sich schnell nähert
der sich schnell nähernde Zug
5. die Uhr, die erst fünf Uhr zeigt
die erst fünf Uhr zeigende Uhr

7 Transformez les relatives en groupes participes II.

*der einzige Tisch, der **frei geblieben ist***
→ *der einzige **frei gebliebene** Tisch*

1. das Bier, das von dem alten Mann ohne viel Nachdenken bestellt wird
das von dem alten Mann ohne viel Nachdenken bestellte Bier
2. der Mann, der von den anderen Gästen freundlich empfangen wird
der von den anderen Gästen freundlich empfangene Mann
3. die sieben, acht Biere, die von dem Gast schnell hintereinander getrunken werden
die sieben, acht von dem Gast schnell hintereinander getrunkenen Biere
4. der Vorschlag, der von dem jungen Mann gemacht wird
der von dem jungen Mann gemachte Vorschlag

SPRACHE
MANUEL 162

Connaître les mots

1 À partir du schéma ci-dessous, formez le plus de mots composés possible et donnez leur équivalent français.

übernachten	passer la nuit
übernächtigt	ensommeillé
die Übernachtung	la nuit(ée)
die Übernachtungsmöglichkeit	la possibilité d'hébergement
Mitternacht	minuit
Weihnachten	Noël
nächtlich	de nuit – nocturne
nachts	la nuit (CCT)
nächtelang	des nuits entières
die Nachtarbeit	le travail de nuit
der Nachtdienst	le service de nuit
das Nachtgespenst	le fantôme
das Nachtleben	la vie nocturne
der Nachtwächter	le gardien de nuit
nachtwandeln	être somnambule
der Nachtwandler	le somnambule
die Nachtwandlerin	la somnambule
nachtwandlerisch	somnambule (adj)
der Nachtzug	le train de nuit

2 Connaissez-vous bien les genres? Chassez l'intrus.

1. Artikel – Text – Titel – ***Werk***
2. Absatz – Abschnitt – Teil – ***Zeile***
3. Anfang – Beginn – ***Ende*** – Schluss
4. Antwort – ***Argument*** – Frage – Problematik
5. Aufbau – Ausdruck – Auszug – ***Zitat***
6. ***Beispiel*** – Film – Roman – Vers
7. Einführung – Einleitung – ***Schluss*** – Zusammenfassung
8. Gegensatz – Kontrast – ***Parallele*** – Vergleich

3 Connaissez-vous bien les pluriels? Chassez l'intrus.

1. Absatz – Grund – Schluss – ***Text***
2. Beispiel – ***Prinzip*** – Problem – Vorurteil
3. Dichter – Erzähler – ***Journalist*** – Schriftsteller
4. Gedicht – Gefühl – ***Interview*** – Theaterstück
5. Kraft – Kunst – Nacht – ***Zeitschrift***

4 Cherchez l'équivalent en français du verbe *machen* pour chacune des phrases suivantes.

1. Es wird langsam Zeit, dass wir uns auf den Weg machen.
   Il serait temps que nous nous mettions en route.
2. Was macht deine Arbeit?
   Où en es-tu de ton travail ?
3. Kleider machen Leute.
   C'est l'habit qui fait le moine.
4. Du solltest dich endlich an die Arbeit machen.
   Tu ferais bien de te mettre enfin au travail.
5. Machen Sie es sich bequem!
   Installez-vous confortablement. / Mettez-vous à l'aise.
6. Wann machst du dein Examen?
   Quand passes-tu ton examen ?
7. Er hat mir wieder Mut gemacht.
   Il m'a redonné du courage.
8. Warum machst du ihn für alles verantwortlich?
   Pourquoi le rends-tu responsable de tout ?
9. Ich mache mir nicht viel daraus.
   Je n'y attache pas beaucoup d'importance.
10. Damit soll endlich Schluss gemacht werden!
    Il faut enfin en terminer avec cela !

5 Identifiez bien le sens de *schon* dans les phrases suivantes et traduisez.

1. Musst du wirklich schon gehen?
   Tu es vraiment obligé de partir déjà ?
2. Schon als Kind hat er viel gelesen.
   Enfant, il lisait déjà beaucoup.
3. Mach dir keine Sorgen. Es wird schon gehen.
   Ne t'en fais pas. Ça ira.
4. Lust hätte ich schon, aber das Geld fehlt mir.
   J'en aurais bien envie, mais ce qui me manque, c'est l'argent.
5. Es mag schon wahr sein, aber ich kann es einfach nicht glauben.
   Il se peut que cela soit vrai, mais je ne peux tout simplement pas le croire.
6. Was willst du schon wieder?
   Qu'est-ce que tu veux encore ?
7. Wir wollen schon um sechs losfahren.
   Nous avons l'intention de partir dès six heures.

SPRACHE
MANUEL 163

Apprendre à traduire

Où j'habite

Depuis hier, j'habite un étage plus bas. Je ne veux pas le dire trop fort; mais j'habite plus bas. Si je ne veux pas le dire trop fort, c'est parce que je n'ai pas déménagé. Hier soir, je rentrais du concert comme d'habitude le samedi soir et je montais l'escalier après avoir auparavant ouvert la porte de l'immeuble et appuyé sur le bouton électrique. Je montais l'escalier sans me douter de rien – l'ascenseur est hors service depuis la guerre – et arrivée au troisième étage, je pensai : « Je voudrais y être déjà ! », et je m'appuyai un instant contre le mur à côté de la porte de l'ascenseur. D'habitude, au troisième étage je suis saisie d'une sorte d'épuisement au point parfois de penser que j'ai dû monter déjà quatre étages. Mais ce n'est pas ce que je pensais cette fois, je savais que j'avais encore un étage au-dessus de moi. De ce fait, je rouvris les yeux pour monter le dernier étage, et à cet instant, je vis mon nom à la porte à gauche de l'ascenseur. Était-ce que je m'étais trompée quand même et que j'avais déjà monté quatre étages ? Je voulus regarder le panneau qui indiquait l'étage, mais juste à ce moment-là, la lumière s'éteignit.
Comme le bouton est de l'autre côté du couloir, je fis dans l'obscurité les deux pas qui me séparaient de ma porte et l'ouvris. De ma porte ? Mais quelle porte cela pouvait-il donc être puisque mon nom y était écrit ? C'était donc bien quand même que j'avais déjà monté quatre étages.

Ilse AICHINGER, 1954

ZUR DEBATTE
MANUEL 164-165

1 Auf der Suche

Type de document : *texte narratif*

Thème : *Un étranger cherche en vain une femme dans une petite ville de province.*

Transcription

Durée : 2'18"

Eigentlich war er sehr viel jünger, als er aussah, aber das wussten die anderen nicht. Sie wussten sowieso nicht viel über ihn. Dass er eben eines Tages in ihre Stadt gekommen war, niemand weiß genau woher. Es hieß, er habe aus einem fremden Land fliehen müssen.

Hierhin, in diese Kleinstadt, hatte man ihn geschickt, denn hier würde er sie finden, sie, die Frau, die er nun schon so lange suchte, seine Frau, Maria Swoboda.

Bald kannten alle diesen Namen, sie hörten ihn so oft am Tag, dass er irgendwann in aller Ohren klang. „Maria Swoboda!". Denn nur das sagte er, nichts anderes. Nur diese zwei Worte. Immer wieder diesen Namen, mal schreiend, befehlend, mal klagend, weinend oder auch nur flüsternd. „Maria Swoboda!"

Bis es den Bewohnern der kleinen Stadt irgendwann zu viel wurde. Einfach zu viel. Maria Swoboda störte die Leute, sie erschien in ihren Träumen, sie verfolgte sie von früh bis spät, beim Aufstehen und beim Zu-Bett-Gehen. Die Leute der Stadt konnten diesen Namen nicht mehr ertragen. Und so sagte eines Tages jemand – wer es gewesen ist, weiß heute niemand mehr – jemand sagte also zu dem Fremden: „Hamburg, sie ist in Hamburg, deine Maria!".

Er wurde in der Kleinstadt nie wieder gesehen. Aber manch einer erinnert sich heute noch an das Lächeln, das Lächeln der Hoffnung in seinen Augen, auf seinen Lippen, als er den Zug nach Hamburg bestieg.

Maria Swoboda aber ist da geblieben, in manchen Herzen, manchen Träumen. Maria Swoboda, die Frau, die nie jemand von ihnen auch nur einmal gesehen hatte.

Compréhension

Les élèves doivent découvrir l'exercice seulement après avoir écouté l'enregistrement.

1 **Hören Sie sich die Fabel an. Bilden Sie den Satz, der sie richtig zusammenfasst.**
In einer kleinen Stadt sucht ein Fremder vergeblich eine Frau.

2 **Erfinden Sie ein Gespräch zwischen zwei Einwohnern der Kleinstadt, die sich über den Mann unterhalten.**
On peut distribuer des rôles dans la classe, chacun devant alors intervenir dans la discussion avec une consigne précise. Les consignes seront écrites sur des papiers et distribuées à différents élèves. Par exemple :
- Vous montrerez que cet homme vous agace.
- Vous formulerez des hypothèses sur son origine (pays, famille, profession, ...)
- Vous poserez des questions à propos de la femme qu'il recherche.

– Vous exprimerez votre méfiance.
– Vous exprimerez votre compassion.

3 **Wie geht diese Geschichte wohl weiter?**
Inventer la suite d'une histoire peut être une des épreuves écrites du baccalauréat. Pour réussir ce travail, les élèves doivent avoir bien compris l'histoire. Il est donc utile qu'ils l'écoutent une deuxième fois et qu'ils la résument ensemble en français pour éviter des erreurs de compréhension.

2 Der Alptraum

Type de document : *monologue intérieur*
Thème : *Une jeune femme insomniaque revit un événement traumatisant de son enfance.*

Transcription

Durée : 4'38"

Da war es wieder. Dieses komische Geräusch. Marianne konnte sich vor Angst nicht mehr bewegen. Was war das bloß für ein Klopfen? Sie zog sich die Bettdecke über den Kopf. Sollte sie Annette wecken? Aber die schlief ja tief und fest. Außerdem würde sie nur wieder über sie spotten: „Du mit deinen ewigen Halluzinationen", würde sie schimpfen. „Lass mich damit in Ruhe!" Eigentlich hatte sie ja auch Recht. Es war mitten in der Nacht, sie war zu Hause, in ihrem Zimmer, und alles war doch in Ordnung! Aber dennoch: Dieses Klopfen! Woher kam nur dieses Klopfen?

Marianne drehte sich um – und plötzlich blieb ihr Herz fast stehen. „Hol mich hier raus!" hörte sie „Ich will hier raus!" Was war das? Wer rief da so verzweifelt? Wer war hier in ihrem Zimmer, mitten in der Nacht, und rief um Hilfe? Sie versuchte, ganz vernünftig zu bleiben. „Du hast nur geträumt!" sagte sie sich. Annette hatte vielleicht Recht. Sie war einfach zu nervös oder hatte zu viel Fantasie … Sie versuchte, sich zu beruhigen. Gestern Abend hatte sie ja noch alles kontrolliert. Hier konnte einfach niemand sein. Sie hatte unter ihrem Bett nachgeschaut, im Schrank, hinter den Gardinen. Nirgendwo war ihr etwas aufgefallen.

„Hilf mir. Ich will hier raus!" Marianne erschrak. Fast konnte sie nicht mehr atmen. Sie hatte Angst, einfach nur Angst. Langsam kam ein Gedanke in ihr hoch, eine Erinnerung. So hatte sie schon einmal in ihrem Bett gelegen, ohne sich zu bewegen, voller Angst. Und sie hatte es auch klopfen hören, damals … an der Wohnungstür. Und war da nicht auch so eine Stimme gewesen? „Lass mich doch rein! Bitte, lass mich rein!" Eine flehende Stimme, die schließlich drohend schrie und am Ende verzweifelt flüsterte. Schon lange war das her. Damals war sie noch ein kleines Mädchen gewesen, aber jetzt schien ihr, als sei es gerade eben erst passiert.

Marianne spürte, wie ihr Tränen übers Gesicht liefen. Die Erinnerung war schmerzlich. Als kleines Kind hatte sie gedacht, die Stimme an der Wohnungstür sei die des Sandmanns gewesen, der zu ihr rein wollte, um ihr was Böses anzutun, um sie womöglich mitzunehmen. Heute wusste sie, dass es damals der Vater gewesen war, der zu ihnen zurückwollte. Hätte sie damals doch nur …

Marianne gab sich einen Ruck. „Ich alte Heulsuse, ich habe doch wirklich nur geträumt." Sie stand auf und schlich im Dunkeln durch ihr Zimmer zu ihrem Kleiderschrank. Von da war das Klopfen gekommen. Als sie die Tür aufmachte, schrak sie zusammen. Etwas Weiches hatte ihren Fuß berührt. Sie tastete mit den Händen danach. „Ach so, du bist's, Teddy!" Was da lag, war ihr Kuscheltier, ihr Teddybär. Den hatte ihre Mutter ihr geschenkt, damals, als das mit dem Vater passiert war. Aber gestern Abend – war der Teddy da schon in ihrem Schrank gewesen?

Marianne nahm ihn und legte sich hin. „Eigentlich bin ich doch total verrückt", lachte sie. „In meinem Alter mit einem Teddy schlafen." Aber endlich konnte sie sich wohlig unter ihrer Bettdecke ausstrecken. Die Zauberkraft ihres Kuscheltiers begann zu wirken. Alles unheimliche Klopfen, alle piepsenden Stimmchen verschwanden allmählich, alle schrecklichen Sandmänner, alle verzweifelten Väter dieser Erde waren wie weggeweht, und langsam fiel sie in einen tiefen Schlaf.

Compréhension

1 **Hören Sie sich Mariannes Geschichte an. Sagen Sie, was sie als Kind und was sie als Jugendliche erlebt hat.**

	ALS KIND	ALS JUGENDLICHE
a. Sie hörte ein komisches Geräusch.	✔	✔
b. Sie konnte sich vor Angst nicht bewegen.		✔
c. Sie wollte ihre Schwester nicht wecken.		✔
d. Sie hörte eine verzweifelte Stimme.	✔	✔
e. Sie versuchte, vernünftig zu sein.		✔
f. Sie hatte Angst vor dem Sandmann.	✔	
g. Sie wusste, dass ihr Vater der Sandmann war.		✔
h. Sie fand ihr altes Kuscheltier wieder.		✔

Expression

2 Marianne kann ein Erlebnis aus ihrer Kindheit nicht vergessen. Welches?

Als Marianne noch ein Kind war, hat der Vater offenbar die Familie verlassen. Eines Abends klopfte er an die Wohnungstür und wollte hereingelassen werden, wahrscheinlich wollte er zu seiner Familie zurückkehren. Doch Mariannes Mutter öffnete ihm nicht. Marianne hörte die verzweifelten Rufe ihres Vaters in ihrem Bett. Aber sie war zu klein, um aufzustehen und ihm zu öffnen.

3 Was haben Mariannes Träume mit ihrem Leben zu tun?

Marianne hat bestimmte Kindheitserlebnisse nicht bewusst verarbeitet, sondern verdrängt. Diese Erlebnisse suchen sie nachts in Form von Alpträumen oder Angstzuständen heim. Unbewusst hat sie ein schlechtes Gewissen, dass sie damals ihre Angst vor dem Sandmann nicht überwunden und ihrem Vater nicht geöffnet hat. Diese verdrängten Schuldgefühle führen zu einem neurotischen Zwangsverhalten (sie kontrolliert vor dem Schlafengehen überall, ob sich niemand in ihrem Zimmer versteckt hat) und zu Alpträumen, die sie in die Zeit ihrer Kindheit zurückversetzen.

4 Warum ist ein Kuscheltier für ein Kind wohl so wichtig?

Ein Kuscheltier gibt einem Kind Sicherheit. Ein kleines Kind braucht sein Kuscheltier meist, wenn es müde ist, träumen möchte, am Daumen lutscht. Das Kuscheltier ist in den Augen des Kindes lebendig und gibt ihm das Gefühl von Geborgenheit.

5 Träumen wird eine ganz besondere Bedeutung zugemessen. Warum wohl?

Voir la double page KULTUR (p. 166-167 du manuel) sur Sigmund Freud.

3 Künstliche Träume

1 Warum rauchen viele Jugendliche von Zeit zu Zeit Cannabis? Wählen Sie die Antworten, die Ihrer Ansicht nach der Wirklichkeit am besten entsprechen und vergleichen Sie Ihre Wahl mit der Ihrer Klassenkameraden.

Il ne faut pas se leurrer, un grand nombre de nos élèves a déjà tâté de la drogue. Le débat qui peut s'enclencher en classe ne doit pas tourner au récit d'exploits individuels. Parler en cours d'allemand de l'utilisation des drogues dites douces devrait amener les élèves à réfléchir de façon plus approfondie au problème. Il appartient au professeur de les mettre en garde face à un phénomène de mode – et de masse – qui peut mettre en danger les plus fragiles d'entre eux.

Les réponses des élèves seront sûrement intéressantes à observer. Voici d'autres réponses possibles (données par des jeunes, allemands et français) :

- weil es schon ihre Eltern getan haben.
- weil es prima schmeckt und Kräfte weckt.
- weil es im Gegensatz zum Alkohol passive Nächstenliebe fördert.
- weil man damit besser über den Sinn des Lebens philosophieren kann.
- weil Filme / Musik damit eindrucksvoller werden.
- weil man damit besser Musik (Gitarre, Klavier, Schlagzeug, Querflöte, ...) spielen kann.
- weil es eine Gabe Gottes ist, die man nicht verschmähen sollte.
- weil sie damit gegen die Langeweile ankämpfen können.
- weil sie eine schmerzhafte Krankheit haben und etwas gegen die Schmerzen tun müssen.
- weil es ein „must" ist, um dazuzugehören.
- weil es aufregend ist, etwas Verbotenes zu tun.

2 Was sind die Gefahren des Drogenkonsums für Jugendliche?

Les élèves connaissent bien les dangers de certaines drogues, les drogues dites dures. Mais ils ignorent que les drogues douces peuvent être un danger pour eux ou pour leur génération, même si le danger d'une dépendance physique n'est pas prouvé.

- Man kann dadurch von Dealern abhängig oder erpresst werden.
- Man braucht dafür viel Geld. Einige Jugendliche könnten versuchen, illegal zu Geld zu kommen, z.B. durch Stehlen.
- Man kann „verpanschtes" Rauschgift kaufen, das heißt zum Beispiel Marihuana, in das stärkere Drogen gemischt wurden, um den Käufer abhängig zu machen.
- Eine ganze Generation gewöhnt sich daran, gegen das Gesetz zu handeln, es normal zu finden, etwas Illegales zu tun. Das kann eine positive Auffassung von der Rolle des Staates, des Gesetzes beeinträchtigen. Die Grenze zwischen Erlaubtem und Illegalem wird nicht mehr wahrgenommen.
- Gewisse Jugendliche verdienen damit leicht viel Geld und sind dementsprechend demotiviert, für die Schule zu arbeiten oder einen normalen Beruf zu erlernen. Sie laufen Gefahr zu verlernen, dass man sich im Leben anstrengen muss, um seinen Lebensunterhalt zu verdienen und um seine eigenen Fähigkeiten zu entfalten. Gleichzeitig machen sie ihr Leben von illegalen Geschäften und Geschäftemachern abhängig und verschließen sich die Türen zu einem legalen,

normalen Leben, indem sie in die Straffälligkeit abrutschen.
- Labile Jugendliche können durch wiederholten Drogenkonsum psychisch abhängig werden. Andere greifen nach dem Gebrauch von sanften Drogen zu härteren Drogen, von denen sie auch physisch abhängig werden.

3 Erfinden Sie zu zweit ein Gespräch zwischen Jugendlichen: Der eine ist in Gefahr, drogenabhängig zu werden, der andere versucht, ihm zu helfen.

Ce dialogue sera d'autant plus riche que les élèves auront réfléchi aux questions qui précèdent.

4 Nicht nur Drogen machen abhängig. Zu welchen anderen Rauschmitteln greifen Menschen, um aus der Wirklichkeit in künstliche Welten zu fliehen? Nennen Sie Beispiele. Sind alle verboten?

Die Menschen
- übertreiben den Alkoholkonsum.
- nehmen Psychopharmaka.
- sind abhängig von Gewinnspielen.
- spielen übermäßig oft und lange Computer- oder Videospiele.
- arbeiten zu viel, sind sogenannte Workaholics.

Élargissement

Vous pouvez demander aux élèves les raisons de ces phénomènes de dépendance, en mettant l'amorce suivante au tableau :

Welche Gründe erklären Ihrer Meinung nach ein solches Verhalten? Ergänzen Sie folgende Liste gemeinsam mit Ihren Klassenkameraden.
- Sie haben in der Schule / in der Arbeitswelt versagt oder fühlen sich zumindest als Versager.
- Sie sind psychisch labil.
- Sie …

5 Vergleichen Sie die beiden Bilder.

a. Worum handelt es sich jeweils?

Bei dem oberen Bild handelt es sich um ein Plakat einer Anzeigenkampagne des Vereins *Keine Macht den Drogen* von 1997, auf dem der Formel-1-Rennfahrer Michael Schumacher abgebildet ist.

Bei dem anderen Bild handelt es sich um das Cover eines Buches, das sich an Jugendliche, Eltern und Lehrer richtet. Neben zahlreichen Informationen zu Partydrogen bietet es auch Antworten auf die häufigsten Fragen: Warum nehmen Jugendliche Drogen? Wie können Eltern ihre Kinder davor schützen? Sind die bisherigen Präventivmaßnahmen wirklich ausreichend?

b. Wollen beide Dokumente das gleiche Ziel erreichen?

Das Plakat zeigt den deutschen Formel-1-Weltmeister, der den Jugendlichen als Vorbild dienen soll und sie dazu aufruft, „clean" zu bleiben. In dem Buch wird das Problem tiefgründiger untersucht. Es versucht zu informieren und aufzuklären. Während sich das Plakat direkt an Jugendliche richtet, spricht das Buch alle Beteiligten an, also auch Eltern und Lehrer.

Projektarbeit

1 @ Suchen Sie im Internet nach Informationen über die Drogengesetze in Deutschland. Vergleichen Sie mit Frankreich.

Interessante Beiträge gibt es unter dem Stichwort „Cannabislegalisierung". Vorsicht ist allerdings geboten, diese Artikel sind alle *für* die Legalisierung der sogenannten sanften Drogen.

2 Erfinden Sie Slogans gegen Drogenkonsum.

Il est difficile de formuler des slogans dans une langue étrangère, mais l'imagination des élèves peut compenser cette difficulté.

KULTUR
MANUEL 166-167

Sigmund Freud

Cette double page consacrée à Freud pourra être étudiée en liaison avec le cours de philosophie et éventuellement servir de point de départ à des recherches personnelles et à des exposés. Les livres et les sites internet consacrés à Freud sont innombrables, tant en français qu'en allemand.

Il serait évidemment totalement irréaliste de demander aux élèves de faire ces exposés en allemand, le sujet est beaucoup trop difficile et le vocabulaire trop spécialisé.

Les questions posées dans les *Aktivitäten* ont simplement pour but de guider la lecture et de vérifier la compréhension. Nous vous conseillons de traduire les citations avec les élèves et de faire avec eux la liste des mots propres à la psychanalyse. Ils auront alors pour tâche de chercher leur traduction française et leur définition.

MENSCH BLEIBEN

Ce dossier est consacré au nazisme. Au-delà du nazisme, c'est à une réflexion sur toute forme de terreur et de totalitarisme que nous voudrions amener les élèves : comment ce type de régime cherche à anéantir l'humain chez l'individu, et dans quelle mesure on peut se battre pour essayer de sauver cette part d'humanité irréductible qui est en chacun de nous.

- Le TEXTE 1 est une scène extraite de *Furcht und Elend des Dritten Reiches, Winterhilfe*, qui montre la terreur qu'exerce sur les individus le régime nazi.
- Le TEXTE 2, extrait du livre autobiographique de Marcel Reich-Ranicki raconte de manière sobre mais poignante une scène de « sélection » au ghetto de Varsovie.
- Le TEXTE 3, *Ein freier Mensch*, extrait du livre de Margarete Buber-Neumann consacré à Milena Jesenská, dresse le portrait d'une femme qui, par sa force et son rayonnement, réussit à préserver, alors même qu'elle se trouve détenue dans un camp de concentration, une liberté intérieure inaliénable qui soutient les autres détenus et va jusqu'à désarmer une SS.
- La double page ZUR DEBATTE présente deux dialogues, *Junge Deutsche und der Holocaust*, et *Rattenfänger* et, sous le titre *Zivilcourage*, un ensemble de documents consacrés à une jeune femme qui incarne la résistance au nazisme, Sophie Scholl.

TEXT 1

Manuel 170-173

Winterhilfe

Type de texte : *scène de théâtre*

Thème : *ce que cache le côté « social » du régime nazi*

Objectif linguistique : *les particules modales (manuel p. 178)*

L'auteur : *Bertolt Brecht (voir manuel p. 173)*

Cette scène fait partie d'une suite de 24 scènes écrites par Brecht entre 1935 et 1938 et réunies sous le titre *Furcht und Elend des Dritten Reiches*. Brecht, alors en exil, a écrit ces scènes en s'inspirant directement de coupures de journaux, de témoignages, de récits qu'il a pu recueillir. Chacune forme un tout et est indépendante des autres ; l'ensemble offre un tableau très complet de la vie quotidienne dans l'Allemagne hitlérienne.

À travers la représentation de situations concrètes mettant en scène différents personnages de la société, Brecht démonte les mécanismes d'un régime totalitaire, la façon dont il s'installe et va jusqu'à empoisonner la vie de chacun. Il montre le climat de tension et de suspicion qui s'infiltre dans les moindres recoins de la vie, la menace permanente qui pèse sur les individus, les existences ruinées. L'ombre du *Führer* plane partout, non seulement dans chaque sphère de la vie professionnelle, mais aussi dans les relations privées et familiales les plus intimes. Personne ne peut plus avoir confiance en personne, les rapports humains sont pervertis par la peur, le mensonge et la lâcheté.

Ces scènes, pour la plupart très courtes, sont d'une efficacité remarquable qui tient à l'acuité de l'analyse des situations, à la justesse du trait dans l'évocation des personnages, à la densité et à la force du dialogue.

La scène que nous vous proposons est l'une des plus brèves et des plus efficaces. Elle démontre le fonctionnement de la propagande nazie. L'organisation nationale-socialiste *Winterhilfe* était une organisation de bienfaisance qui, au cours de collectes mensuelles spectaculaires, ramassait des dons importants qui devaient servir à secourir les pauvres et ainsi manifester l'esprit « socialiste » du régime. La réalité du régime, c'est le fait qu'une simple phrase prononcée innocemment par une vieille femme peut conduire sa fille en camp de concentration.

1 Wo spielt die Szene?

Die Szene spielt 1937 in Karlsruhe, in der Wohnung einer alten Frau.

2 Wer sind die Personen?

Eine alte Frau, ihre Tochter Erna und zwei SA-Leute.

3 Was bringen die zwei SA-Leute der alten Frau?

Sie bringen ihr ein Paket der „Winterhilfe".

4 Lesen Sie die Zeilen 1 bis 12.

a. Was ist in dem Paket?

In dem Paket sind Kartoffeln, ein Wolljumper, Äpfel

und ein Brief vom „Führer" mit fünf Mark.

b. Was sagen die SA-Leute, als sie der alten Frau das Paket reichen?

Sie betonen, dass es sich um ein Geschenk vom „Führer" handelt.

Z. 1 *So, Mutter, das schickt Ihnen der Führer.*

Z. 2 *Damit Sie nicht sagen können, er sorgt nicht für Sie.*

c. Wie reagiert die alte Frau auf das Paket?

Sie freut sich und bedankt sich.

d. Wie reagiert sie auf den Brief vom „Führer"?

Sie entdeckt das Geld mit Freude und wendet sich an ihre Tochter:

Z. 7 *Fünf Mark! Was sagst du jetzt, Erna?*

e. *Alle essen Äpfel, außer der jungen Frau.* Was symbolisiert das?

Die alte Frau bietet jedem der SA-Leute einen Apfel an. Sie möchte, dass ihre Tochter auch einen Apfel nimmt, aber die weigert sich. So steht Erna als Außenseiterin da, die sich selbst aus der „Volksgemeinschaft" ausschließt.

5 Lesen Sie die Zeilen 13 bis 24.

a. Welcher Satz der alten Frau repräsentiert einen Wendepunkt in der Szene?

Z. 13 *Jetzt siehst du doch, dass es nicht so ist, wie dein Mann sagt.*

Dieser Satz weckt sofort das Misstrauen der SA-Leute, die anfangen, die Tochter auszufragen.

b. Wie versucht sich die junge Frau zu retten?

Sie versucht ihre Mutter als alte Spinnerin hinzustellen:

Z. 16 *Gar nichts sagt er. Die Alte quatscht bloß.*

c. Was sagt die alte Frau, was die Situation noch schlimmer macht?

Sie versucht, die Worte ihres Schwiegersohnes zu verharmlosen, um alles wieder gut zu machen.

Z. 17 *Nein, das ist auch nur Gerede von ihm, nichts Schlimmes, wissen Sie, was eben alle so reden.*

Tatsächlich aber verschlimmert sie die Situation noch, indem sie von den Preisen spricht, die *ein bisschen hochgegangen sind in der letzten Zeit.* Um zu beweisen, dass es sich dabei nicht um eine bösartige Verleumdung handelt, sondern um nachprüfbare Tatsachen, erwähnt sie das Haushaltungsbuch, das ihre Tochter führt. Von diesem Moment an beginnt das Verhör.

6 Lesen Sie die Zeilen 25 bis 39.

a. Welche Fragen stellen die SA-Leute der jungen Frau?

Z. 25 *Wo verwahren Sie denn das Haushaltungsbuch, junge Frau?*

Z. 27 *Und wem zeigen Sie denn das Haushaltungsbuch alles?*

b. Was sind die „Gräuelmärchen", die die junge Frau erzählt?

Z. 19 *Und sie hat ja auch tatsächlich aus dem Haushaltungsbuch ausgerechnet, dass sie hundertdreiundzwanzig Märker mehr gebraucht hat für Essen in diesem Jahr als im vorigen.*

Die sogenannten „Gräuelmärchen" sind also nichts anderes als die Wahrheit über die Schwierigkeiten des täglichen Lebens.

c. Was werfen die SA-Leute der jungen Frau vor?

Sie werfen ihr vor, dass sie ein Haushaltungsbuch führt, *dass sie Gräuelmärchen verbreitet* und dass sie nicht oder nicht laut genug „Heil Hitler" gerufen hat, als sie in die Wohnung eingetreten sind.

7 Lesen Sie die Zeilen 40 bis 45.

a. Wie endet die Szene?

Am Ende wird die Tochter abgeführt und wohl verhaftet.

b. Warum ruft die alte Frau „Heil Hitler"?

Sie begreift, was sie angerichtet hat, und versucht verzweifelt, ihren Fehler wieder gut zu machen.

c. Was symbolisiert die Tatsache, dass sie dabei den Apfel erbricht?

Sie wird sich endlich der Propagandalügen bewusst. Die Tatsache, dass sie den Apfel erbricht, zeigt ihren Ekel.

8 Analysieren Sie die dramatische Entwicklung der Szene.

Die Szene besteht aus vier Teilen:

- Zeilen 1 bis 12: die Bescherung und die vorgetäuschte Solidarität innerhalb der „Volksgemeinschaft".
- Zeilen 13 bis 24: die tatsächliche wirtschaftliche Lage
- Zeilen 25 bis 39: das Verhör
- Zeilen 40 bis 45: das brutale Ende

Der Satz der alten Frau (Z. 13: *Jetzt siehst du doch, dass es nicht so ist, wie dein Mann sagt*) markiert den Wendepunkt in der dramatischen Entwicklung der Szene. Ab diesem Zeitpunkt tritt die Brutalität der SA-Leute offen zu Tage und straft ihr scheinbar freundliches und fürsorgliches Verhalten im ersten Teil Lügen.

9 Die alte Frau

a. Was zeigt, dass sie zunächst völlig ahnungslos ist?

Ihre Freude, als sie das Paket bekommt und öffnet, ihre Dankbarkeit und Freundlichkeit den SA-Leuten gegenüber und die Naivität, mit der sie alles offen herausplaudert, ohne sich darüber bewusst zu sein, dass sie ihre Tochter in große Gefahr bringt.

b. Wann wird sie sich ihres Fehlers bewusst?

Sie begreift ihren Irrtum erst am Ende, als die SA-Leute ihre Tochter abführen und sie nichts mehr für sie tun kann.

10 Die junge Frau

a. Warum spricht sie so wenig?

Sie spricht wenig, weil sie genau weiß, dass die angebliche Fürsorglichkeit der Winterhilfe ein reines Propagandainstrument ist, und weil sie sich der Gefahr der Situation bewusst ist.

b. Was repräsentiert sie in der Szene?

Sie repräsentiert die stummen Gegner des Regimes, die nicht an die Propagandalügen glauben.

11 Die SA-Leute

a. Wie schaffen sie es, das Vertrauen der alten Frau zu gewinnen?

Durch die Gaben der Winterhilfe und durch ihren beschützenden, freundlichen Ton *(„So, Mutter ...“)*.

b. Vergleichen Sie ihr Verhalten im ersten Teil und ihr Verhalten im letzten Teil der Szene.

Im ersten Teil verhalten sie sich betont freundlich und fürsorglich, am Ende dagegen lassen sie ihre Maske fallen und werden brutal und unmenschlich. Das Regime zeigt plötzlich sein wahres Gesicht und der Gegensatz zwischen Propaganda und Wirklichkeit wird überdeutlich.

12 Das Naziregime

a. Zitieren Sie die verschiedenen Elemente, die die tatsächliche wirtschaftliche Lage zeigen.

Die Freude der alten Frau über die Kartoffeln, die Äpfel und die Wolljacke zeigt, dass sogar Grundnahrungsmittel und warme Kleidung Mangelware sind. Als sie den SA-Leuten Äpfel anbietet, sagt die alte Frau *„Andres habe ich ja nicht da“*. Sie ist also arm, und auch die armseligen Geschenke der Winterhilfe werden daran nichts ändern. Auch ihre Bermerkungen über das Haushaltungsbuch weisen auf die schwierige wirtschaftliche Situation hin: *„... dass sie hundertdreiundzwanzig Märker mehr gebraucht hat für Essen in diesem Jahr als im vorigen“*.

b. Welches ist der eigentliche Grund, warum die Winterhilfe der alten Frau dieses Paket schenkt?

Die soziale Fürsorge ist nur Fassade, ideologischer Überbau, in Wirklichkeit handelt es sich um reine Propagandamaßnahmen des Regimes: *„Damit Sie nicht sagen können, er sorgt nicht für Sie.“*

c. Was sagt die Szene über die Methoden des Regimes aus?

Lüge und Gewalt sind allgegenwärtig in jedem totalitären Regime, in dem Terror das zentrale Instrument der Machterhaltung ist.

■ Entraînement à l'oral du bac

Résumer

Die Szene spielt in ***Karlsruhe*** im ***Jahre*** 1937. Zwei ***SA-Leute*** bringen einer ***alten*** Frau ein ***Paket*** der ***Winterhilfe*** mit ***Kartoffeln***, einem Wolljumper, ***Äpfeln*** und einem Brief vom ***„Führer“***, der ***fünf*** Mark enthält. Die alte Frau ist dankbar für alles, ***was*** sie bekommt, und sie schenkt jedem der ***SA-Leute*** einen ***Apfel***. Alle essen ***Äpfel***, außer der ***Tochter*** der alten Frau, die als stumme Außenseiterin dabeisteht. Die alte Frau versucht, sie davon zu überzeugen, dass sie auch einen Apfel mit***essen*** sollte und dass das Regime doch nicht so ist, wie ihr ***Mann*** das sagt. Diese Worte wecken das Misstrauen der ***SA-Leute***. Als sie dann von dem ***Haushaltungsbuch*** hören, das die junge Frau führt und das deutlich zeigt, dass die ***Preise*** in der letzten ***Zeit gestiegen*** sind, beginnt ein regelrechtes ***Verhör***. Am Ende führen sie die ***Tochter*** ab, während die alte Frau, die alleine in der Wohnung bleibt, verzweifelt ***„Heil Hitler“*** ruft und sich dabei ***erbricht***.

TEXT 2
MANUEL 174-176

Im Warschauer Getto

ENTRAÎNEMENT À L'ÉCRIT DU BAC

Type de texte : *récit autobiographique*

Thème : *« Sélection » au ghetto de Varsovie, le narrateur voit partir ses parents et sait qu'il ne les reverra jamais.*

Objectif linguistique : *la négation (manuel p. 179)*

L'auteur : *Marcel Reich-Ranicki est né en Pologne en 1920. Il arrive à Berlin à l'âge de huit ans. En 1938, il est déporté en Pologne et se retrouve, en tant que juif, au ghetto de Varsovie. Il survit et passe les années de l'après-guerre en Pologne. Il retourne en Allemagne en 1958 où il devient le critique littéraire le plus célèbre et le plus influent en Allemagne.*

Les pages consacrées au ghetto de Varsovie sont sans doute les plus passionnantes de l'autobiographie de Reich-Ranicki parue en 1999, *Mein Leben*. Elles justifient à elles seules la lecture de ce livre qui offre en outre un panorama intéressant de la vie littéraire en Allemagne et qui a remporté à juste titre un très grand succès de librairie.

1 Richtig oder falsch? Begründen Sie Ihre Antwort mit einem Zitat aus dem Text.

	R	F
1. Der Verfasser erzählt, was er im Warschauer Getto erlebt hat.	✔	
2. Am 5. September 1942 sollten sich alle Juden in der Nähe des Umschlagplatzes aufstellen.		✔
3. Am 6. September 1942 fand die große Selektion statt.	✔	
4. Nur die Juden, die keine „Lebensnummer" hatten, mussten zur Registrierung.		✔
5. Die Juden durften nichts mitnehmen.		✔
6. Der Erzähler und seine Frau hatten „Lebensnummern".	✔	
7. Wer eine „Lebensnummer" bekam, durfte im Getto bleiben.	✔	
8. Nur junge Leute bekamen „Lebensnummern".		✔
9. Wer nach links geschickt wurde, wurde zu den Zügen nach Treblinka abgeführt.	✔	
10. Nicht alle Juden kamen zur Registrierung.	✔	
11. Wer sich verbarg, dem drohte die Todesstraße.	✔	
12. Daher wagte es niemand, sich zu verbergen.		✔
13. Über Leben oder Tod der Juden entschied bei der Selektion ein junger Mann.	✔	
14. Er sagte mit lauter Stimme, wer nach links und wer nach rechts gehen musste.		✔
15. Er zeigte mit der Reitpeitsche, wer wohin gehen musste.	✔	
16. Der Erzähler war sicher, dass er und seine Frau nicht nach Treblinka geschickt würden.		✔
17. Er wusste, dass seine Eltern keine Überlebenschancen hatten.	✔	
18. Sie hatten versucht, sich irgendwo zu verbergen, hatten es aber nicht geschafft.		✔
19. Der junge Mann schlug mit der Peitsche auf sie ein, weil sie zu langsam waren.		✔
20. Der Erzähler konnte ihnen nur noch in den Waggon helfen.		✔

2 Erklären Sie, worin die „große Selektion" bestand.

Alle Juden, die im Getto lebten, sollten sich zur Registrierung in der Nähe des Umschlagplatzes aufstellen. Es sollte entschieden werden, wer im Getto bleiben durfte und wer nach Treblinka geschickt wurde.

3 Übersetzen Sie den Text von Zeile 28 *(Meine Eltern hatten …)* bis Zeile 37 *(„Kümmere dich um Marcel")*.

Mes parents, du simple fait de leur âge – ma mère avait 58 ans, mon père 62 – n'avaient aucune chance d'avoir un « numéro de vie » et il leur manquait la force et l'envie de se cacher.

Je leur dis où ils devaient se placer. Mon père me regardait désemparé, ma mère était étonnamment calme. Elle était vêtue avec soin : elle portait un imperméable de couleur claire qu'elle avait apporté de Berlin.

Je savais que je les voyais pour la dernière fois. Et c'est comme cela que je les vois toujours/encore aujourd'hui : mon père sans défense/complètement perdu et ma mère dans son beau trenchcoat acheté dans un grand magasin non loin de l'Église du Souvenir à Berlin. Les dernières paroles que Tosia entendit ma mère prononcer/entendit de la bouche de ma mère sont : « Occupe-toi de Marcel. »

4 *Wenn* oder *ob*? Ergänzen Sie.

1. ***Wenn*** im Getto ein Konzert organisiert wurde, kamen sehr viele Menschen.
2. ***Wenn*** eine neue Anordnung plakatiert wurde, fürchteten sich alle.
3. Viele Menschen fragten sich, ***ob*** sie sich nicht lieber verbergen sollten.
4. Ein junger Mann entschied, ***ob*** man nach links oder nach rechts gehen musste.
5. Das hing davon ab, ***ob*** man noch nützlich sein konnte oder nicht.
6. Wir wussten nicht, ***ob*** der junge Mann die Tatsache beachten würde, dass ich gebraucht wurde.
7. ***Wenn*** ein Text aus dem Deutschen ins Polnische übersetzt werden sollte, holte man mich.
8. Ich war mir nicht sicher, ***ob*** wir uns nicht auch hätten verbergen sollen.
9. Jedesmal, ***wenn*** ich das Warschauer Getto-Denkmal sehe, denke ich an meine Eltern.
10. ***Ob*** sie wussten, dass wir uns nie wieder sehen würden, ist eine Frage, die ich mir immer wieder gestellt habe.

5 Ergänzen Sie jeden Satz mit dem passenden Wort.

a. *da – denn – deshalb – wegen – weil*

1. Ich arbeitete als Übersetzer. ***Deshalb*** wurde ich gebraucht.

2. Ich wurde gebraucht, ***weil*** ich als Übersetzer arbeitete.
3. ***Wegen*** meiner Arbeit als Übersetzer wurde ich gebraucht.
4. Ich wurde gebraucht, ***denn*** ich arbeitete als Übersetzer.
5. ***Da*** ich als Übersetzer arbeitete, wurde ich gebraucht.

b. *trotz – trotzdem – obwohl*

6. ***Obwohl*** ich alles getan hatte, um meine Eltern zu retten, wurden sie nach links geschickt.
7. ***Trotz*** meiner Bemühungen wurden meine Eltern nach links geschickt.
8. Ich hatte alles getan, um meine Eltern zu retten. ***Trotzdem*** wurden sie nach links geschickt.

6 Setzen die richtige Präposition ein.

1. Wir fürchteten uns alle ***vor*** den plakatierten Anordnungen.
2. Wir sehnten uns alle ***nach*** Freiheit und Frieden.
3. Als Übersetzer gehörte ich ***zu*** den Menschen, die gebraucht wurden.
4. Umsonst hatte ich versucht, meine Eltern da***von*** zu überzeugen, dass sie sich verbergen sollten.
5. Sie konnten sich aber nicht da***zu*** entschließen.
6. Heute noch kann ich mich ***an*** das Gesicht des jungen Mannes mit der Reitpeitsche erinnern.
7. Ich denke immer wieder dar***über*** nach, wie ein Mensch sich so unmenschlich verhalten kann.
8. Es war lange unmöglich für mich, ***über*** das zu sprechen, was wir damals erlebt haben.
9. Ich konnte früher kaum ***auf*** die Fragen meines Sohnes antworten.
10. Heute möchte ich aber da***zu*** beitragen, dass niemand vergisst, was damals geschehen ist.

TEXT 3
MANUEL 177

Ein freier Mensch

Type de texte : *récit*

Thème : *portrait de Milena Jesenská*

L'auteur : *Margarete Buber-Neumann (1901-1989) a été victime de deux dictatures. Très tôt engagée dans le combat politique, communiste convaincue, elle a vu s'effondrer son idéal avec l'avènement de la dictature stalinienne. Elle passe deux années dans un camp en Sibérie, puis au moment du pacte germano-soviétique, elle est livrée aux Allemands et envoyée au camp de Ravensbrück. C'est à Ravensbrück qu'elle rencontre Milena qui lui fait promettre d'écrire un livre pour relater son expérience. Le titre de ce livre est* Als Gefangene bei Hitler und Stalin.

Le texte que nous vous proposons est extrait du livre qu'elle consacre à sa rencontre avec Milena. Elle dresse dans ce livre le portrait d'une femme en tout point exceptionnelle.

Rappelons que Milena était une journaliste tchèque et qu'elle fut l'amie intime de Kafka (voir manuel p. 130-131). Elle a entretenu avec lui une correspondance passionnée durant quatre ans, jusqu'à la mort de l'écrivain. Celui-ci écrivit à son propos : *„Sie ist ein lebendiges Feuer, wie ich es noch nie gesehen habe."*

1 Wo befindet sich Milena?

Sie befindet sich in einem Konzentrationslager.

2 Wodurch unterscheidet sie sich in ihrem Verhalten von den anderen Häftlingen?

Die meisten Häftlinge bemühten sich, sich anzupassen. *Sie bildete eine erstaunliche Ausnahme* (Z. 7). Sie fiel durch ihr Verhalten auf.

Z. 8 *Wie sie sprach, wie sie sich bewegte, wie sie den Kopf hielt: Mit jeder Geste demonstrierte sie: „Ich bin ein freier Mensch."*

3 Wie wirkt sie auf die anderen Häftlinge?

Z. 1 *Eigentlich hätte Milena im Konzentrationslager zu einer Zielscheibe dauernder Angriffe werden müssen.* *[...] Starke Persönlichkeiten, die sich nicht unterordneten, wurden oft abgelehnt oder sogar verfolgt oder gepeinigt. Nicht aber Milena.*

Z. 10 *Obgleich sie genauso uniformiert war wie alle anderen, verbreitete sie inmitten des Gewimmels der Tausenden von Gestreiften auf der Lagerstraße eine Leere um sich, war herausgehoben, man blickte auf sie.*

Z. 13 *In dieser Ausweglosigkeit fühlten sich die Schwachen und Verzweifelnden zu jenen hingezogen, die so wie Milena Kraft ausstrahlten.*

4 Was zeigt die Szene beim Zählappell?

Diese Szene zeigt die Ausstrahlung Milenas, die sogar auf die alte SS-Aufseherin wirkt. Sie ist durch die Art ihres Auftretens und durch ihre Persönlichkeit stärker als das System. Die Demonstration der Macht schüchtert sie nicht ein und selbst ihre Angst bringt sie nicht dazu, sich zu unterwerfen.

5 Erklären und kommentieren Sie den Titel des Textes.
Auch in der schlimmsten vorstellbaren Situation bleibt Milena sich selbst treu. Sie lässt sich nicht erniedrigen und bewahrt sich ihre innere Freiheit und ihre Menschenwürde sogar in der Gefangenschaft.

SPRACHE
MANUEL 178 • MEMENTO 185-186

Les particules modales (TEXT 1)

Les particules modales relèvent de la langue parlée. Le texte *Winterhilfe*, extrait d'un ensemble de courtes scènes de théâtre de Brecht, en comporte un nombre considérable. C'est quasiment dans chaque réplique qu'on trouve une particule qui révèle les intentions et les attentes des différents protagonistes : menace, requête, exhortation etc. Employer les particules modales est bien difficile pour nos élèves, mais au moins peut-on les amener peu à peu à en saisir le sens.

1 Dans le texte page 170, relevez les énoncés comportant les particules modales *mal*, *ja*, *doch*, ou *denn*, puis traduisez.

l. 5	*Machen Sie **mal** auf!*	*Ouvrez **voir un peu** !*
l. 11	*Andres habe ich **ja** nicht da.*	***C'est que** je n'ai rien d'autre à vous donner.*
l. 13	*Nimm **doch** auch einen, Erna!*	*Prends-en **donc** une aussi, Erna !*
l. 13	*Jetzt siehst du **doch**, dass …*	*Maintenant tu vois **bien** que …*
l. 15	*Wie sagt er **denn**?*	*Que dit-il **donc** ?*
l. 19	*Und sie hat **ja** auch tatsächlich … ausgerechnet, dass …*	*Aussi, **vous savez**, a-t-elle effectivement calculé que …*
l. 23	*Aber das ist **ja** nur, weil ...*	*Mais c'est **tout simplement** parce que …*
l. 24	*Was ist **denn**?*	*Qu'y a-t-il **donc** ?*
l. 25	*Wo verwahren Sie **denn** das Haushaltungsbuch?*	*Et où conservez-vous **donc** votre livre de comptes ?*
l. 27	*Und wem zeigen Sie **denn** das Haushaltungsbuch alles?*	*Et à qui d'autre montrez-vous **donc** votre livre de comptes ?*
l. 29	*Das können Sie ihr **doch** nicht übel nehmen, dass …*	*Vous ne pouvez **quand même** pas lui en vouloir de …*
l. 36	*Das ist **ja** ein nettes Marxistennest, wo …*	*C'est un **bien** joli nid de marxistes où …*
l. 37	*Das Haushaltungsbuch müssen wir **mal** näher bekieken.*	*Regardons **voir** d'un peu plus près votre livre de comptes.*
l. 40	*Aber sie ist **doch** im dritten Monat!*	***Mais** elle est dans son troisième mois !*
l. 40	*Sie können **doch** nicht ...*	***Voyons**, vous ne pouvez pas …*
l. 41	*Das tun Sie **doch** nicht!*	*Vous n'allez **quand même pas** faire ça !*
l. 41	*Wo Sie **doch** das Paket gebracht haben ...*	***Alors que** vous nous avez apporté le colis …*
l. 42	*Sie hat **doch** Heil Hitler gerufen ...*	*Elle a **bel et bien** crié* Heil Hitler / ***Mais si** elle a crié* Heil Hitler …

2 Les caractéristiques des particules modales

a. Les particules modales sont-elles variables ou invariables ?
Les particules sont invariables.

b. Quelle est leur place dans l'énoncé ?
– Les particules modales se placent entre les éléments thématiques (ceux à propos desquels le locuteur dit quelque chose) et les éléments

rhématiques (ce qu'il dit à propos de ces éléments).

– Elles ne peuvent pas occuper la première place dans une déclarative.

c. **L'énoncé comportant une particule modale reste-t-il grammaticalement correct quand on supprime la particule modale ?**

Quand on supprime la particule modale dans un énoncé, celui-ci reste grammaticalement correct.

d. **Dans quel type de langue apparaissent les particules modales ? À quoi servent-elles ?**

Les particules modales apparaissent dans la langue parlée. Elles expriment les intentions et les attentes du locuteur.

3 Particule modale et type d'énoncé

Observez dans quels types d'énoncés apparaissent les différentes particules modales.

Chaque particule modale, de par son sens, présente des affinités avec certains types d'énoncés. Ainsi, le domaine de prédilection de la particule modale *denn*, par exemple, est l'énoncé interrogatif, car *denn* permet de présenter une question comme justifiée dans le contexte. *Denn* en tant que coordinateur introduit d'ailleurs une justification *a posteriori*.

	ÉNONCÉ DÉCLARATIF	ÉNONCÉ INTERROGATIF	ÉNONCÉ INJONCTIF
mal			✔
ja	✔		
doch	✔	✔	✔
denn		✔	

4 Complétez par *ja, mal, denn* ou *doch.*

Erna spricht nach dem Verhör mit ihrer Mutter

ERNA Wie konntest du den SA-Leuten ***denn*** nur erzählen, was mein Mann immer sagt?

DIE MUTTER Du hast es mir ***doch / ja*** selber gesagt. Und es ist ***ja / doch*** auch wahr, dass die Preise hochgegangen sind. Das hast du ***doch / ja*** auch tatsächlich in deinem Haushaltungsbuch ausgerechnet.

ERNA Deshalb brauchtest du das ***doch*** nicht den SA-Leuten weiterzuerzählen! Das ist ***doch*** viel zu gefährlich!

DIE MUTTER Erna, was hab' ich ***denn*** jetzt wieder falsch gemacht? Ich hab' ***doch*** nur gewollt, dass du nett zu den SA-Leuten bist. Man kann als alte Frau ***doch / ja*** auch mal einen Fehler machen.

ERNA Mutter, denk ***doch*** mal nach! Du musst ***doch*** endlich ***mal*** begreifen, wie gefährlich diese Leute sind!

5 Complétez par *doch* ou *denn.*

Erna wird von den SA-Leuten verhört

SA-MANN Wo ist Ihr Mann ***denn*** im Moment?

ERNA Das wissen Sie ***doch.***

SA-MANN Woher sollen wir das ***denn*** wissen?

ERNA Die SA weiß ***doch*** immer alles.

SA-MANN Nun werden Sie ***doch*** endlich vernünftig! Wir müssen ***doch*** wissen, wo Ihr Mann ist.

ERNA Dann suchen Sie ihn ***doch***!

SA-MANN Glauben Sie ***denn***, dass das so einfach ist? Die Marxisten halten ***doch*** alle zusammen. Diese Leute haben ***doch*** nur eine Idee im Kopf, unser Vaterland zu verraten.

SPRACHE

MANUEL 179 • MEMENTO 185-186/198

La négation (TEXT 2)

Dans le texte *Im Warschauer Getto*, il est question d'interdictions, d'incertitudes, de manque de chance et d'impossibilité d'agir qui trouvent leur expression dans des énoncés comportant des négateurs.

1 Dans le texte page 174, relevez les énoncés qui comportent le négateur *nicht* ou le négateur *kein.*

NICHT	KEIN
l. 7 *Die Wohnungen durften **nicht** verschlossen werden.*	l. 12 *Tausende bekamen **keine** „Lebensnummern".*
l. 13 *…, ließen sich aber von der angedrohten Todesstrafe **nicht** beirren.*	l. 28 *Meine Eltern hatten … **keine** Chance, …*
l. 19 *…, dessen waren wir **nicht** sicher.*	

NICHT	KEIN
l. 39 *Er trieb die **nicht** mehr jungen Leute an, ...*	
l. 47 *..., mehr konnte ich für sie **nicht** tun.*	

2 La négation globale

(1) l. 7 *Die Wohnungen durften **nicht** verschlossen werden.*

(2) l. 12 *Tausende bekamen **keine** „Lebensnummern".*

– **Mettez les groupes syntaxiques des deux énoncés dans l'ordre de base.**

(1) *(weil) die Wohnungen **nicht** verschlossen werden durften.*

(2) *(weil) Tausende **keine** „Lebensnummern" bekamen.*

– **Dites pour chacun des énoncés sur quels éléments porte la négation.**

La négation porte sur tout ce qui se trouve à droite du négateur global :

(1) *verschlossen werden dürfen*

(2) *„Lebensnummern" bekommen*

– **Le verbe, noyau du groupe verbal, est-il affecté par la négation ?**

Le verbe est toujours affecté par la négation globale.

– **Quelle est la place des négateurs *nicht* et *kein* dans la négation globale ?**

Dans la négation globale, *nicht* et *kein* se placent entre le thème et le rhème, comme tous les autres éléments qui relèvent de la fonction communicative, tels que modalisateurs, appréciatifs et particules modales.

3 La négation partielle

(1) l. 39 *Er trieb die **nicht mehr** jungen Leute an, doch schneller nach links zu gehen.*

(2) *Die älteren Leute sollten **nicht** nach rechts, **sondern** nach links gehen.*

– **Dites pour chacun des énoncés sur quel élément porte la négation partielle.**

La négation partielle ne porte que sur un seul élément qui se trouve à droite du négateur partiel :

(1) *jung*

(2) *nach rechts*

– **Le verbe est-il affecté par la négation ?**

Le verbe n'est pas affecté par la négation partielle.

– **Quelle est la place du négateur partiel ?**

Le négateur se place à gauche de l'élément nié.

– **Quel coordinateur introduit, le cas échéant, l'élément qui remplace l'élément nié ?**

C'est le coordinateur ***sondern*** qui introduit l'élément qui remplace l'élément nié.

4 L'emploi de *kein*

Dites dans quel cas on emploie ***kein*** :

– *Tausende bekamen **keine** „Lebensnummern".*
→ *Tausende bekamen „Lebensnummern".*
→ article indéfini au pluriel : Ø

– *Meine Eltern hatten **keine** Chance, eine Lebensnummer zu bekommen.*
→ *Meine Eltern hatten **eine** Chance, eine Lebensnummer zu bekommen.*
→ article indéfini singulier

– *Sie hatten **keine** Kraft, sich irgendwo zu verbergen.*
→ *Sie hatten Kraft, sich irgendwo zu verbergen.*
→ absence d'article

Marcel Reich-Ranicki wird interviewt

5 Répondez par une négation globale.

Konnten die Juden im Getto die Anordnungen ignorieren?
→ *Nein, die Juden im Getto konnten die Anordnungen **nicht** ignorieren.*

1. Durften die Juden in ihren Wohnungen bleiben?
Nein, die Juden durften ***nicht*** in ihren Wohnungen bleiben.
2. Hatten sie das Recht, die Wohnungen zu verschließen?
Nein, sie hatten ***nicht*** das Recht, die Wohnungen zu verschließen.
3. Konnten die Juden der „Registrierung" entrinnen?
Nein, die Juden konnten der „Registrierung" ***nicht*** entrinnen.
4. War es sicher, dass die Deutschen diese „Lebensnummern" honorieren würden?
Nein, es war ***nicht*** sicher, dass die Deutschen diese „Lebensnummern" honorieren würden.
5. Erhielten Juden, die nicht „nützlich" waren, „Lebensnummern"?
Nein, Juden, die nicht „nützlich" waren, erhielten ***keine*** „Lebensnummern".
6. Ließen sich die Juden von den angedrohten Todesstrafen beirren?
Nein, die Juden ließen sich von den angedrohten Todesstrafen ***nicht*** beirren.

7. Hatten ältere Leute die Kraft, sich irgendwo zu verbergen?
   Nein, ältere Leute hatten ***nicht*** die Kraft, sich irgendwo zu verbergen.

6 Répondez par une négation globale.

Herr Reich-Ranicki, haben Sie das, was Sie im Getto erlebt haben, vergessen?

→ *Nein, ich habe das, was ich im Getto erlebt habe,* ***nicht*** *vergessen.*

1. Ist Ihre Autobiographie eine Anklage gegen die Deutschen?
   Nein, meine Autobiographie ist ***keine*** Anklage gegen die Deutschen.
2. Empfinden Sie Hass auf die Deutschen?
   Nein, ich empfinde ***keinen*** Hass auf die Deutschen.
3. Halten Sie eine Wiederholung dieser Ereignisse für möglich?
   Nein, ich halte eine Wiederholung dieser Ereignisse ***nicht*** für möglich.
4. Interessiert sich die heutige deutsche Jugend für diese historischen Ereignisse?
   Nein, die heutige deutsche Jugend interessiert sich ***nicht*** für diese historischen Ereignisse.
5. Halten Sie das für gefährlich?
   Nein, ich halte das ***nicht*** für gefährlich.

SPRACHE
MANUEL 180

Connaître les mots

1 À l'aide du schéma ci-dessous, formez le plus de mots composés possible et donnez leur équivalent français.

der Arbeitstag	la journée de travail
der Geburtstag	l'anniversaire
der Bundestag	le Bundestag (parlement fédéral)
der Jahrestag	le jour anniversaire
der Feiertag	le jour férié
der Alltag – alltäglich	le quotidien – quotidien
der Achtstundentag	la journée de huit heures
der Freitag	le vendredi
der Mittag	le midi
der Schultag	le jour d'école
der Sonntag	le dimanche
der Vortag	la veille
der Werktag – werktags	le jour ouvrable – les jours ouvrables/en semaine
tagen	siéger
täglich	chaque jour
die Tagung – der Tagungsteilnehmer – der Tagungsort	le congrès – le congressiste – le lieu du congrès
das Tagebuch	le journal (intime)
tagelang	des jours durant
tagsüber	durant la journée
der Tagesanbruch	l'aube
die Tageskarte	le billet valable pour une journée
die Tagesordnung – der Tagesordnungspunkt	l'ordre du jour – le point de l'ordre du jour
die Tagespresse	la presse quotidienne
die Tageszeitung	le quotidien

2 Retrouvez le radical verbal et le nom avec lesquels est formé chacun des mots composés suivants, et traduisez.

	VERBE	NOM	TRADUCTION
die Bauarbeiten	bauen	die Arbeit, en	le chantier
die Baustelle	bauen	die Stelle, n	le chantier

	VERBE	NOM	TRADUCTION
das Drehbuch	drehen	das Buch, ¨er	le scénario
das Fahrzeug	fahren	das Zeug	le véhicule
der Fahrschein	fahren	der Schein, e	le titre de transport
die Schlagsahne	schlagen	die Sahne	la crème fouettée
die Sitzecke	sitzen	die Ecke, n	le coin-salon
die Sprechblase	sprechen	die Blase, n	la bulle (bande dessinée)
die Spülmaschine	spülen	die Maschine, n	le lave-vaisselle
der Stehplatz	stehen	der Platz, ¨e	la place debout
das Trinkwasser	trinken	das Wasser	l'eau potable

3 Retrouvez l'infinitif des verbes à partir desquels sont formés les noms suivants et traduisez.

	INFINITIF		TRADUCTION
die Andacht	denken	penser	le recueillement
die Ankunft	ankommen	arriver	l'arrivée
die Jagd	jagen	chasser	la chasse
die Last	laden	charger	la charge
die Macht	(ver)mögen	être capable de	la puissance
die Schrift	schreiben	écrire	l'écriture

4 Identifiez bien dans chaque phrase le sens de *aus* et traduisez.

1. Das weiß ich aus eigener Erfahrung.
   Je le sais d'expérience.
2. Aus den Augen, aus dem Sinn.
   Loin des yeux, loin du cœur.
3. Wein trinke ich lieber aus einem schönen Glas.
   Je préfère boire le vin dans un beau verre.
4. Aus ihm wird nichts werden.
   On ne fera rien de lui.
5. Du sollst nichts aus dem Fenster werfen.
   Ne jette rien par la fenêtre.
6. Er lachte aus vollem Hals.
   Il riait à gorge déployée.
7. Aus welchem Grund sind sie ausgewandert?
   Pour quelle raison ont-ils émigré ?
8. Wir haben uns allmählich aus den Augen verloren.
   Nous nous sommes peu à peu perdus de vue.
9. Solche Hosen sind heute aus der Mode gekommen.
   Aujourd'hui, ce genre de pantalons est passé de mode.
10. Die Uhr, die mir gestohlen wurde, war aus Gold.
    La montre qui m'a été volée était en or.
11. Aus Furcht, ausgelacht zu werden, blieb er meistens still.
    De peur qu'on se moquât de lui, il restait la plupart du temps silencieux.
12. Aus Liebe zu ihr gab er alles auf.
    Il abandonna tout par amour pour elle.
13. Nach kurzem Zögern nahm er den Schlüssel aus der Tasche.
    Après un instant d'hésitation, il sortit la clef de sa poche.
14. Das Spiel ist aus.
    La partie est terminée. / Les jeux sont faits.

SPRACHE
MANUEL 181

Apprendre à traduire

Concert au ghetto de Varsovie

On jouait la grande Symphonie en sol mineur de Mozart. Durant les premières mesures du quatrième mouvement, il se produisit quelque chose d'insolite. Deux ou trois Allemands en uniforme entrèrent dans la salle. Cela n'était encore jamais arrivé. Tout le monde se figea, le chef d'orchestre lui aussi le vit, mais il continua à diriger. Jamais de ma vie je n'ai entendu

ce dernier mouvement de la Symphonie en sol mineur avec un tremolo aussi perceptible chez les violons et les altos. Ce n'était pas la conception du chef, c'était la peur des musiciens. Car on ne pouvait pas savoir ce que les Allemands allaient faire. Allaient-ils se mettre à hurler : « Dehors, dehors » ? Allaient-ils tabasser tout le monde ? Allaient-ils considérer comme scandaleux que des juifs fassent de la musique ? Iraient-ils jusqu'à faire usage de leurs armes ?
Mais ils étaient là, sans rien faire dans un premier temps. L'orchestre joua la symphonie jusqu'au bout. Alors le public se mit à applaudir, hésitant et sans doute apeuré. Et c'est alors que se passa quelque chose d'absolument inattendu, et même d'incompréhensible. Les deux ou trois hommes en uniforme n'ont pas hurlé, ils n'ont pas tiré : Ils ont applaudi et même fait un signe amical. Puis ils se sont éloignés – sans avoir rien fait à personne. C'étaient des Allemands, et cependant, ils se sont comportés en hommes civilisés. Dans le ghetto, on continua à en parler pendant plusieurs semaines.

Marcel Reich-Ranicki, *Ma vie*, 1999

ZUR DEBATTE

MANUEL 182-183

1 Junge Deutsche und der Holocaust

Type de document : *interviews*

Thème : *l'holocauste et ses conséquences vus par quatre jeunes Allemands*

Transcription

Durée : 4'57"

HARTMUT

JOURNALIST Sie wissen, dass wir für einen Schweizer Radiosender eine Reportage vorbereiten, in der wir darüber berichten wollen, was deutsche Abiturienten heutzutage vom Holocaust denken. Können Sie sich dazu äußern?

HARTMUT Ja, das will ich wohl. Hören Sie. Ich bin fast 50 Jahre nach diesen schrecklichen Ereignissen geboren und wissen Sie, was mir bei meinem letzten Englandaufenthalt passiert ist? Die Gastfamilie und sogar der Taxifahrer haben mich auf die Kriegsverbrechen der Deutschen im Dritten Reich angesprochen.

JOURNALIST Und wie haben Sie reagiert?

HARTMUT Nicht gerade freundlich. Ich habe die Nase voll davon, dass man sich als Deutscher im Ausland immer noch dazu äußern soll. Kann man uns damit nicht endlich in Ruhe lassen?

JOURNALIST Sie wollen diese Epoche also vergessen.

HARTMUT Ich will, dass man Deutschland im Ausland endlich unter einem positiven Blickwinkel sieht, so, wie es heute ist und nicht so, wie es vor fast 70 Jahren war …

JOURNALIST Sie fühlen sich also ungerecht behandelt.

HARTMUT Genau. Ich bin daran nicht schuld. Auch nicht meine Eltern! Soll ich heute noch Schuldgefühle haben für das, was die Generation meiner Großeltern getan hat? Sehen Sie sich mein Land doch an, wie es heute ist: eines der ersten Industrieländer der Welt mit einer gut funktionierenden Demokratie. Mich interessiert nur die Zukunft meines Landes, nicht seine Vergangenheit!

THERESA

THERESA Klar, das ist schon sehr lange her. Aber irgendwie … ich weiß nicht, irgendwie fühle ich mich dafür noch schuldig.

JOURNALIST Können Sie das etwas näher erklären?

THERESA Das Schreckliche, was damals geschehen ist, geschah in meinem Land. Von Menschen meines Volkes. Davon kann man sich nicht so leicht befreien. Ich jedenfalls schaffe es nicht.

JOURNALIST Sie meinen, die Deutschen seien wegen des Völkermords und der Kriegsverbrechen, die unter den Nazis begangen wurden, nicht wie die anderen Völker?

THERESA Ja. Irgendwie sehe ich das so. Ich fühle mich z.B. im Ausland nicht frei, also … ich vermeide es, besonders bei alten Leuten, zu zeigen, dass ich Deutsche bin.

JOURNALIST Und bei jungen Leuten?

THERESA Denen ist es meist egal, wo ich herkomme. Wir sprechen über ganz andere und gemeinsame Dinge. Da spielt die Vergangenheit keine Rolle. Da zählt nur die Gegenwart!

KLARA

JOURNALIST Und wie stehen Sie zu dieser Frage?

KLARA Wir jungen Deutschen haben damals ja nicht gelebt. Deshalb brauche ich mich für Auschwitz nicht schuldig zu fühlen. Dennoch meine ich, dass der Holocaust auch meiner Generation noch eine große Verantwortung auferlegt.

JOURNALIST Was für eine Verantwortung meinen Sie?

KLARA Wir sind dafür verantwortlich, dass das, was damals geschehen ist, nicht vergessen wird, damit so was niemals wieder geschieht. Wir müssen uns immer wieder bemühen, aus dieser Vergangenheit zu lernen.

JOURNALIST Sie plädieren also für eine aktive Aufarbeitung der Vergangenheit.

KLARA Ja, dieser Abschnitt der Geschichte darf nicht verdrängt werden. Viele junge Leute meiner Generation wissen durch die Beschäftigung mit der Geschichte, wo wir aufpassen müssen, damit die Barbarei nicht von Neuem beginnt.

JOURNALIST Wie?

KLARA Durch Zivilcourage, Verteidigung der Menschenrechte, Widerstand gegen jede Form von Totalitarismus, durch Toleranz, Freiheit, Demokratie.

EIN JUNGER GESCHICHTSLEHRER

LEHRER Ich versuche meinen Schülern beizubringen, dass die Verantwortung für den Holocaust im Grunde genommen nicht nur die Deutschen betrifft.

JOURNALIST Wer ist denn Ihrer Meinung nach mitverantwortlich?

LEHRER Die Shoah betraf ja alle von den Nazis besetzten Länder. Dass sechs Millionen unschuldige Menschen ermordet werden konnten, war nur mit Hilfe eines Teils der Bevölkerung der besetzten Länder möglich.

JOURNALIST Sie denken an alle Mitläufer, die Hand in Hand mit der SS gearbeitet haben?

LEHRER Ich glaube, wir müssen sogar noch sehr viel weiter gehen. Der Holocaust ist in unserer westlichen Kultur geschehen, in unserer europäischen Zivilisation, auf die wir doch so stolz sind. Wir müssen uns fragen: Wie konnte sich eine derartige Barbarei in einer kulturell und industriell so hoch entwickelten Zivilisation durchsetzen?

JOURNALIST Ihre Analyse der Vergangenheit hat also einen direkten Einfluss auf Ihr Handeln für die Zukunft?

LEHRER Und für die Gegenwart. Meine Aufgabe ist es, den Schülern so deutlich wie möglich zu zeigen, wie Auschwitz im Rahmen unserer Zivilisation möglich war – damit sie darauf aufpassen, ja, dafür haften, dass so etwas hier bei uns in Europa nicht noch einmal geschieht.

Compréhension

Ce thème est complexe et difficile à traiter. Nous avons pensé que la confrontation des diverses opinions exprimées dans cet enregistrement était un bon moyen d'amener les élèves à réfléchir sur la responsabilité qui incombe à chacun d'entre nous face au danger du totalitarisme.

1 Hören Sie sich die Aufnahmen an und sagen Sie, welche Meinung die verschiedenen Personen vertreten. Mehrere Antworten pro Person sind möglich.

A = Hartmut
B = Therese
C = Klara
D = ein junger Geschichtslehrer

	A	B	C	D
1. Ich bin daran nicht schuld.	✔			
2. Ich fühle mich immer noch irgendwie schuldig.		✔		
3. Mich interessiert nur die Zukunft meines Landes.	✔			
4. So etwas darf nicht noch einmal passieren.			✔	✔
5. Wir müssen aus der Vergangenheit lernen.			✔	
6. Davon kann man sich nicht so leicht befreien.		✔		
7. Die Verantwortung trifft nicht nur die Deutschen.				✔
8. Wir sind dafür verantwortlich, dass das nicht vergessen wird.			✔	

Expression

2 Nehmen Sie zu den verschiedenen Meinungen Stellung.

Les élèves réécoutent chaque témoignage l'un après l'autre et prennent position par rapport à l'opinion exprimée. Ils peuvent ensuite rédiger leur propre point de vue sur la question.

3 Kann man die Vergangenheit vergessen und einfach nur in die Zukunft schauen?

Vous pouvez donner aux élèves un certain nombre d'aides lexicales.

Noms

die Erinnerung, en an (+ACC)	le souvenir
das Gedächtnis	la mémoire
der Gedächtnisschwund	l'amnésie
das Vorbild, er	le modèle, l'exemple
die Generation, en	la génération
der Vorfahr, en	l'ancêtre

Verbes

sich richten nach (+DAT)	s'orienter par rapport à
nachahmen (hat nachgeahmt)	imiter
sich beziehen auf (+ACC) (o, o)	se référer à

Expressions

sich zum Vorbild nehmen (i, a, o)	prendre comme modèle

orientierungslos sein	ne pas avoir de points de repères
Wurzeln haben	avoir des racines

Élargissement

Wie können wir verhindern, dass so etwas erneut geschieht?

Cette question pourrait constituer un sujet de réflexion personnelle dans la perspective du baccalauréat. Après une préparation individuelle et une discussion en classe, les élèves peuvent rédiger un texte à la maison après avoir noté les aides lexicales suivantes :

Noms

die Geschichte	l'histoire
die Menschenrechte	les Droits de l'Homme
das Verbrechen, -	le crime
der europäische Gerichtshof für Menschenrechte	la Cour Européenne des Droits de l'Homme

Verbes

bekämpfen (+ACC) (hat bekämpft)	lutter contre
kämpfen um (+ACC) ≠ gegen (hat gekämpft)	lutter pour ≠ contre
sich engagieren für (+ACC) (hat sich engagiert)	s'engager pour

Expressions

vor Gericht stellen (hat gestellt)	traduire en justice

2 Rattenfänger

***Type de document :** dialogue*

***Thème :** Au cours d'une enquête sur les jeunes Allemands de l'est, membres de groupes néonazis, une étudiante interroge Fred, un ancien skinhead.*

Transcription

Durée : 2'33" (Teil 1) ; 3'29" (Teil 2)

Teil 1

STUDENTIN Du gehörst also seit fast einem Jahr nicht mehr zu dieser Gruppe.

FRED Ja. Seit Ende Mai. Im April hatte ich Magdalena kennen gelernt.

STUDENTIN Wie kann es denn passieren, dass sich ein junger Skinhead in eine Polin verliebt? Eine Ausländerin!

FRED Ich habe zuerst gar nicht gemerkt, dass sie Polin war. Heute kann ich sagen „Zum Glück!", denn wenn ich das damals gewusst hätte, hätte ich sie bestimmt nie kennen gelernt.

STUDENTIN Hat sie denn keinen Akzent, wenn sie Deutsch spricht?

FRED Sie geht hier auf das deutsch-polnische Gymnasium und spricht ausgezeichnet Deutsch.

STUDENTIN Ja, aber wie hat sie denn reagiert, als sie sah, dass du ein Skinhead warst? Das hat sie doch bestimmt sofort gesehen?

FRED Mhm, ja. Zuerst war sie ja auch sehr, wie soll ich sagen, sehr kühl. Ich glaube sogar, sie hatte Angst vor mir. Aber ich hatte doch nur angehalten, weil sie da am Straßenrand stand und winkte.

STUDENTIN Was war denn passiert?

FRED Sie hatte kein Benzin mehr in ihrem Mofa. Es war relativ spät abends und sie musste unbedingt nach Hause.

STUDENTIN Und dann?

FRED Da habe ich sie auf meinem Moped zur nächsten Tankstelle gefahren. Die war geschlossen. So haben wir bei mir zu Hause einen Kanister Benzin geholt. Meine Mutter hat uns gehört und ist in die Garage gekommen. Sie hat gedacht, Magdalena wäre meine Freundin und hat sie zu einem Glas Bier eingeladen und …

STUDENTIN Und als du erfahren hast, dass Magdalena Polin ist, da war es schon passiert.

FRED Ja, irgendwie hatte ich mich da wohl schon in sie … naja, jedenfalls war es mir plötzlich ganz egal, dass sie keine Deutsche war. Sie war eben Magdalena. Und damit basta.

STUDENTIN Und wie ist es dann weitergegangen?

FRED Ein paar Tage später bekam ich von ihr einen Dankesbrief. Auf den habe ich dann geantwortet. Und seit dem Tag bin ich nicht mehr zu meiner Gruppe gegangen.

STUDENTIN Wie haben deine Freunde denn darauf reagiert?

FRED Es war nicht leicht, mich von ihnen zu trennen. Ich wusste recht viel über die interne Organisation Bescheid, über Kontakte und so. Sie wollten mich nicht so einfach loslassen.

STUDENTIN Und Magdalena?

FRED Sie haben versucht, ihr Angst zu machen, Drohbriefe geschrieben und so.

STUDENTIN Und das ist jetzt vorbei?

FRED Ich habe ihnen schließlich schriftlich gegeben, dass ich nie etwas von dem, was ich weiß, weitersagen werde. Seitdem …

Teil 2

STUDENTIN Ich will dir ja auch keine indiskreten Fragen stellen.

FRED Es wäre sowieso gut, wenn du in deiner Arbeit die Namen ändern würdest.

STUDENTIN Okay. Also wie bist du da eigentlich Mitglied geworden?

FRED Ich war 14 und, wie ich heute sehe, recht schwach oder sagen wir besser: beeinflussbar. In meiner Schule gab's schon viele Skinheads. Du weißt ja, dass sich hier in Ostdeutschland immer mehr Jugendliche der rechten Szene zuwenden.

STUDENTIN Haben sie dich direkt angesprochen?

FRED Der Wolfgang, der Gruppenführer. Der hat mich immer wieder mal eingeladen. Ich hing damals ziemlich in der Luft. Mein Vater war ab in den Westen, meine Mutter arbeitslos, in der Schule klappte es hinten und vorne nicht. Ich hatte keine Freunde, wenig Zukunftsperspektiven …

STUDENTIN Und diese Gruppe von jungen Nationaldemokraten gab dir, was dir fehlte.

FRED Ich brauchte jemanden, der mir sagte, wo's lang geht. Und das hat der Wolfgang getan. Er hatte immer auf alles eine Antwort. Deutschland den Deutschen! Ausländer raus! Und so.

STUDENTIN Was hat dich noch bewogen, da mitzumachen?

FRED Ich liebe mein Vaterland doch. Und wollte mich dafür einsetzen. Das war für mich eben rechts. Außerdem hatte ich einen solchen Hass auf die Politiker. Was tun die denn schon gegen die Misere hier bei uns? Die quatschen doch nur!

STUDENTIN Was habt ihr denn so alles gemacht?

FRED Zuerst einmal haben wir uns täglich getroffen. Immer in derselben Kneipe. Der Wirt da ist auch ein Deutschnationaler und der gab immer wieder mal 'ne Runde Bier aus und so.

STUDENTIN Und wie sah der – wie sagt ihr noch – Frontdienst aus?

FRED Für die Gruppe arbeiten. Auf Demos gehen, Flugblätter verteilen … Das Wichtigste aber war, immer kampfbereit zu sein. Also, ich meine, immer alles dabei zu haben.

STUDENTIN Was?

FRED Also … Ketten oder Baseballschläger oder auch … Na, davon will ich lieber nicht sprechen. Aber es war damals das Wichtigste für mich. Du kannst dir nicht vorstellen, wie unheimlich stark man sich fühlt, wenn Leute auf der Straße ängstlich vor einem auf die andere Straßenseite gehen …

STUDENTIN Und wie siehst du das heute?

FRED Ich … schäme mich dafür.

STUDENTIN Kam es oft zu Gewalt?

FRED Ja, schon. Mit den Zecken, das sind die Linken, wie du weißt. Meist haben wir uns gegenseitig beschimpft und immer wieder kam es dann auch zu Gewalt. Oder wir schlugen uns mit den jungen Türken, meist Samstag abends, falls die in die Disko wollten, uns unsere Frauen wegnehmen.

STUDENTIN Wie beurteilst du denn heute diese Zeit?

FRED Ich will das mit einem Bild beschreiben: Ich war damals fast noch ein Kind und der Wolfgang, der war der Rattenfänger. Seine Parolen waren für mich ein Ausweg aus meiner Hoffnungslosigkeit. Endlich hatte ich ein Ideal, ein Ziel. Und so bin ich ihm blindlings gefolgt.

STUDENTIN Und was meinst du, was man gegen solche „Rattenfänger" tun könnte?

FRED Da gibt es viel zu sagen. Zuerst einmal …

Compréhension

Les élèves d'un bon niveau découvrent le dialogue avant de lire l'exercice. Pour les autres, il vaut mieux commencer par lire et élucider le texte de l'exercice.

Teil 1

1 Hören Sie sich den ersten Teil des Gesprächs an und ergänzen Sie folgende Zusammenfassung.

Im ***April*** letzten Jahres hat Fred abends am Straßenrand eine junge Frau, Magdalena, winken sehen, die kein Benzin mehr in ihrem Mofa hatte. Er hat angehalten, um ihr zu ***helfen***. Dabei hat er nicht sofort gemerkt, dass sie ***Polin*** war, denn ihr Deutsch war akzentfrei. Magdalena hingegen hatte Angst vor Fred, denn er war ein ***Skinhead***. Zusammen sind sie auf Freds Moped zu einer Tankstelle gefahren, um Benzin zu holen. Da diese geschlossen war, hat Fred Magdalena mit zu sich nach ***Hause*** genommen, wo sie von seiner Mutter zu einem Glas Bier eingeladen wurde. Ein paar Tage später bekam er von Magdalena einen ***(Dankes)brief***, auf den er geantwortet hat und schließlich sind sie ein Paar geworden.

2 Wie haben Freds politische Freunde darauf reagiert, dass er eine Ausländerin zur Freundin hat?

- Sie wollten Fred nicht so einfach loslassen und haben versucht, ihn dazu zu bringen, der Gruppe treu zu bleiben. Sie fürchteten wohl vor allem, dass er zu viel über die interne Organisation und die Kontakte der Gruppe weiß, und sie verraten könnte.
- Sie haben versucht, Magdalena einzuschüchtern, und haben ihr Drohbriefe geschrieben.
- Fred musste ihnen schließlich schriftlich versichern, dass er nichts von seinem Wissen ausplaudern würde. Erst danach haben sie das Paar in Ruhe gelassen.

Teil 2

3 Wir erfahren viel über Freds Verhältnis zur Gruppe. Welche der folgenden Aussagen sind falsch?

a. Freds Probleme als Jugendlicher

Seine Mutter hat immer nur gearbeitet. / Er hatte gute Freunde.

b. Wolfgang, der Gruppenführer

Er wusste auch oft keine Antwort.

Er hat von ihm absoluten Gehorsam verlangt.

c. Freds Ideale damals

Er hasste die linken Politiker. (Er hasste alle Politiker!)

Er war gegen die Ausübung von Gewalt.

d. Freds Aktivitäten in der Gruppe

Er diskutierte mit den linken Jugendlichen.

4 Fred vergleicht seinen Gruppenführer mit einem Rattenfänger. Informieren Sie sich über das Märchen „Der Rattenfänger von Hameln" und erklären Sie, was Fred mit diesem Vergleich sagen will.

Der Rattenfänger von Hameln ist eine Legende von einem Flötenspieler, der die Stadt Hameln von einer Rattenplage befreit. Mit seinem Flötenspiel lockt er alle Ratten der Stadt in den Fluss Weser, wo sie ertrinken. Die Stadtväter von Hameln jedoch verweigern ihm den versprochenen Lohn. Um sich zu rächen, lockt der Rattenfänger alle Kinder aus der Stadt heraus und verschwindet mit ihnen im nahen Wesergebirge. Keines der Kinder wird jemals wiedergesehen.

Der Gruppenführer hat auf Fred die gleiche Faszination ausgeübt wie der Rattenfänger mit seinem Flötenspiel auf die Ratten / Kinder, die ihm blindlings folgten. Jede rationale Überlegung, die einen Menschen befähigt, frei und unabhängig über sein Schicksal zu entscheiden, ist dabei ausgeschaltet. Fred handelt hier wie die Kinder in der Legende. Er folgt seinem Gruppenführer bedingungslos und ohne sich dabei die geringste Frage darüber zu stellen, wohin dieser ihn wohl führen wird.

6 Darf eine Demokratie extremistische Gruppen tolerieren oder nicht? Nehmen Sie dazu Stellung.

Cette question est toujours d'actualité en Allemagne, où régulièrement on discute de l'interdiction de certains partis ou mouvements d'extrême-droite ou d'extrême-gauche (c'est le cas aussi dans d'autres pays d'Europe, comme par exemple en Espagne à propos des extrémistes basques). Après une discussion en classe, les élèves peuvent rédiger une réponse à la maison pour s'entraîner à un sujet de réflexion personnelle dans la perspective du baccalauréat.

Noms

die Toleranz	la tolérance
die Grenze, n	la limite
die Legalität	la légalité
die Meinungsfreiheit, en	la liberté d'opinion
die Propaganda	la propagande
der Terrorismus	le terrorisme
der Rassismus	le racisme
die Straffälligkeit	la délinquance

Expression

sich strafbar machen	faire qc qui est passible de sanctions

3 Zivilcourage

1 Was hat diese junge Frau dazu veranlasst, Widerstand zu leisten? Lesen Sie dazu ihre Biographie, das Zitat aus dem Flugblatt und ihre Aussage nach ihrer Verurteilung.

Ihre Biographie:

- Das Beispiel ihrer Eltern, Geschwister und Freunde hat sie dazu gebracht, gegen das totalitäre Regime zu kämpfen.
- Sie entdeckt beim Arbeits- und Kriegshilfsdienst, den sie leisten muss, das wahre Gesicht des Nationalsozialismus.
- Sie kann die Verbrechen, die an der Ostfront begangen worden sind, nicht akzeptieren.

Das Zitat aus dem Flugblatt:

Hier ein längerer Ausschnitt aus diesem Flugblatt :

„Der deutsche Name bleibt für immer geschändet, wenn nicht die deutsche Jugend endlich aufsteht, rächt und sühnt zugleich, ihre Peiniger zerschmettert und ein neues geistiges Europa aufrichtet. Studentinnen! Studenten! Auf uns sieht das deutsche Volk! Von uns erwartet es [...] die Brechung des nationalsozialistischen Terrors aus der Macht des Geistes. [...] Unser Volk steht im Aufbruch gegen die Verknechtung Europas durch den Nationalsozialismus, im neuen gläubigen Durchbruch von Freiheit und Ehre."

Als Studentin, also als Intellektuelle, meint sie, im Kampf gegen den nationalsozialistischen Terror ein Vorbild für ihre Mitmenschen sein zu müssen. Sie sieht es als ihre Pflicht an, die Freiheit und Ehre ihres Vaterlandes zu retten und der Welt zu zeigen, dass nicht alle Deutschen Nazis sind. Interessant ist im oben stehenden Zitat die Anspielung auf Europa, mit der Sophie beweist, wie zukunftsweisend ihre Gedanken und Ideale waren.

Ihre Aussage nach der Verurteilung:

Wie so viele andere junge Leute ihrer Generation war sie von der Nazipropaganda tief geprägt worden. Mit den Jahren ist ihr der Unterschied zwischen der Ideologie der Nationalsozialisten und ihrem eigenen

Ideal vom deutschen Volk klar geworden. Sie ist bereit für ihre Ideale und ihr Volk zu sterben, aus Liebe zu diesem Volk und aus einem tiefen Gefühl der Verantwortung für ihre Heimat, zu der sie ein sehr enges, positives Verhältnis hat. Sie handelt also nicht aus Nationalismus, sondern aus einem tiefen, positiven Nationalgefühl und einem ebenso tiefen Gefühl der Verantwortung für andere.

2 Kurz vor ihrem Tode durften Sophie, ihr Bruder Hans und Christoph Probst noch eine Zigarette zusammen rauchen. Zeugen berichten, dass sie ganz ruhig miteinander gesprochen haben. Was war wohl der Inhalt ihres letzten Gesprächs?

Ici, on ne peut bien entendu faire que des suppositions.

3 Kennen Sie andere Beispiele von Menschen, die aus Überzeugung Widerstand geleistet haben?

Les réponses dépendent ici aussi des élèves, de leur expérience et de leurs connaissances.

4 Was bedeutet für Sie „Zivilcourage"?

Vous pouvez procéder à un associogramme et noter au tableau tous les mots que les élèves trouvent pour ce terme (traduisible par « courage civique » mais dans un sens plus large aussi par « courage de ses opinions »).

Hier ein paar Vorschläge:

Protestieren, Nein sagen, sich wehren, Widerstand leisten, ein Ideal / eine Überzeugung / einen Menschen, einen Verfolgten verteidigen, sich gegen etwas auflehnen, etwas wagen, Mut haben / mutig sein, jdn schützen, jdn verteidigen, sich und andere über etwas informieren, etwas weitersagen, keine Angst haben, ein Risiko eingehen, sich verantwortlich fühlen, Gesicht zeigen, eingreifen.

5 Welche Gründe könnten Sie selbst dazu bringen, sich gegen etwas aufzulehnen und Widerstand zu leisten?

Les réponses dépendent bien entendu de la bonne volonté des élèves à s'exprimer en classe sur un sujet aussi personnel. Vous pouvez choisir de leur demander de traiter cette question par écrit, dans la perspective de la préparation à l'expression écrite du baccalauréat.

Aides lexicales :

die Verteidigung einer Idee:

die Menschenrechte, die Demokratie, die Freiheit, die Toleranz, die Gleichheit, die Brüderlichkeit, die Gerechtigkeit, die Solidarität, die Glaubensfreiheit

der Kampf gegen (+ ACC):

die Diktatur, der Totalitarismus, der totalitäre Staat, der Terror, die Gewalt, die Gesetzlosigkeit, die Ungerechtigkeit, die Intoleranz, die Willkür, das Recht des Stärkeren, die Machtpolitik, die Oligarchie, die Tyrannei – gegen Atomkraftwerke, neue Autobahnen, Streichung von Arbeitsplätzen, Rassismus, Genmanipulation, ...

Und hier ein paar Ausdrücke zu konkreten Formen des Widerstandes :

demonstrieren, streiken, die Arbeit verweigern, Straßen blockieren, einen Sitzstreik machen, Leserbriefe schreiben, eine Unterschriftensammlung durchführen, eine Protestaktion organisieren, Spruchbänder / Transparente schreiben, eine bestimmte Ware boykottieren

@ Projektarbeit

1 Sophie Scholl ist zu einem Sinnbild des deutschen Widerstandes geworden. Suchen Sie im Internet Informationen, die zeigen, wie wichtig die Erinnerung an diese junge Frau für das kollektive Gedächtnis der Deutschen ist.

Ce sujet peut être une piste de recherche pour un Travail Personnel Encadré allemand-histoire. Les recherches sur Internet peuvent être longues, car les sites et articles sur Sophie Scholl ou *„Die weiße Rose"* sont très nombreux. Mais c'est un excellent moyen de s'entraîner à une compréhension rapide de l'écrit.

2 Informieren Sie sich im Internet über Zivilcourage heute. Suchen Sie (z. B. bei www.google.de**) unter dem Stichwort „Zivilcourage".**

Ici aussi les sites sont très nombreux. Les Allemands ont formé un grand nombre d'associations (e.V. = eingetragener Verein) au sein desquelles ils militent pour défendre leurs idéaux – ou leurs intérêts. Différents sites montrent aussi que ces associations essaient de militer contre d'autres associations qui prônent la xénophobie ou l'intolérance, associations dont les sites sont de plus en plus nombreux sur le Web et qui inquiètent bon nombre de citoyens allemands. Ce travail de recherche peut être très fructueux si les élèves sont guidés par leur professeur d'allemand, pourquoi pas, là aussi, dans le cadre d'un T.P.E.

Imprimé en France par TIRAGE (91)
Dépôt légal : 43149-01/2004
collection n°92 - édition 02
13/5320/0